빈곤방임아동의 야간보호: 성과와 전망

| 정익중 · 이경림 · 이상균 · 이정은 |

박영사

이 연구는 복권위원회의 사회복지공동모금회를 통한 연구비 지원으로 이루어진 것으로서,
이 연구의 결과는 복권위원회나 사회복지공동모금회의 공식적인 견해가 아님을 밝힌다.

서 문

'모든 아이는 모두의 아이다'라는 말이 있지만, 우리의 현실은 그렇지 못하다. 우리의 주변에는 남겨지고 내버려둔 채로 하루의 대부분을 홀로 커가는 아이들이 존재한다. 최근 한 연구조사에서 맞벌이가정, 한부모가정 등 가족형태의 급격한 변화로 돌봄 공백 상태의 아동이 7명 중 1명이라고 한다. 보호자의 관심과 사랑 없이 방치된 아동들은 각종 범죄에 노출되기 쉬우며, 건강, 영양, 교육 여건 등을 제대로 보장받지 못해서, 건실한 사회인으로 성장하는데 심각한 문제를 겪을 확률도 높아진다. 따라서 가족을 넘어선 사회의 지속적인 관심이 필요하며, 특히 방과후 야간에는 더욱 세심한 배려가 필요하다고 할 수 있다.

이에 사회복지공동모금회는 방과후 돌봄에서 소외된 아동의 문제점을 심각하게 인식하고, 저소득층 아동의 건강한 성장을 돕기 위해 지난 2006년부터 방임아동에 대한 야간보호사업을 시행해 왔다. 이 사업을 통해 아동에게는 적절한 보호와 교육을 실시했고, 어려운 환경의 보호자들의 양육 부담을 줄일 수 있었다. 또한 지역 내 저소득층 인력을 선발하여 야간보호교사로 파견함으로써 사회적 일자리를 창출하는 데에도 큰 기여를 하였다. 하지만 그간의 야간보호사업에도 불구하고 적절한 보호를 받지 못하고 있는 아동이 여전히 많은 상황을 해소하기 위해서는 전국적 규모의 효과적인 사업 확대가 절실하다고 할 수 있다.

이러한 필요성에 따라 본 연구는 전국 450여 곳의 지역아동센터에서 이루어지고 있는 야간요보호아동통합지원사업의 확대를 위한 기초자료 구축, 나아가 제도화를 위한 모델을 제안하고자 이루어졌다. 이 연구를 통해 야간보호사업이 아동들의 긍정적인 변화와 건전한 성장이라는 성과를 이끌어내고 있음을 확인했고, 야간보호교사가 갖추어야 할 역량, 기관별 서비스 표준화, 부모양육기능 강화 등 많은 향후과제들도 찾아낼 수 있었다.

이번 연구의 성과를 바탕으로 저소득가정, 조손가정 등 어려운 환경에서 성장하는 아이들이 적절한 보호와 교육을 받을 수 있도록 야간보호사업이 발전할 수 있길 바라며, 더 많은 아동들에게 적절한 지원을 펼칠 수 있는 제도적인 변화가 실현되기를 기대한다. 이 책이 이러한 변화를 이끌어내는 과정에 다소나마 도움이 되길 바라는 마음이 간절하다.

이 책은 사회복지공동모금회가 발주한 〈야간요보호아동통합지원사업 성과평가 및 제도화 방안연구〉에 기반한 것이다. 모든 연구진이 가능한 한 최신의 정보와 자료를 참고하여 집필하고자 노력하였으나 마무리를 짓고 보니 좀 더 깊은 논의를 하지 못했다는 아쉬움이 남으며, 내용면에서도 미진한 부분이 있음을 자인하지 않을 수 없다. 그럼에도 이 책이 현장과 학계의 관심을 더욱 증대시키고 야간보호사업이 바람직한 모습을 찾는 데 작은 힘이 될 수 있기를 바라며, 부족한 결과이지만 책으로 내놓고자 한다. 저자들의 학문과 경험의 부족함으로 미흡한 부분에 대해서는 독자 여러분의 애정어린 충고와 지도를 기대한다.

끝으로 학계와 현장에서 바쁜 일정을 갖는 여러 사람이 함께 모여서 공동으로 집필하는 과정은 결코 쉽지 않은 과정이었지만 호흡이 잘 맞는 한 팀으로서 즐거운 마음으로 마무리할 수 있었다. 이 자리를 빌어 공동연구진 한 사람 한 사람에게 감사한 마음을 전한다. 또한 연구의 시작과 끝을 함께 하며 진행과정의 세세한 부분에서 많은 도움을 준 숨은 공로자들인 안수경 연구보조원, 이신옥 연구보조원, 이옥진 연구보조원에게 감사드린다. 마지막으로 이 연구를 기획한 사회복지공동모금회 관계자 여러분, 이 책의 출판을 맡아주신 박영사의 안종만 회장님과 출판기획을 해주신 송연정 선생님, 편집을 위해 수고해주신 직원분들께 깊은 감사를 드린다.

2011년 8월

저자들을 대표하여

이화동산에서 **정 익 중**

차 례

제 1 부 야간보호의 현황

표 차례

그림 차례

제 1 부

야간보호의 현황

제 1 장

문제제기

1. 연구의 필요성 및 목적
2. 연구의 내용

1. 연구의 필요성 및 목적

부부노동의 보편화 경향으로 인하여 2005년 우리나라 맞벌이 가구의 비중은 35%에 이르고 있으며, 도시근로자의 경우 맞벌이 가구 비율은 1998년 26%에서 2008년 32%로 증가되었다(강신욱, 2009). 따라서 더 이상 육아와 가사 등 사회재생산에 전통적으로 기여해 온 여성의 헌신을 기대하기는 어려워지고 있다. 그와 함께 빈곤여성가구주 가정의 확대, 저소득 맞벌이 가족의 증가 등으로 시간이 갈수록 의도적이든 비의도적이든 아동방임이 증가할 가능성이 높아지고 있다.

빈곤층 아동이 일주일 동안 '거의 매일 방과후 어른 없이 혹은 형제자매끼리만' 있는 경우가 6~8세는 10.8%, 9~11세는 14.6%, 12~18세가 13.6%로 나타나(보건복지부, 2009), 빈곤층 가구의 방과후 방임의 증가는 심각한 사회문제가 되고 있다. 또한 빈곤가족 내 아동의 경우 저녁식사 후 아동이 혼자서 혹은 어른 없이 형제자매와 지내는 경우 역시 6~8세 10.9%, 12~18세 30.1%로(보건복지부, 2009) 빈곤층 가구 내 아동의 방과후 야간방임은 더욱 심각한 것을 알 수 있다. 실제 저소득 맞벌이 가족의 방치된 아동이 화재, 추락, 익사 등 사고에 연루되어 목숨을 잃는 문제들이 끊이지 않고 있다. 또한 아동방임은 건강, 영양, 교육, 사회화, 심리·정서적 발달 등 측면에서 심각한 장애를 초래하고 성격발달과 행동상의 문제로 발전하여 청소년비행이나 성인범죄의 주요한 원인이 되기도 한다.

방임은 학대에 비하여 "덜 위급해 보이는" 경향이 있어 적극적인 연구나 개입의 대상이 되지 못하고 있지만, 신체적 성장발달 저해뿐만 아니라 자아개념 발달이나 타인과의 상호관계 등 심리적 기능 저해가 누적되어 치명적인 결과를 초래할 수 있다. 주·야간에 아동이 보호자 없이 혼자 지내는 경우 유괴는 물론 각종 안전사고에 노출될 가능성이 매우 높다. 2007년 안양에서 발생한 혜진·예슬 유괴살해사건과 2010년 2월 부산에서 13세 여중생이 저녁 9시경 혼자 집에 있다가 납치당해 성폭력을 당한 후 살해당한 김길태 사건 역시 방과후 야간보호를 제대로 받지 못해 발생한 대표적인 사건이라고 할 수 있다(경향신문 2010년 3월 16일). 이 밖에도 빈곤지역 아동들의 야간시간을 위협하는 사건들은 계속 늘어나고 있다. 성인의 보호 없이 홀로 집에 있는 아동의 경우에는 안전문제뿐 아니라 과도한 인터넷 사용, 게임중독, 부적절한 TV 시청, 무분별한 간식 등으로 공격적인 행동, 산만함, 학습결손, 운동부족으로 인한 비만 등 복합적인 문제에 노출되어 아동의 건강한 성장이 저해될 수 있다(Vanderploeg, 2005; 정익중 · 이경림, 2008; 이경림 · 정익중, 2010). 학교의 공식적 보호가 미치지 않는 야간에는 그 보호의 필요성이 더 증가하기에 저소득층 아동을 위한 지역사회의 보호체계를 강화할 필요가 있다.

저소득 맞벌이 및 빈곤가정은 생계를 위하여 부부가 저임금, 비정규직 부문의 노동에 종사함으로써 노동시간이 불규칙하거나 대부분의 사람들이 꺼리는 야간시간대의 노동에 참여할 수밖에 없다. 따라서 야간시간대에 방임되는 아동들을 돌보는 야간보호사업은 복지 서비스의 사각지대에 놓이기 쉬운 저소득 맞벌이 및 빈곤가정 아동의 방임을 예방하고 건전한 성장을 도모하는 현장 밀착형 사업임이 틀림없다.

그러나 이 사업의 중요성에도 불구하고 야간보호사업에 대한 국내 연구는 매우 미미한 실정이다. 대부분 맞벌이 가정이나 취업모의 자녀양육과 관련하여 노동시장 진입 및 안정적인 노동 유지를 위한 도구적 관점에서 사업의 필요성을 제기하는 조사연구이거나 이미 실시되고 있는 사업의 현황을 파악하는 실태조사에 머무르고 있다. 그 때문에 주로 미취학아동인 영유아를 위한 보육시설에서의 야간보육이나 24시간 보육의 필요성을 제시한 것이 대부분이다. 취학아동을 대상으로 한 방과후 혹은 지역아동센터의 야간보호사업 운영 실태를 조사한 연구도 소수 존재하지만, 이들 연구는 일부 지역에 한정되어 연구를 진행하였고 야간보호사업이 부모만족도에 긍정적인 영향을 미친다는 결과를 바탕으로 야간보호사업의 필요성 및 확대의 타당성을 호소하는 데 그치고 있다.

우리나라에서 야간보호사업은 지역아동센터 아동복지교사 파견사업의 한 분야로서 시작되었다. 2005년 사)부스러기사랑나눔회가 행복한 일자리 지원사업의 한 분야로서 야간복지교사를 지역아동센터에 파견하였고, 이후 2007년에는 보건복지부가 아동복지교사지원사업으로 전환하여 확대 실시하였다. 이러한 파견사업은 단일사업으로 존재하는 것이 아니었기 때문에 야간보호사업에 대한 연구 역시 아동복지교사지원사업의 한 분야로 통합하여 이루어져 부분적인 분석에 그치고 있다(한동우, 2007; 김미숙·노대명·조애저·임성은·이송희, 2008). 그렇기에 이 연구들은 지역아동센터 교사파견사업이 효과가 있다는 결과를 제시하지만 단일사업으로서의 야간보호사업에 대한 심층적인 연구로는 부족하다. 더욱이 야간보호교사는 전일제 아동복지교사와는 달리 업무 시간에 따라 구별된 교사로서의 특수성을 가진다. 따라서 야간보호사업의 확대 및 제도화가 요구되는 이 시점에서는 야간보호사업의 중요성 및 특수성에 초점을 둔 체계적이고 종합적인 연구가 필요하다.

야간보호를 중심적인 활동으로 하는 단일사업으로는 사회연대은행이 2007년부터 시작한 '야간보호지원사업'과 사회복지공동모금회(이하 모금회)가 2006년부터 실시한 '야간요보호아동통합지원사업'이 있다. 사회연대은행 야간보호사업은 지역아동센터의 기존 인력을 활용하여 운영하고 중앙에서 별도의 야간보호사업을 개발·보급하며 수퍼비전 제도를 채택하고 있다. 반면 모금회 야간보호사업은 별도의 야간보호인력 인건비 및 개별 참여기관의 프로그램 사업비 제공 등 지원금 지급과 연 4~5회의 야간보호교사 교육 제공 등으로 이루어져 있다. 특히 모금회 야간보호사업은 타기관사업보다 앞선 2006년 8월부터 가장 먼저 시행되었다. 모금회 야간보호사업은 복권기금사업 중 최우수프로그램으로 선정되어 2006년부터 2010까지 5년 동안 실시되고 있으며, 2006년에는 146개 기관 50억원, 2007년에는 247개 기관 65억원, 2008년에는 264개 기관 65억 8천만원, 2009년에는 467개 기관 86억 9천만원으로 해마다 예산이 증액되고 참여기관도 확대되어 2010년 현재 우리나라 야간보호사업 중에 참여기관과 예산이 가장 큰 규모가 되었다.

이들 사업의 성과에 대한 연구는 사회연대은행의 경우 내부적인 성과분석으로 이루어졌고 모금회에서는 2008년도에 사)부스러기사랑나눔회에 의뢰하여 사업의 성과분석을 실시하였다. 모금회가 야간보호사업에 대한 연구를 통해 분석하고자 한 바는 다음과 같다. 첫째, '야간요보호아동통합지원사업'에 참여한 기관, 아동, 교사의 현황과 특성, 둘째, 모금회 지원사업과 타기관간의 차이분석, 이용아동의 서비스 만족도가 심리·정서 상태에 영향을 미치는 요인, 주양육자의 야간보호사업 만족도가 양육스트레스, 양육방식에 영향을 미치는 요인 등이다. 야간보호사업의 모델이라고 할 수 있는 모금회 사업을 타지원기관, 미실시기관과 비교하여 분석한 이 연구는 매우 의미 있는 시도였다. 분석결과, 야간보호사업 실시기관의 서비스 만족도가 미실시 기관에 비하여 높은 것으로 나타나 야간보호사업의 필요성을 증명해 보였다. 하지만 이 연구는 서비스 만족도에만 초점을 두고 있어 새로이 실시될 연구에서는 아동발달 성과에 영향을 미치는 교사 및 기관요인에 대한 심층적인 분석을 통해 효과적인 사업 모델을 구축할 필요가 있다.

2008년도의 성과분석 결과에서 추가적인 분석연구가 필요한 부분은 야간보호 미실시기관에 비하여 야간보호 실시기관의 아동들이 우울·불안이 더 심한 것으로 나타난 점이었다. 이는 사업의 취지대로 가장 열악한 지역에 사업이 실시되었다는 것으로 해석할 수도 있지만 사업의 운영기간이 아동들의 심리정서 문제를 해결할 만큼 충분하지 않았다는 분석도 가능하다. 이에 대해서도 양적인 조사 외에 심층면접 등을 활용한 질적 연구를 통하여 보다 심층적인 연구를 실시해야 할 필요가 있다. 또한 2008년 연구에서는 별도의 성과지표를 개발하지 않고, 서비스 대상자의 만족도를 매개변수로, 이용아동의 심리·정서 상태와 양육자의 스트레스를 종속변수로 하여 성과를 분석하였다. 따라서 야간보호사업의 성과를 객관적으로 측정할 수 있는 발달지표 개발작업이 선행될 필요가 있다.

사회서비스 프로그램은 프로그램의 목표에 따라 매우 상이한 두 가지로 구분될 수 있다(Miller, 2010). 첫째, 대상자에게 원조나 돌봄을 제공하여 현 상태를 그대로 유지하게 하는 돌봄유지지향(care-oriented)의 프로그램이 있다. 이러한 지원은 대상자가 어떤 방식으로든 향상될 것으로 기대하고 제공하는 것이 아니다. 둘째, 사회적 목표의 성취를 위해 대상자의 무엇인가가 변화되기를 기대하며 제공하는 변화향상지향(change-oriented)의 서비스가 있다.

일반적으로 기능수준이 낮고 문제가 심각한 대상자에게는 서비스 프로그램이 돌봄유지지향의 목표를 가지게 되지만 기능수준이 높고 문제가 심각하지 않은 대상자에게는 회복 목표 즉, 변화향상지향의 목표를 가지게 된다. 야간보호사업은 대상자의 특성상 가정 내 보호아동 중 가장 심각한 문제를 경험하고 있는 경우가 일반적이라 학교나 방과후 교실에서도 꺼리는 대상자가 많은 편이다. 이처럼 기능수준이 낮은 아동에게는 돌봄유지지향의 서비스가 더 적합할 수 있다. 하지만 아동은 변화될 수 있다고 믿는다면 이들에게 변화향상지향의 서비스를 중점적으로 제공해야 한다고 주장할 수도 있지만 현실적으로 제공되는 서비스의 질을 염두에 둔다면 야간보호사업의 서비스가 변화향상지향이라고 쉽게 주장하기는 어려운 실정이다. 이렇게 야간보호사업이 어떤 역할을 수행하는가는 논란의 여지가 있을 수 있다. 따라서 본 연구는 야간보호사업의 두 가지 가능성을 염두에 두고 평가를 진행하려고 한다.

이러한 접근은 프로그램 성과평가에서 통계적 유의미성만을 관심에 두고 변화가 유의미하게 나타났을 경우에는 적극적으로 외부에 알리려 하지만 그렇지 않을 경우에는 될 수 있으면 그 결과를 감추려고 하는 경향에서 벗어날 수 있게 할 것이다. 사회복지프로그램의 성과평가에서 유의미한 변화에 대한 지나친 통계적 의존성은 실천현장의 전문성 확보를 위해서 대단히 부정적인 현상이라고 생각된다. 실제로 사업의 성공과 실패를 확인할 수 있는 곳은 실천현장 이외에 다른 곳은 없다. 현재까지 클라이언트의 문제를 해결하기 위한 확실한 모범답안은 존재하지 않으며, 실천현장의 서비스는 가장 최선의 방법을 찾아가기 위한 부단한 노력의 과정이다. 사업의 실패는 이러한 과정 속에서 불가피하게 발생할 수밖에 없는 일이며, 계속되는 시행착오를 통하여 보다 적절한 접근방법이 모색되는 경험적인 사회과학의 필수적인 과정인 것이다(김통원, 2003). 따라서 보다 적극적인 자세로 성공이든 실패든 이를 체계적으로 정리하고 공유하여야 실천현장이 성장할 수 있을 것이다. 또한 변화없음도 과거보다 상황이 악화되지 않고 유지되고 있다는 점에서 단순히 실패로 규정짓기보다는 또다른 성공의 지표이거나 변화를 위한 디딤돌이 될 수 있음을 받아들일 필요가 있다.

마지막으로 가장 대표적인 야간보호사업으로 자리매김한 모금회 야간보호사업의 성과분석을 통하여 효과성을 체계적으로 검증하고, 근로 빈곤층 맞벌이 가족 및 가족 해체의 증가로 인해 점차 늘어나고 있는 야간방임아동을 위해 본 사업이 제도화될 수 있는 방안이 모색되어야 한다. 모금회 야간보호사업에 대한 지역아동센터, 참여아동, 가족 및 야간보호사업 참여교사의 만족도는 매우 높은 편이다(정익중·이경림, 2008). 또한 야간보호사업에 지역 내 저소득층 인력을 투입하여 사회적 일자리 창출의 목적까지도 함께 달성하고 있다. 하지만 이 사업이 체계적인 구조 아래 지속적으로 지역사회 내 야간방임아동 보호와 저소득층의 지속가능한 안정적인 일자리 제공이 가능하기 위해서는 하나의 사회서비스로 자리매김할 수 있는 제도화 방안을 마련할 수 있도록 심층적이고 객관적인 분석이 이루어져야 한다. 이를 위해 기존 야간보호사업의 장단점을 분석하여 체계적으로 사업을 보완하고 선도적인 야간보호사업 모형의 개발이 필요하다.

2008년 지역아동센터 실태조사(이태수 외, 2009)에 의하면, 지역아동센터 이용 초등학교 저학년 48.7%와 고학년 35.1%가 18시 이전에 귀가하는 것으로 나타나 전체 이용아동 중 50%에게는 야간보호가 이루어지지 않고 있다. 하지만 귀가한 아동의 경우 49.8%만이 주양육자가 보호하며 형제끼리만 있는 경우가 29.6%, 혼자 있는 경우가 12.4%에 달하여 지역아동센터 이용아동의 상당수가 여전히 야간방임의 위험에 처해 있다. 지역아동센터의 운영시간 때문에 대다수의 아동이 어쩔 수 없이 귀가하는 것이지 양육자의 보호를 받기 위해 귀가하는 것이 아니라는 것을 알 수 있다. 이에 본 연구에서는 전국 3,500여 개의 지역아동센터 중에 약 449곳만 실시하고 있는 모금회 야간보호사업이 확대가능성을 위한 기초자료를 구축하고 나아가 제도화를 위한 방안을 제안하고자 한다.

2. 연구의 내용

본 연구의 내용은 크게 네 가지 부분으로 구성되어 있다. 먼저 우리나라 야간보호의 현황을 정부과 민간 전달체계 두 가지로 구분하여 살펴보고, 둘째, 야간보호사업의 논리모형을 구성하여 평가의 기초를 마련한다. 셋째, 양적 연구를 통해 대표적인 야간보호사업의 성과를 분석하고, 마지막으로 야간보호사업 성과의 질적 연구를 통해 양적 연구를 통해 발견된 내용을 보완하고 양적 연구를 통해 발견할 수 없었던 내용을 추가하고자 한다.

(1) 야간보호 현황 파악

우리나라에서 실시하고 있는 야간보호 현황을 정부와 민간 영역의 두 축으로 정리하여 각 사업을 실시배경, 구체적 내용, 현황을 중심으로 파악한다.

(2) 야간보호사업의 논리모형 및 성과지표 개발

논리모형은 프로그램의 투입, 과정, 산출, 성과간의 연결고리를 그림으로 표시해 서비스 목적달성을 위한 활동의 수행과 성과를 구체화해 전반적인 프로그램에 대한 이해증진은 물론 프로그램 성과평가를 위한 개념적 틀을 제공한다(정익중 · 이봉주 · 임진영 · 황매향, 2008). 이에 방임아동의 특성, 부모의 양육스트레스, 저소득층 일자리 창출 기여 등에 대한 야간보호사업의 논리모형을 개발하고, 도출된 결과를 토대로 장 · 단기적 성과지표를 개발하여 평가의 기초를 마련한다.

(3) 야간보호사업의 양적 성과 연구

야간보호사업에 참여했거나 참여하고 있는 537개소를 대상으로 각 시설장 1명, 야간보호교사 1명, 이용아동 10명, 주양육자 5명을 설문조사한 결과를 바탕으로 야간보호사업 참여기간에 따른 수행기관, 야간보호교사, 이용아동 및 주양육자의 만족도 및 발달성과를 비교하고, 개발된 논리모형에 따라 설정된 야간보호사업의 투입, 활동, 산출 대비 산출의 차이를 분석한다. 이용아동 및 주양육자, 교사, 수행기관의 만족도 및 성과에 영향을 미치는 요인을 파악하기 위해 센터 및 야간보호교사-아동 및 주양육자의 2수준 다층구조를 가지는 자료를 구성하고, 위계적 선형모형(hierarchical linear model)을 적용하여 분석한다.

(4) 야간보호사업의 질적 성과 연구

마지막으로 양적 연구를 통해 발견할 수 없었던 내용이나 양적 연구를 통해 발견된 사항을 좀더 보완하기 위해 질적 연구를 진행한다. 지역유형을 고려한 대표기관을 방문하여 현장자료를 수집하여 사업의 이해를 높이고 양적 조사로 확인하기 어려운 분석결과를 보완한다.

이상과 같은 연구내용에 기반해 지난 5년간의 야간보호사업에 대한 만족도 및 효과성 평가의 정확도를 높일 수 있을 뿐만 아니라 야간보호사업의 이용기간에 따른 이용자 만족도와 성과분석을 수행함으로써 사업의 중·장기적 효과성 및 지속적인 운영의 필요성을 확인할 수 있을 것이다. 나아가 야간보호사업의 전국 확대 가능성을 타진하고 제도화의 토대를 마련할 수 있을 것으로 기대한다.

제 2 장

공적 전달체계의 야간보호사업 현황

1. 교육과학기술부
2. 보건복지부
3. 여성가족부
4. 공적 전달세계의 야간보호사업 현황 정리 및 분석

1. 교육과학기술부

교육과학기술부에 속한 야간보호서비스는 주로 방과후 학교라는 큰 틀 안에서 이루어진다. 방과후 학교는 기존의 '방과후 교육활동'이라고 지칭되어 학교마다 산발적으로 보충학습 혹은 특기 · 적성교육, 초등학교 방과후 교실 위주로 이뤄지던 것이 2006년부터 통합된 것이다. 방과후 학교하에서의 야간보호에 대한 언급을 찾아보면, 2006년 방과후 학교 운영계획에서 '정규교육과정 이외의 시간을 이용하되, 너무 이른 시간이나 심야까지 이루어지는 사례 엄금'이라는 지침을 포함하고 있다. 이는 그 당시 방과후 학교가 '사교육비 경감'이라는 기치아래 학습의 보충에 집중하였기 때문인 것으로 판단되며 미처 야간보호의 필요성을 인식하지 못하였던 것으로 보인다.

반면 2005년 경북교육청이 야간공부방 '반딧불교실'에 예산을 지원하기 시작한 사례가 있었고 2006년 5월에 청와대에서 개최된 "방과후 학교 확산을 위한 교육감, 교육장과의 열린 대화" 행사 업무보고 자료에서 우수사례로 소개되기도 하였다. 이후 개별적으로 '반딧불교실'이 확대되기도 하고, 경기도가 처음으로 학교마다 설치되어 있는 방과후 초등보육교실을 저녁 9시까지 연장하여 서비스를 제공하기 시작하였다. 점차 초등돌봄교실(초등보육교실)이 저녁 9시까지 보호서비스를 제공하는 종일돌봄교실로 확대 · 개편되고 있다.

(1) 종일돌봄교실

종일돌봄교실은 각 학교마다 설치되어 있는 초등보육교실을 저녁 9시까지 연장하여 서비스를 제공하는 것을 말한다. 2010년 이전에는 저녁 6시까지만 운영하는 초등돌봄교실과 저녁 9시까지 연장하는 종일돌봄교실로 구분하였지만 2010년부터는 모든 초등돌봄교실을 종일돌봄교실로 통합 · 확대운영하게 되었다. 그러나 각 지역과 학교의 여건에 따라 종일돌봄교실로의 통합운영을 자율적으로 결정하게 하였고 현재 사업초기 단계로 종일돌봄교실로의 전환여부가 아직 파악되지 않고 있다.

가. 배　　경

종일돌봄교실로 사업을 확대·통합 운영하게 된 배경에는 최근 한부모 가족 등 가족형태의 변화와 맞벌이 부부, 저소득층의 증가 등으로 방과후 방치되는 학생이 늘어나게 된 사회적 상황이 있다. 여성의 사회 진출이 증가함에 따라 초등학교 학생들의 방과후 교육과 보육 서비스 수요가 급증하고 있고, 특히 맞벌이 부부들의 일상적인 퇴근 시간까지 초등학교 학생들의 교육과 보육을 담당할 기관이 필요하게 된 것이다. 따라서 초등학교 학생들의 발달에 적합한 교육과 국가·사회적 요구에 부응하는 안정된 보육프로그램 제공이 요구되고 있다.

종일돌봄교실은 다음과 같은 몇 가지 목표와 전략하에 사업이 진행된다. 첫째, 방과후 학교인 초등돌봄교실의 기능을 강화하여 맞벌이·저소득층 가정 자녀의 건강한 성장 및 학력 향상을 지원한다. 둘째, 맞벌이·저소득층 가정 자녀의 교육 및 보육 지원을 통한 사교육비 경감 및 교육복지를 실현한다. 셋째, 지방자치단체-교육청-학교간 협력을 통해 지역주민의 자녀 교육 및 보육 수요를 충족시킴으로써 지역사회와 함께 하는 방과후 학교를 실현한다. 이러한 종일돌봄교실 사업을 통해 교육복지 실현, 사교육비 경감, 학교의 지역사회화 측면에서 성과가 기대된다. 우선 종일돌봄교실을 통해 저소득층 및 맞벌이 가정 자녀들에게 보육 및 교육을 지원하고, 방과후 학생들을 안전하게 보호·지도하여 바람직한 성장·발달을 지원하며, 저소득층 자녀에 대한 석식제공으로 결식아동을 최소화함으로써 교육복지를 실현할 수 있다. 또한 저렴한 가격으로 학교에서 교육수요를 충족하여 과외 수요를 억제하고, 보육을 위한 학원 수강료 절감으로 저소득층 소득 증대에 기여함으로써 사교육비 경감이 예상된다. 마지막으로 지역사회와 행·재정적 협조체계를 구축하여 지역사회의 중심축을 형성하여 교육·보육 기능으로의 학교의 지역사회화를 구축할 수 있을 것이다.

나. 사업내용

교육과학기술부에서는 초등보육교실을 운영하는 학교수를 확대하여 2011년까지 모든 초등학교에 초등돌봄교실을 1학급 이상 설치하고, 운영시간을 정규수업이 끝난 후 저녁 9시까지 확대할 예정이다. 따라서 종일돌봄교실의 확대·통합운영에 따라 학교에 대한 시설 개선비 및 인건비, 운영비 지원, 학생에 대한 교육비 및 식사비 지원 등의 사업을 실시할 계획이다.

우선 초등돌봄교실 운영 학교수 확대에 따라 안전하고 쾌적한 환경에서 보육과 교육을 실시하도록 기존학교에는 4,000만원의 시설개선비를, 신설학교에는 3,000만원의 설치비를 지원하고, 2007년 이전에 설치된 초등돌봄교실에는 조리실을 포함하여 시설 및 환경 개선을 위해 학교당 5백만원을 지원한다. 또한 인력지원 측면에서 야간돌봄교실 관리인력에 대해 인건비를 월 30만원 지원하고, 야간 보육전담강사에 대한 처우개선비를 월 20만원 지원하며, 초등돌봄교실 운영시간 확대에 따라 안전한 돌봄을 실현하기 위해 보조 인력(배움터지킴이, 학부모 자원봉사자, 대학생 자원봉사자)을 활용하도록 보조 인력에 대한 지원을 실시한다. 이러한 초등돌봄교실 운영비 지원으로 보육의 질 개선, 사교육비 절감 효과를 기대하고 있다.

한편, 초등돌봄교실 운영시간을 저녁 9시까지 확대 운영함에 따라 저소득층 자녀에 대한 석식비를 학교당 월 30만원(단가 3,000원×20일×5명)을 지원하여 보육 및 교육효과를 제고하고, 초등돌봄교실 운영학교 중 조리시설이 없거나 조리시설 환경개선이 필요한 학교, 신규설치학교에 조리시설 설치비(예: 전기렌지, 주방조리시설기구, 수납장 및 싱크대, 수도시설 등)를 학교당 1,000만원을 지원한다. 저소득층 자녀를 위한 자유수강권을 1인당 3만원, 연간 30만원 내외에서 지원한다. 특히 저소득층 자녀의 초등돌봄교실 참여확대를 위해 기초생활수급자 자녀를 우선 지원하고, 그 외에 소년소녀가정, 새터민 자녀, 보훈대상자 자녀, 시설 수용학생 및 학교에서 지원이 필요하다고 인정되는 학생을 지원한다.

위와 같은 내용의 종일돌봄교실 사업은 현재 교육과학기술부에서 계획하고, 각 시·도 교육청으로 이관하여 사업을 진행하고 있다. 초등보육교실 및 종일돌봄교실 시·도교육청 예산편성 현황을 살펴보면 다음과 같다.

표 2.1 초등보육교실 및 종일 돌봄교실 시·도교육청 예산편성 현황

(2010. 3. 기준, 단위: 천원)

시·도 교육청	2008년	2009년		2010년
	초등 보육프로그램	초등 보육프로그램	종일돌봄교실	초등돌봄교실
서 울	2,879,097	4,380,662	150,000	8,471,870
부 산	1,809,600	2,341,440	693,000	3,209,933
대 구	1,852,000	2,350,000	140,000	4,351,000
인 천	2,672,056	3,275,000	350,000	4,886,921
광 주	1,008,040	2,563,990	230,400	3,604,247
대 전	3,340,000	1,700,000	880,000	3,059,200
울 산	408,600	2,962,000	100,000	2,488,975
경 기	6,708,460	10,253,416	7,072,775	23,331,248
강 원	5,125,000	5,518,832	567,000	13,501,870
충 북	2,700,000	2,830,250	793,800	6,389,720
충 남	3,640,000	4,000,000	1,037,400	4,920,500
전 북	3,480,000	4,168,000	600,000	5,791,863
전 남	2,277,600	2,392,356	625,464	5,690,448
경 북	2,420,000	5,999,835	728,000	9,592,683
경 남	4,120,000	5,120,000	728,000	10,370,920
제 주	298,000	965,000	217,200	1,628,300
계	44,440,453	59,855,781	14,695,839	111,289,698

자료: 교육과학기술부 제출자료, 강명순 의원실.

지난 3년간 초등돌봄교실의 예산은 설치·운영의 확대와 더불어 확실한 증액을 보이고 있다. 2008년 44,738,453천원에서 2010년 111,289,698천원으로의 증가는 무려 약 2.5배에 달하는 것이다. 예산을 통해 초등돌봄교실(2010년)과 종일돌봄교실(2009년)의 연간 지원수준을 분석해 보면 다음과 같다.[1)]

1) 2009년 종일돌봄교실의 경우는 385개 학급에서 6,759명의 아동을 돌보는 것으로 나타나 학급당 17.6명을, 2010년 초등돌봄교실의 경우는 5,372개 학급에서 89,821명의 아동을 돌보는 것으로 나타나 학급당 16.7명을 지원하고 있는 것으로 나타났다. 이를 근거로 1개 학급당 지

표 2.2 초등돌봄교실과 종일돌봄교실의 연간 지원수준

구 분	총 예 산	1개 학급당 지원금	아동1인당 지원금
초등돌봄교실(2010년)	111,289,689(천원)	20,716,622원	1,239,016원
종일돌봄교실(2009년)	14,913,039(천원)	38,735,166원	2,200,861원

자료: 교육과학기술부 제출자료, 강명순 의원실, 재정리.

2010년부터 방과후 보육교실과 종일돌봄교실을 통합 운영됨에 따라 교육청마다 전담인력 인건비는 차이가 있다. 서울, 인천, 광주, 충북 등은 4대 보험료, 연차수당, 초과근무수당, 퇴직금 포함하여 연봉 1,500만원~2,100만원 사이로 월 120만원~177만원까지 임금을 주고 있었다. 반면에 월 60~90만원선 또는 시급 1만원~2만원으로 수당의 개념으로 임금을 주는 교육청도 있었으며 교육청 단위의 별도기준이 없거나 교육청이나 지자체에서 지원된 운영비 내에서 학교별로 정하고 있는 곳이 다수였다.

표 2.3 초등돌봄교실 전담인력 인건비

구 분	교 육 청	급여수준
연봉개념으로 지급	서울, 인천, 광주, 충북 등	연봉 1,500~2,100만원 4대 보험료, 연차수당, 초과근무수당, 퇴직금 등
수당개념으로 지급	충북, 전남, 전북 등	월급 60~90만원 선 혹은 시급 1만원~2만원
교육청 단위의 별도기준 없음	대전, 대구, 경북, 경남, 제주 등	별도 기준이 없거나 학교별로 운영비에서 결정

자료: 교육과학기술부 제출자료, 강명순 의원실, 재정리.

다. 사업현황

2009년 9월 1일 기준으로 초등돌봄교실(초등보육교실)은 전국적으로 60.8%의 설치율을 보이며 3,886개 학급에서 68,146명을 돌보는 것으로 나타났다. 2010년 초등돌봄교실 운영현황(3월 기준)을 비교해 보면, 2010년 3월

원금과 아동 1인당 지원금을 산출하였다.

표 2.4 초등돌봄교실 운영현황 (2010. 3 기준)

시·도 교육청	학교 수(개)	초등돌봄교실 수(개)	초등돌봄교실 학생 수(명)
서 울	587	459	7,654
부 산	297	272	3,793
대 전	138	172	3,113
대 구	207	194	3,200
인 천	227	241	4,459
광 주	141	144	1,834
울 산	118	137	2,586
경 기	1,148	811	17,721
강 원	353	364	5,570
충 북	259	271	4,887
충 남	430	480	7,957
전 북	413	453	7,002
전 남	431	384	6,082
경 북	487	453	6,439
경 남	498	484	6,668
제 주	106	53	856
합 계	5,840	5,372	89,821

자료: 교육과학기술부 제출자료, 강명순 의원실.

기준으로 초등돌봄교실 학급수와 학생수는 각각 5,372개, 89,821명으로, 약 20,000명 이상이 추가로 돌봄서비스를 받고 있는 것으로 나타났다. 이는 2009년에 교육과학기술부에서 발표했던 2,000개 학급 추가설치 목표에 근접해 있는 것으로 보인다.

2009년 16개 시·도의 종일돌봄교실 설치·운영현황을 살펴보면 전국적으로는 총 5,813개 초등학교 중 354개 학교에서만 종일돌봄교실을 운영하고 있어 6.1%의 설치율을 보이고 있으며 초등학생 6,759명이 학교를 통해 야간보호사업을 제공받고 있다.

교육과학기술부는 2011년까지 모든 학교에 1개 이상의 초등돌봄교실을 설치하고 저녁 9시까지 운영시간을 연장하여 종일돌봄교실로 운영하기로 하

표 2.5 종일돌봄교실 설치·운영현황 (2009. 9. 1 기준)

시도 교육청	총 학교 수(개)	종일돌봄교실			
		학교 수(개)	설치율(%)	학급 수(개)	학생 수(명)
서 울	578	28	4.8	35	542
부 산	293	15	5.1	16	210
대 구	211	7	3.3	7	69
인 천	224	16	7.1	17	209
광 주	139	8	5.8	8	117
대 전	137	14	10.2	15	204
울 산	116	10	8.6	10	186
경 기	1,094	96	8.8	115	2,274
강 원	361	21	5.8	21	311
충 북	256	21	8.2	21	325
충 남	430	28	6.5	28	689
전 북	420	16	3.8	17	337
전 남	453	23	5.1	23	405
경 북	497	31	6.2	31	516
경 남	498	15	3.0	15	267
제 주	106	5	4.7	6	98
합 계	5,813	354	6.1	385	6,759

자료: 교육과학기술부 제출자료, 김춘진 의원실.

였다. 이런 정책이 현실화된다면 학교가 제공하는 방과후 교실을 통한 야간보호사업이 크게 확대될 것으로 보인다.

2009년 10월 기준으로 시간대별 운영현황을 통해 야간보호서비스 현황을 살펴보면, 전체 초등돌봄교실 5,138개 학급 중 1,907개 학급이 저녁 6시 이후에도 아동들을 돌보고 있는 것으로 나타났다. 즉, 약 37.1%의 초등돌봄교실이 야간보호사업을 제공하고 있는 것이다. 이를 아동 수로 환산해 보면 1학급당 평균 17명의 아동을 돌보고 있으므로 약 32,419명[2)]의 아동이 야간보

2) 현황파악시점이 2009년 10월로 종일돌봄교실 현황파악 시점인 2009년 9월과는 1개월 밖에 차이나지 않아 아동 수가 증가했다기보다는 종일돌봄교실을 포함하여 초등돌봄교실 전체에서 야간보호서비스를 제공하고 있는 현황으로 이해해야 적절하다.

표 2.6 초등돌봄교실 시간대별 운영현황 (2009. 10 기준)

시도	운영 종료 시간대별 학급 수(개)							합계(개)
	오후 4시 이전	오후 4시~5시 이전	오후 5시 초과~6시 이전	저녁 6시 초과~7시 이전	저녁 7시 초과~8시 이전	저녁 8시 초과~9시 이전	저녁 9시 초과	
서울	–	–	360	54	47	14	–	475
부산	3	208	42	2	–	51	–	306
대구	–	4	32	147	3	1	17	204
인천	–	6	31	153	36	9	2	237
광주	–	–	115	5	–	18	–	138
대전	8	125	19			15	3	170
울산				122	5	4	1	132
경기	–	–	25	552	73	93	61	804
강원	–	127	202	4	–	3	28	364
충북	–	90	119	31	1	31	3	275
충남	–	356	46	34	10	19	–	465
전북	49	118	156	16	12	17	2	370
전남	29	163	18	4	1	17	2	234
경북		280	165	30	8	19	3	505
경남	2	72	238	77	8	4	5	406
제주	–	43	4	–	–	6	–	53
합계	95	1,553	1,573	1,237	211	323	136	5,138

자료: 교육과학기술부 제출자료, 강명순 의원실.

호서비스를 받고 있다고 추정할 수 있다.

종일돌봄교실을 이용하는 아동을 가정의 경제상태에 따라 구분하여 살펴보면, 약 68.2%의 아동이 맞벌이 부부의 자녀이며 31.8%의 아동이 저소득가정의 자녀이다. 또한 수강료 부담 유형에 따라 살펴보면, 수익자부담으로 서비스를 이용하는 아동은 21,309명으로 전체의 27.6%이며 무료로 초등돌봄교실에 참여하고 있는 아동은 약 72.4%에 해당하는 55,846명이다. 전체 이용아동 중 31.8%의 아동이 저소득가정 자녀임을 고려할 때, 맞벌이 부부의 자녀 중 절반 이상이 무료로 서비스를 이용하고 있음을 알 수 있다.

표 2.7 초등돌봄교실 유형별 참여학생 현황 (2010. 3 기준)

시도	경제상태별 참여학생 수(명)			수강료 부담 유형별 참여학생 수(명)		
	저소득가정 자녀 수(명)	맞벌이 부부 자녀 수(명)	합계(명)	수익자부담의 경우(명)	무료 참여의 경우(명)	합계(명)
서울	2,196	3,466	5,662	3,288	2,374	5,662
부산	1,387	1,855	3,242	748	2,494	3,242
대구	715	1,368	2,083	598	1,485	2,083
인천	1,098	1,696	2,794	706	2,088	2,794
광주	659	922	1,581	739	842	1,581
대전	863	2,033	2,896	1,179	1,717	2,896
울산	327	1,465	1,792	505	1,287	1,792
경기	3,502	11,147	14,649	9,322	5,327	14,649
강원	2,266	3,659	5,925	177	5,748	5,925
충북	1,255	2,959	4,214	256	3,958	4,214
충남	1,418	5,573	6,991	1,342	5,649	6,991
전북	2,675	3,347	6,022	260	5,762	6,022
전남	1,381	2,746	4,127	–	4,127	4,127
경북	3,207	5,507	8,714	1,369	7,345	8,714
경남	1,375	4,259	5,634	432	5,202	5,634
제주	228	601	829	388	441	829
합계	24,552	52,603	77,155	21,309	55,846	77,155
비율(%)	31.8	68.2	100.0	27.6	72.4	100.0

자료: 교육과학기술부 제출자료, 강명순 의원실.

(2) 엄마품 온종일 돌봄교실[3)]

가. 배 경

엄마품 온종일 돌봄교실은 2011년부터 교육과학기술부에서 저소득층 및 맞벌이 가정을 위한 돌봄서비스를 지원하기 위해 초등학교(유치원)에서 운영할 계획이다. 특히 도시 저소득층 및 맞벌이 가정 밀집지역으로 타지역과 경제적 격차가 큰 지역의 학교를 우선하여 선정하며 유치원 및 초등학교, 유·

3) 2010년 12월 13일 교육과학기술부 보도자료.

초등 연계 운영 등 다양한 운영모형을 통해 2011년 3월부터 운영하게 된다.

엄마품 온종일 돌봄교실은 아침 일찍 출근하는 가정과 밤늦게까지 일해야 하는 가정의 자녀들에게 유치원과 초등학교에서 '엄마품과 같은' 안전하고 질 높은 온종일 돌봄서비스를 제공하기 위해 추진되었으며, 유치원 또는 학교에서 이른 시간부터 저녁 늦은 시간(아침 6시 30분~저녁 10시)까지 아동들을 돌봐주는 프로그램을 운영하게 된다.

현재 전국 유치원의 99%(8,219개 중 8,145개), 초등학교의 88.4%(5,851개 중 5,177개)가 돌봄서비스를 제공중이지만, 주로 방과후에 운영되고 있어 저소득층 및 맞벌이 가정 등을 위한 아침·저녁 돌봄서비스를 지원하는 시설은 일부[4]에 그치고 있고 (병설)유치원과 초등학교의 돌봄시설간 연계활용도 전무한 실정이다.

이에 기존의 돌봄교실을 리모델링하고 시간대를 확대하여 맞벌이 가정의 자녀에게 실질적인 도움이 될 수 있도록 보육강사를 채용하여 아이들에게 식사는 물론 다양한 교육·보육 프로그램을 제공하는 것을 목적으로 하고 있다. 아울러 유치원 및 초등학교 단위 운영, 유치원·초등학교 연계 운영 등 운영방법을 다양화하고 지역여건에 맞는 모형 선택이 가능하도록 계획하고 있다.

엄마품 온종일 돌봄교실은 기존의 오후·저녁 돌봄서비스와 연계하여 이른 아침부터 늦은 저녁까지 운영함으로써 자녀의 보호·교육을 위한 사교육비 부담 완화는 물론 종일 돌봄교실 운영에 필요한 인력을 채용하여 고학력 경력단절 여성의 일자리 창출에 기여할 수 있을 것으로 기대하고 있다.

나. 사업내용

엄마품 온종일 돌봄교실로 선정된 학교에는 인건비 및 운영비로 유치원, 초등학교, 유·초등 연계교실 각 실당 평균 5,000만원(특별교부금 50%, 교육청·지자체 50%)을 지원한다. 운영시간대는 아침 6시 30분부터 저녁 10시까지 운영되며, 지역여건에 맞는 다양한 모형이 선택가능하다.

유치원 프로그램으로는 식사제공 프로그램, 교육(Edu)·돌봄(Care) 프로

4) 유치원 9.7%, 초등 아침 돌봄 0.8%, 초등 저녁 돌봄 26%.

그램, 유아돌봄 프로그램(휴식, 수면, 씻기 등 기본생활습관 지도), 초등학교 교육프로그램으로는 교과과정, 특기·적성 영역이 제공되며, 돌봄프로그램으로는 교육활동-과제해결, 예복습 활동, 사랑방형-자율활동 과정중심의 돌봄이 제공된다.

초등학교 아동을 중심으로 한 세부활동 내용을 보면 다음과 같다.

표 2.8 엄마품 온종일 돌봄교실 세부활동 내용

과정 구분	세부 활동 내용
교육프로그램 (Edu)	• 그룹별 자유선택 놀이 • 음악활동 • 특기적성교육 활동 • 요일별로 글쓰기, 창의학습, 미술활동 • 기초학습(국어, 수학, 영어, 과학) • 신체활동, 레크레이션(게임놀이, 흥겨운 박수, 풍속퀴즈), 정신집중 심성훈련
돌봄프로그램 (Care)	• 중심활동(창의력 학습, 자율과제학습, 교과학습, 독서) • 놀이활동(보드게임, 블록 놀이, 인터넷 게임, 장기·바둑) • 특기교실(탁구교실, 리코더교실, 과학교실, 장구교실), 취미활동 • 남학생과 여학생용의 취침실

운영모형으로는 유치원 온종일 돌봄교실, 초등학교 온종일 돌봄교실, 유·초등 연계 온종일 돌봄교실(지역 내 유치원 및 초등돌봄 수요가 작은 경우, 기 설치된 유치원 또는 초등학교의 돌봄 시설 및 인력을 공동으로 활용 운영)을 제시하고 있다.

특히, 학생 안전을 위해 학부모 동행 귀가를 원칙으로 하고, 비상시 대리동행 명단 사전확보 및 신분이 확인된 사람과 동행하도록 하고 있으며 농어촌 지역 등 특수한 지역의 경우 택시로 안전하게 귀가시키는 방안을 강구하고 있다. 또한 학교 내 학생 지킴이 활동을 강화시켜 교실·운동장 등 활동이 분산될 경우 반드시 어른의 보호를 받도록 하며 경찰 지구대를 통해 학교 경비를 강화하고 어머니 폴리스제도, 자율방범조직을 연계하여 학생 안전 보호망을 강화하여 운영하도록 하고 있다.

엄마품 온종일 돌봄교실 운영체제는 아침 돌봄 및 저녁 돌봄서비스를 확대하여 기존의 오후 돌봄서비스와 연계하여 운영하도록 한다. 시간대별 구분 예시와 운영절차는 〈표 2.9〉와 같다.

표 2.9 엄마품 온종일 돌봄교실 이용안내

- 이용대상: 저소득층 자녀, 한부모 가정 및 맞벌이 부부 자녀를 우선으로 하되, 일반 희망 유치원생, 초등학생도 참여 가능
  - * 초등학교의 경우, 고학년 학생도 참여 가능
- 이용시간: 2011년 3월부터 연중 06:30~22:00(조식과 석식 제공)
- 이용장소: "엄마품 온종일 돌봄교실"로 지정된 학교(1,000교 예정)의 돌봄교실
  - * 돌봄교실 지정학교는 거주지 시·도 교육청에서 확인 가능
- 이용료: 무료(단, 저소득층 자녀가 아닌 경우, 식비 관련 수익자 부담이 있을 수 있음)

엄마품 온종일 돌봄교실을 이용하는 아동은 크게 아침 돌봄과 오후 돌봄, 저녁 돌봄으로 나누어진다. 아침 돌봄의 경우 〈그림 2.1〉에서와 같이 아침 6시 30분부터 학교에 등교할 수 있으며 이때 아침식사를 제공받고 보호를 받게 된다. 오후 돌봄의 경우 정규교육에 참여한 후 오후 5시까지 돌봄교실에 참여한다. 이후 저녁 돌봄은 5시 이후부터 10시까지 제공되며 석식제공과 더불어 보호와 교육의 프로그램에 참여하게 된다.

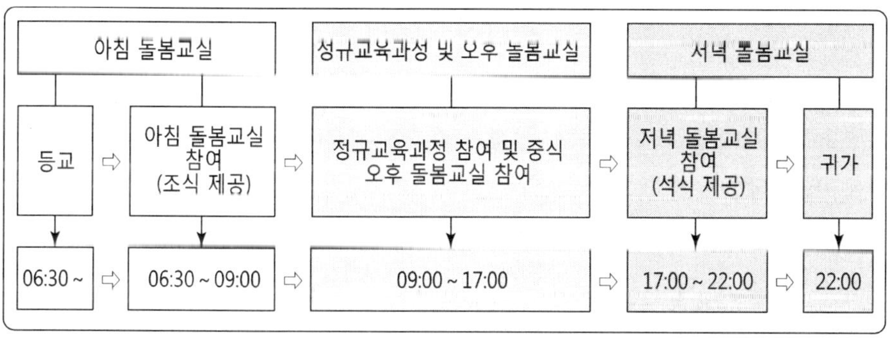

그림 2.1 엄마품 온종일 돌봄교실 운영 절차

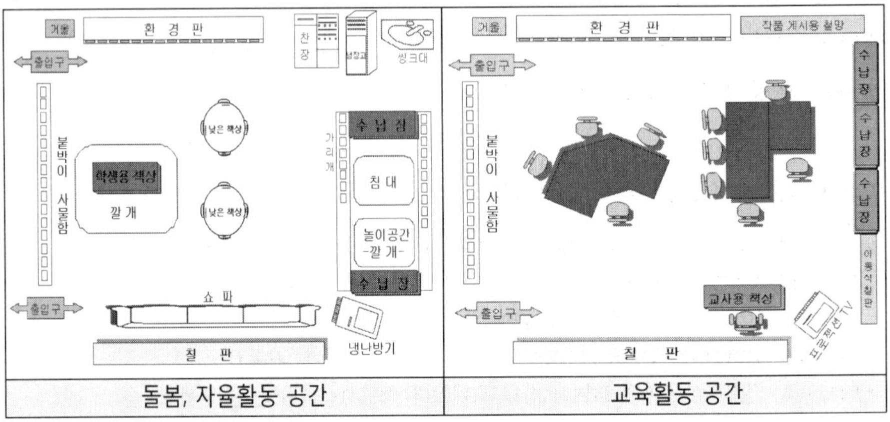

자료: 엄마품 온종일 돌봄교실 운영학교 운영 보도자료. pp. 15~16. 국가인적자원개발종합정보. 2010. 12. 13.

그림 2.2 기존 교실을 리모델링한 돌봄교실 모습(예시)

기존 교실은 〈그림 2.2〉와 같이 리모델링하게 될 예시를 보면 돌봄과 자율활동공간은 편안하게 쉴 수 있도록 소파와 침대, 놀이공간 등으로 구성되며 교육활동 공간 역시 딱딱한 교실형태가 아닌 좀더 편안한 분위기에서 공부할 수 있는 공간구성을 하도록 되어 있다.

다. 사업현황

교육과학기술부는 2010년 공모를 통해서 돌봄교실 운영에 적극적 의지가 있고 교육청 및 지자체의 대응투자 예산이 확보된 교육지원청을 중심으로 엄마품 온종일 돌봄교실을 운영할 학교를 선정하였다.

2010년 12월 현재 1차로 선정된 학교(유치원)는 전국 536개소이며 지역별로 선정된 학교수를 살펴보면 서울 214교, 부산 104교, 대구 18교, 인천 24교, 광주 12교, 대전 4교, 울산 8교, 강원 29교, 경기 2교, 충북 25교, 충남 5교, 전북 8교, 전남 51교, 경북 32교로, 유치원 99개원, 초등학교 405교, 유·초 연계 32개교(원) 등 총 536개교(원)이다. 또한 2차 공모를 추진하여 2011년 3월부터 전국의 1,000개교(원)가 엄마품 온종일 돌봄교실을 운영할 예정이다.

표 2.10 엄마품 온종일 돌봄교실 운영학교 선정현황

시 도	지원 교육지원청	지원 지자체 수	학교(유치원) 수
서 울	8	18	214
부 산	5	16	104
대 구	3	6	18
인 천	4	7	24
광 주	2	5	12
대 전	1	2	4
울 산	2	4	8
강 원	8	8	29
경 기	2	2	2
충 북	5	5	25
충 남	2	2	5
전 북	1	1	8
전 남	16	16	51
경 북	9	9	32
합 계	68	101	536

자료: 엄마품 온종일 돌봄교실 운영학교 선정 현황, 국가인적자원개발종합정보, 2010. 12. 13.

(3) 야간돌봄전담 유치원

가. 배 경

야간돌봄전담 유치원은 '유아교육 선진화 방안'의 하나로 늦은 시간까지 일해야 하는 맞벌이 부부의 육아부담을 완화하기 위해 실시되었다. 한부모가 야간돌봄서비스 이용을 희망할 경우 저녁 7시 이전에는 각 유치원에서 종일제를 이용한 후, '야간돌봄전담 유치원'으로 이동하여 저녁 늦게까지(저녁 9시~10시) 돌봄서비스를 제공받게 된다. 이용 대상은 공·사립유치원에 재원중인 유아뿐만 아니라 어린이집 유아도 이용할 수 있으며, 맞벌이 가정 유아 또는 한부모 가정의 경우 취업 한부모 가정 유아(만 3세~만 5세)로 이용이 제한된다.

야간돌봄전담 유치원 사업은 2010년 7월 현재 시범사업 기간 중이라 사업에 대한 구체적인 평가는 발표되지 않았지만, 교육과학기술부 야간돌봄전담 유치원 담당자에 따르면 최근 야간보호의 필요성에 대한 공감대가 형성되고, 유치원 이용 부모들의 만족도가 높아 2011년부터는 전면 확대될 예정이다.

나. 사업내용

야간돌봄전담 유치원 사업은 교육과학기술부 교육복지국 유아교육지원과에서 관리하고, 각 시 · 도 교육청에서 사업을 진행하고 있는데, 사업운영방식, 세부운영방법, 지원방안 등 사업내용을 살펴보면 다음과 같다.

우선 참여시설은 환경, 접근성, 안전성, 이용 수요, 규모 등을 고려하여 선정된다. 가정적인 분위기하에서 편하게 쉴 수 있는 환경이 잘 갖추어져 있는지, 수요가 많은 인근 유치원에서 접근하기 용이한지, 원장의 책임관리가 용이하고 CCTV 설치 등 방범시설 등이 잘 갖추어져 있는지 등이 선정기준이다. 최소 운영인원은 15명 이상이되 1학급당 20명을 초과할 수 없으며 학급수는 필요에 따라 증반이 가능하다.

야간돌봄전담 유치원은 평일(월~금)에는 22시까지 운영을 원칙으로 하되, 지역실정 · 수요자의 요구 등을 감안하여 운영시간은 조정이 가능하다. 또한 서비스는 유아들이 가정과 같이 편하게 쉴 수 있는 돌봄서비스를 중심으로 하고, 1학급당(20명) 유아교사 또는 보육교사 자격을 보유한 책임교원 1명과 보조인력 1명을 배치하도록 되어 있다. 일반적으로 유아들이 저녁 6시 또는 7시 이전에는 각 유치원에서 종일반을 이용하고, 그 이후에는 야간돌봄전담 유치원에서 돌봄서비스를 제공받게 된다. 전담 유치원으로 이동은 종일제 유치원 버스 또는 야간돌봄전담 유치원 버스를 이용하며, 지역실정에 따라 다양한 방법을 선택하여 이동할 수 있다. 하원은 유아의 안전을 위하여 학부모 책임하에 귀가하도록 규정되어 있다.

야간돌봄전담 유치원 사업운영시 운영비, 책임교원 시간외 수당, 보조 인력비 등이 지원되며, 그 이외의 저녁급식 및 간식비는 수익자가 부담하게 된다. 사업의 재원(사업비)은 총 22.5억으로, 시범사업기간(2010년 3~8월)에는 특별교부금 시책사업으로 지원하고, 9월 이후에는 시 · 도 교육청 교육비 특별회계에 반영하여 추진할 계획이다. 기관당 지원액은 월 250만원 정도이며 연간 3,000만원 정도가 된다. 따라서 기관당 최대 20명의 아동이 이용하는 상황을 고려할 때 아동 1인당 지원액[5]은 연간 150만원 정도로 추정가능하다. 또한 책임교원 수당(시간외 근무수당)은 월 90만원, 야간돌봄 보조인력비는 월 40만원, 운영비 및 급식요원비는 월 120만원으로 책정되어 있다.

다. 사업현황

2010년 기준으로 전국에 총 181개의 야간돌봄전담 유치원이 설치되어 있고, 한 학급 인원이 15~20명으로 참여아동은 약 3,000명 정도이다. 현재 어린이집과 통합 운영됨으로 그 중 약 10% 정도는 어린이집 아동들도 이용하고 있다. 야간돌봄전담 유치원의 지역별 시설현황을 살펴보면 〈표 2.11〉과 같다.

표 2.11 야간돌봄전담 유치원 현황 (2010년 기준, 단위: 개소)

시·도 교육청	서울	부산	대구	인천	광주	대전	울산	강원	경기	충북	충남	전북	전남	경북	경남	제주	합계
전담 유치원	24	16	8 (25)	10	5	5	5	7	27	3	7	6	5	10	7	2	181

자료: 교육과학기술부 제출자료, e-유치원 시스템(http: //childschool.mest.go.kr).

2. 보건복지부

(1) 지역아동센터

지역아동센터는 아동복지법 제16조 1항 11호에 따라 지역사회 아동의 보호, 교육, 건전한 놀이와 오락의 제공, 보호자와 지역사회의 연계 등 아동의

5) 3,000만원(기관 1개소당 연지원액)÷20명=150만원.

건전육성을 위한 종합적인 아동복지서비스를 제공하는 시설이다. 지역아동센터는 통합적인 아동복지서비스를 제공하는 아동복지시설로서, 야간보호서비스를 제공하는 시설로 한정지을 수는 없지만 그 이용아동의 특성 및 운영시간 등을 고려했을 때 중요한 야간보호서비스 제공시설이다.

가. 배 경

1997년 IMF 이후 급속히 결식아동이 증가하고, 복합적인 아동문제 및 가정해체 증가로 민간에서 운영하던 공부방활동이 2003년 아동복지법에 지역아동센터로 법제화되면서 아동복지시설로서 공공성을 가지게 되었다.

지역아동센터는 지역사회 차원에서 아동의 복지·보호체계 구축, 가정·학교와 지역사회의 상호 신뢰 및 연계 복원, 아동의 요구와 부모의 기대에 부응하는 수요자 중심의 운영 등의 사업목표와 전략하에 사업이 진행되고 있다. 우선 취약계층 아동에 대해 국가와 지역사회 차원의 적극적 해결책에 대한 필요성이 제기되어 지역사회의 인적·물적 자원의 연계 활용을 통하여 지역아동센터를 중심으로 통합적인 아동지원체계를 구축하고자 한다. 둘째, 부모의 입장에서 양질의 지역아동센터에 대한 신뢰감 및 공감대를 형성하고 지역사회차원의 공적 기능이 발휘될 수 있는 정도의 운영수준을 담보하고자 한다. 셋째, 이용아동의 성장발달에 부합하고, 부모의 눈높이에 맞는 내용과 질이 담보되는 과정을 개설하여 수요자 중심의 운영을 하고자 한다.

지역아동센터는 현재 가장 많은 수의 이용자 수를 확보한 아동복지시설로서 지역사회와 밀착하여 통합서비스를 제공하고 있고, 센터운영에 필요한 정부지원의 부족 가운데서도 이용아동들의 필요에 따른 야간보호서비스를 제공하고 있는 것으로 평가되고 있다.

나. 사업내용

지역아동센터는 지역사회 아동보호, 교육프로그램, 문화체험, 상담 및 지역사회연계 등의 통합적 복지서비스를 제공하고 있다. 지역아동센터 프로그램 내용은 다양하지만 크게 네 가지 범주로 구분하여 볼 수 있다. 아동보호프로그램(빈곤·방임 아동보호, 일상생활지도, 급식제공, 위생지도 등), 교육프로그램(학교생활준비 지원, 숙제지도, 기초학습 부진아동 특별지도, 예체능교육, 독서지도 등), 놀이와 오락 프로그램(문화체험, 견학, 캠프, 공동체 활동, 놀이 활동 지원, 특기적성 등), 보호자와 지역사회 연계 프로그램(가정방문, 상담·정서적 지지, 부모·가족상담, 후원자 등 지역사회 내 인적·물적 자원 연계, 사례관리 등)이 그것이다.

지역아동센터는 하루 8시간 이상, 주 5일 이상 운영하는 것을 원칙으로 하며, 학기 중에는 오후 2시~7시, 방학(단기방학 포함) 및 공휴일에는 오전 10시~오후 5시를 필수 운영시간으로 규정하고 있다. 토요일, 공휴일 등의 운영은 지역여건과 센터 실정 등에 따라 운영하되, 자원봉사자, 대체근로 등을 적극 활용하여 아동이 방임되지 않도록 조치하여야 한다. 다만 센터별 여건, 실정 등에 따라 운영시간의 조정이 필요한 경우 지자체에 보고 후 변경운영이 가능하다.

지역아동센터에 대한 연도별 지원현황을 살펴보면 다음과 같다. 2010년 현재 지역아동센터 지원개소 수는 총 2,946개소이며, 이용아동 수 및 상근종사자 수에 따라 200만원~370만원까지 차등지원하고 있다. 또한 지역아동센터 평가결과 우수시설에 대해서는 개소당 월 20만원~30만원의 인센티브를 추가지원하고 있다.

표 2.12 지역아동센터 연도별 지원현황

구 분	2004	2005	2006	2007	2008	2009	2010
지원개소	500	800	902	1,800	2,088	2,788	2,946
지원단가 (만원/월, 개소)	67	200	200	200	220	상반기: 220 하반기: 320	320
예산(억원)	12	73	98	206	282	457	568

자료: 2010년 아동청소년사업 종합안내, 보건복지가족부(2010).

다음은 정부지원금 현황으로, 2009년 실태조사 자료에서 1년 이상 지원받은 경우만을 정리한 것이다. 2009년 신고한 전체 지역아동센터 3,474개소

중 2,747개소만이 지원받은 것으로 나타났으며 기관당 1년 평균 지원금은 33,157,898원, 1개월 평균 지원금은 2,763,158원으로 나타났다. 지역별로도 별도지원금을 지원받고 있었는데, 1년 평균 5,368,747원으로서 1개월 평균 447,396원을 지원받고 있었다. 그 결과 국고와 지방비를 포함한 정부지원금과 지역별 별도지원금을 모두 합치면 지역아동센터 1개소당 월평균 3,210,554원(급식비 미포함)을 지원받는 것으로 분석된다.

표 2.13 지역아동센터 정부지원금 현황 (2009. 12 기준, 단위: 개소, 원)

구 분	1개소당 평균 정부보조금(국고+지방비)			지역별 별도지원금		
	센터 수	1년 평균	1개월 평균	센터 수	1년 평균	1개월 평균
합 계	2,747	33,157,898	2,763,158	1,333	5,368,747	447,396

자료: 2009년 전국지역아동센터 실태조사 보고서, 지역아동정보센터 재정리.

다. 사업현황

연도별 시설운영 현황을 살펴보면, 지역아동센터는 2004년 895개소에서 2005년 1,709개소로 1년만에 2배 가까이 증가하였고, 이후 지속적으로 증가하여 법정시설로 지정된 지 5년 만인 2009년 12월 현재 3,474개소로 급격한 양적 확대를 이루었다. 이용아동 수 또한 2004년 23,347명에서 2009년 97,925명으로 4배 이상 증가하였다.

지역아동센터는 야간보호서비스 제공시설은 아니지만 이용아동의 연령이 미취학부터 아동청소년까지 다양하고, 빈곤·저소득 가정 아동의 이용률이 78.2%에 달하는 등 그 필요에 따라 야간시간까지 아동청소년을 보호하기 위해 운영하는 경우가 많다. 2009년 지역아동센터 실태조사 보고서(지역아동정보센터, 2009)에 따르면, 저녁 7시 이전에 문을 닫는 지역아동센터는 12.7%에 불과하며, 과반수인 57.2%가 저녁 7시~9시에 닫는 것으로 조사되었다. 저녁 9시 이후에 문을 닫는 센터도 30.1%에 달했다. 이는 지역아동센터가 야간보호서비스가 법정사업이 아님에도 이를 주요한 사업으로 수행하고 있음을 보여주고 있다.

표 2.14 연도별 지역아동센터 운영현황 (단위: 개소)

지 역	2004년	2005년	2006년	2007년	2008년	2009년
서 울	104	157	210	262	302	354
부 산	43	95	110	134	155	171
대 구	21	28	35	60	75	115
인 천	58	105	117	143	157	175
광 주	39	80	92	143	164	201
대 전	24	62	83	122	133	139
울 산	17	33	41	49	51	54
경 기	192	336	402	534	601	656
강 원	41	94	102	114	139	159
충 북	56	102	118	137	156	176
충 남	39	79	87	125	151	181
전 북	59	130	147	173	212	255
전 남	87	182	216	279	307	336
경 북	34	91	108	143	164	206
경 남	66	106	128	158	189	219
제 주	15	29	33	42	57	70
합 계	895	1,709	2,029	2,618	3,013	3,474

자료: 2009년 전국지역아동센터 실태조사 보고서, 지역아동정보센터.

표 2.15 연도별 지역아동센터 이용아동 현황 (단위: 명)

구분	2004년	2005년	2006년	2007년	2008년	2009년
미취학 아동	1,564	3,023	4,133	4,127	4,585	4,838
초등학생	18,348	34,617	46,575	61,044	69,135	77,084
중학생	2,880	5,129	6,846	9,224	11,380	13,600
고등학생	555	958	1,095	1,413	1,862	2,072
탈학교	–	–	103	104	133	331
기 타	–	22	99	317	196	–
합 계	23,347	43,749	58,851	76,229	87,291	97,925

※ 2004년(탈학교, 기타)과 2005년(탈학교), 2009년(기타)은 별도 조사되지 않음
자료: 2009년 전국지역아동센터 실태조사 보고서, 지역아동정보센터.

표 2.16 지역아동센터 닫는 시간

닫는 시간	개 소	비율(%)
저녁 4시~7시 이전	415	12.7
저녁 7시~9시 이전	1,870	57.2
저녁 9시~11시 이전	959	29.4
저녁 11시 이후	24	0.7
합 계	3,268	100.0
무 응 답	6	

자료: 2009년 전국지역아동센터 실태조사 보고서, 지역아동정보센터.

지역아동센터의 야간보호사업을 이용하는 아동 수는 관련된 별도의 통계자료가 없어 2009년 지역아동센터 실태조사(지역아동정보센터, 2009)에서 문 닫는 시간과 저녁 8시 이후 운영여부를 조사한 자료를 통해 그 규모를 추정해 보고자 한다. 조사결과, 저녁 6시 이후에도 운영하는 시설은 2,805개소로 전체 시설의 87.3%에 달하고, 저녁 8시 이후에도 운영하는 시설은 999개소로 전체 시설의 30.5%에 해당된다. 따라서 야간보호를 받는 아동수는 저녁 6시 이후에 문닫는 시설수를 기준으로 할 때 약 21,879명, 저녁 8시 이후에도 운영하는 시설수를 기준으로 할 경우에는 약 7,792명으로 추정할 수 있다.

표 2.17 지역아동센터 저녁 8시 이후 운영 여부

저녁 8시 이후 운영 여부	개 소	비율(%)
예	999	30.5
아니오	2,275	69.5
합 계	3,274	100.0

자료: 2009년 전국지역아동센터 실태조사 보고서, 지역아동정보센터.

■ 야간보호를 받는 아동수:

2,805개소×7.8[6)]명=약 21,879명(문 닫는 시간 기준, 추정치)

6) 7.8명은 2009. 12 기준 지역아동센터를 이용하는 수급권가정 아동이다. 지역아동센터가 야간시간대에 운영된다고 하더라도 이용아동 모두가 야간보호서비스를 이용하는 것이 아니고 귀

999개소×7.8명=약 7,792명(저녁 8시 이후 운영 기준, 추정치)

(2) 시간연장형 보육시설

만 7세 이하 아동의 보육서비스와 관련하여 야간보호서비스는 시간연장형 보육과 24시간 보육의 형태로 제공되고 있다. 시간연장형 보육시설은 기준 보육시간(오전 7:30~저녁 7:30)을 경과하여 최대 저녁 12시까지(최소 저녁 9:00 이후) 시간을 연장하여 보육하는 시설을 의미하고 24시간 보육시설은 24시간 동안(오전 7:30~익일 오전 7:30) 보육서비스를 제공하는 시설을 말한다.

가. 배 경

맞벌이 부부 및 한부모 가정이 증가하는 사회적 변화에 맞추어 취업모의 보육부담을 경감시키기 위해 시간연장형 보육시설이 등장하게 되었다. 시간연장형 보육시설은 시간탄력적인 보육서비스 제공을 통해 수요자의 만족도를 높이고, 이혼 및 사별 등으로 경제적 활동이 필요한 부모의 자녀에게도 가정과 같은 분위기에서 영유아의 발달을 촉진시켜 주는 보육환경을 마련하는 것을 목표로 한다.

이러한 시간탄력적인 보육서비스를 통해 맞벌이 가구 및 취약계층을 위한 수요자 맞춤서비스를 제공하고, 취약계층의 가족해체 예방과 완충지대로서 기능하며, 야간시간대 아동방임을 예방 및 보호하는 서비스를 제공하는 효과를 기대할 수 있다.

나. 사업내용

시간연장형 보육의 사업운영방식, 세부운영방법, 운영비 지원 등 사업내용을 살펴보면, 시·군·구청장은 배정된 수량 범위 내에서 지원기준 및 지원

가하는 경우가 있다. 따라서 야간보호아동 중 수급권가정이나 맞벌이 가정 자녀가 많은 점에 착안하여 지역아동센터 이용아동 중 최소량인 수급권가정 아동수를 적용하여 야간보호를 받는 아동을 추정하였다.

조건을 충족할 수 있는 시설을 시간연장 보육시설로 지정하여 운영하고 있다. 국공립·법인 등 취약보육을 우선 실시하여야 하는 시설을 우선 지정하고, 평가인증을 통과한 시설과 시간연장 보육을 희망하는 직장 보육시설에 대해서도 우선 지정하고 있다.

시간연장 보육시설로 지정된 곳은 해당시설의 주간보육 아동을 우선적으로 연장하여 보육하는 것이 원칙이나, 주간에 다른 보육시설 등을 이용한 경우에도 가능하다. 국공립 및 정부지원 비영리법인시설은 부모의 취업 등으로 1명 이상이 보육시간 연장을 필요로 할 경우에는 시간연장 보육을 의무적으로 실시해야 한다. 아동을 밤 12시 이전까지 보육하는 것을 원칙으로 하되, 불가피하게 일시적으로 24시간 보육을 할 경우에는 24시간 동안 아동이 방치되지 않도록 부모와의 연락체계를 정비해야 한다. 시간연장 보육시설의 교사 대 아동비율은 1 : 5를 원칙으로 하되, 장애아 또는 0세아는 종사자의 업무량을 고려하여 일부 달리 적용할 수 있다. 유아로만 편성된 경우 1 : 7까지 조정할 수 있다.

보육교사의 근무시간은 시설별 특성에 따라 준비 및 정리 등을 포함하여 시간연장 보육 전후 시간을 총 8시간 이내에서(경력인정 감안 6시간 이상 근무) 적절히 조정하여 근무하게 할 수 있다. 단, 저녁 7시 30분에서 9시 30분 동안에는 반드시 근무하는 것이 원칙이다.

시간연장형 보육시설의 보육교사 인건비에 대한 지원은 보육교사를 별도로 채용한 경우에만 지원한다. 이 경우 정부지원시설은 시간연장 보육교사 월 지급액의 80%를 지원하고 민간보육시설은 시간연장 보육교사 1인당 100만원을 지원한다. 시간연장 보육의 시작시간인 저녁 7시 30분 이후에 시간연장 보육아동을 3명 이상 보육할 경우 인건비를 지원한다. 다만 국공립 등 정부인건비 지원 비영리법인시설과 직장보육시설 중 공공기관 및 고용보험기금 지원시설은 보육아동 1명 이상일 경우에 해당된다. 시간연장 보육교사가 저녁 9시 이후에도 1명 이상을 보육할 경우 인건비를 지원하고, 국공립, 법인시설의 경우 시간연장 보육교사를 최대 3명까지 지원받을 수 있다. 지원조건은 보육시설 보육교사 전원을 4대 보험에 가입하고, 시도지사가 고시한 보육료 상한선을 준수하며, 총 정원 및 교사 대 아동비율(혼합반 구성원 포함)을 준수한 시설에 한해서 지원한다.

다음으로 24시간 보육시설의 사업내용을 살펴보면, 시·도지사가 지역 내 야간 및 24시간 보육서비스 수요를 감안하여 정부지원시설 및 직장보육시설을 우선 지정하되, 기존 24시간 보육서비스를 제공하고 있는 민간 또는 가정보육시설에 대해서도 예외적으로 지정할 수 있다. 이 경우 정부지원시설 및 민간 보육시설은 야간 및 24시간 보육아동을 최소 5명 이상 최대 10명 이하를 보육하고 있거나 보육할 수 있는 시설이어야 한다. 단, 직장보육시설은 필요한 경우 시·도지사 승인하에 10명을 초과하여 보육할 수 있다. 또한 24시간 보육시설로 지정되기 위해서는 수면실 등 보육아동이 수면하기에 적합한 시설을 갖추어야 하며, 조·석식을 포함한 급·간식 제공여건 및 자체 야간 보육프로그램 구비 등의 기준을 충족해야 한다.

야간보육 및 24시간 보육서비스 입소 대상은 부모가 야간에 경제활동에 종사하는 가정의 영유아 또는 한부모, 조손가정 등의 영유아로 야간보육이 불가피하다고 판단되는 영유아이다. 해당되는 가정의 영유아는 반드시 시·군·구에서 확인 후 등록 승인하고, 주기적인 관리를 실시해야 한다.

야간 및 생활시설형 보육아동의 교사 대 아동비율은 1 : 5를 원칙으로 하나 장애아 또는 0세아는 종사자의 업무량을 고려하여 일부 달리 적용할 수 있다. 새벽근무 보육교사는 시설장과 협의하에 1일 8시간 근무를 원칙으로 시간연장 보육교사와 교대 근무를 실시할 수 있다. 24시간 보육아동의 경우 보육료의 200% 한도 내에서 추가비용을 부모로부터 수납할 수 있다. 보육료 지원대상자의 경우 정부지원단가의 150%까지는 정부에서 차등지원 받고, 그 이상은 부모로부터 추가수납이 가능하다. 보육료 지원대상이 아닌 경우에는 부모가 내는 보육료(시·도지사 상한액)를 기준으로 100%까지 추가수납이 가능하다.

야간보육 및 24시간 보육서비스 입소아동의 보호자는 상시적으로 보육시설과 연락체계를 유지해야 하며, 전화 또는 방문 등의 방식으로 최소 주 3회 이상 아동과 접촉하고 최소 주 1회 이상 아동을 가정에 데려가 보호해야 한다. 해당 보호자가 1개월 이상 아동의 보호의무를 게을리하거나 연락이 안 될 경우 시·군·구청장이 아동복지법상 보호조치를 취할 수 있다.

24시간 보육시설에 대해서는 시간연장 보육교사(저녁 7:30~저녁 12:00)와 새벽근무 보육교사(저녁 12:00~익일 오전 7:30) 인건비가 각각 지원된다. 정부는 시간연장 보육교사와 새벽근무 보육교사를 별도로 채용한 경우에만 지원하는데, 시간연장형 보육시설을 운영하는 정부지원시설 및 직장보육시설에는 보육교사 월 지급액의 80%를 지원하고, 민간지정시설은 보육교사 1인당 100만원의 인건비를 지원받고 있다. 그러나 보육아동이 3명 미만으로 감소될 경우 인건비 지원을 중단한다. 도지사 또는 시군구청장은 인건비 이외에도 자체 예산으로 24시간 지정 보육시설에 냉난방비, 야간근무교사의 조·석식비 등을 지원할 수 있다.

2010년 사업예산은 총 40,764백만원으로, 2009년에는 5,000명의 인건비로 36,105백만원이 지원되었고, 2010년에는 1,000명을 증원하여 40,764백만원이 지원될 계획이다. 다른 사업과의 비교를 위해 1년을 단위로 지원액을 분석해 보면 2009년 36,105백만원이 총 23,368명의 아동을 돌보기 위해 사용되었으므로 아동 1인당 연간 1,545,061원을 지원받은 셈이다. 그러나 시간연장형 시설 이용아동 수에는 서비스 비용이 더 높은 24시간 이용아동 520명이 포함되어 있으므로 지원액은 이보다 더 낮다고 봐야할 것이다.

다. 사업현황

시간연장형 어린이집에서 저녁 9시까지 야간보호를 받는 아동은 총 22,848명이고 이 아동을 돌보는 종사자는 모두 3,778명[7]으로 나타났다. 교사 대 아동비율인 1 : 5(유아의 경우는 7명까지 가능)의 원칙을 적용했을 때 교사 1인당 보호아동 수가 6.04명으로 나타나 비교적 적합한 수치라 볼 수 있다.

---

7) 시설장 혹은 당직교사는 보호시간 내내 안정적으로 상주하지 않기 때문에 시간연장형 보육교사만 통계에 포함하였다.

표 2.18 지역별 시간연장형 시설현황 (2009. 12. 31 기준, 단위: 개, 명)

구분	시설 수	보육아동			종 사 자				
		정원	현원	시간연장 현원	합계	시설장	보육교사		기타
							시간연장 보육교사	그 외	
합계	4,666	231,413	196,374	22,848	37,778	4,667	3,778	24,775	4,558
서울	791	45,495	40,541	3,744	7,532	789	639	4,887	1,217
부산	241	11,612	10,017	1,097	2,016	241	200	1,393	182
대구	208	9,215	7,685	917	1,529	208	167	1,047	107
인천	194	9,621	8,418	1,026	1,561	194	159	1,015	193
광주	76	4,723	3,840	564	701	76	54	499	72
대전	239	11,531	10,055	1,104	1,833	239	168	1,251	175
울산	84	3,352	3,027	370	589	84	68	400	37
경기	865	34,048	29,514	4,354	6,279	863	795	4,049	572
강원	138	7,419	5,833	456	990	137	71	641	141
충북	179	9,446	7,570	862	1,348	178	154	879	137
충남	206	8,974	7,515	1,035	1,546	206	168	878	294
전북	265	13,485	11,077	1,313	2,075	265	228	1,380	202
전남	324	18,812	15,594	1,471	2,769	323	256	1,827	363
경북	187	10,140	7,808	1,079	1,565	187	159	1,077	142
경남	501	22,066	18,340	2,266	3,714	500	412	2,420	382
제주	168	11,474	9,540	1,190	1,731	177	80	1,132	342

* 보육교사: 시간연장 보육교사/그 외: 시간연장 보육교사를 제외한 보육교사
* 기타: 특수교사, 치료사, 취사부, 기타를 포함한 종사자 수
* 현원: 해당 시설의 현원(종일, 야간, 24시간, 휴일 보육)
* 시간연장 현원: 시간연장보육을 이용한 후 이용현황 확정을 한 아동 수
* 종일보육을 이용하면서 시간연장보육을 할 수도 있기 때문에 현원과 시간연장 현원은 중복될 수 있는 부분임
자료: 2009년 보육통계, 보건복지부 보육정책과.

어린이집에서 24시간 보호받는 아동은 2009년 12월 기준 총 520명이며, 120명의 전담보육교사가 돌보고 있다. 이는 교사 1인당 약 4.3명의 아동을 돌보고 있는 것이며 지원기준을 충족하고 있다.

표 2.19 지역별 24시간 보육시설현황 (2009. 12. 31 기준, 단위: 개, 명)

구분	시설 수	보육아동				종사자				
		정원	현원			합계	시설장	보육교사		기타
			합계	현원	24시간 현원			24시간	그 외	
합계	138	8,383	7,156	6,636	520	1,629	138	120	1,093	278
서울	68	4,054	3,521	3,337	184	741	68	50	522	101
부산	14	666	567	491	76	155	14	18	103	20
대구	2	135	117	105	12	24	2	2	18	2
인천	7	434	376	332	44	74	7	8	52	7
광주	8	783	589	561	28	110	8	1	84	17
대전	3	182	155	137	18	34	3	3	24	4
울산	6	546	496	469	27	102	6	8	55	33
경기	11	484	404	363	41	91	11	4	66	10
강원	2	33	37	31	6	10	2	2	6	–
충북	–	–	–	–	–	–	–	–	–	–
충남	–	–	–	–	–	–	–	–	–	–
전북	6	505	416	398	18	68	6	8	48	6
전남	6	375	304	267	37	141	6	8	72	55
경북	3	127	120	101	19	63	3	5	33	22
경남	1	20	17	12	5	6	1	2	3	–
제주	1	39	37	32	5	10	1	1	7	1

* 보육교사: 휴일반보육교사/그 외: 휴일반보육교사를 제외한 보육교사
* 기타: 시설장, 보육교사, 특수교사, 치료사, 취사부를 제외한 종사자 수
* 현원: 해당시설의 현원(종일, 야간, 24시간, 휴일보육)
* 휴일현원: 휴일보육을 이용한 후 이용 현황확정을 한 아동 수
* 종일보육을 이용하면서 휴일보육을 할 수도 있기 때문에 현원과 휴일현원은 중복될 수 있는 부분임.

자료: 2009년 보육통계, 보건복지부 보육정책과 재정리.

3. 여성가족부

(1) 청소년 방과후 아카데미

가. 배 경

2004년 청소년보호위원회의 조사결과 방과후 홀로 방치되고 있는 청소년이 36.3%로 보고되었다. 방과후 홀로 방치되고 있는 청소년이 점차 증가하면서 청소년의 비행예방과 결식차단 등 보호의 필요성이 제기되기 시작했다. 또한 방과후 공적 서비스 부재로 인한 공교육 약화와 사교육 확대가 사회문제로 등장하게 되었다. 이에 청소년위원회는 방과후 1522 프로젝트와 관련하여, 방과후 공적 서비스 확대를 통해 청소년의 절망의 시간(오후 3시~저녁 8시)을 희망의 기회로 전환하고자 하는 계획을 수립하였다.

여성가족부에서 실시하고 있는 청소년 방과후 아카데미 사업은 중앙·지방 및 학교와 가정·지역사회가 연계하여 공교육을 보완하는 방과후 활동을 통해 공적 서비스 기능을 강화하고, 맞벌이·한부모·취약계층 가정의 청소년 활동·복지·보호·지도를 통하여 청소년의 건강한 성장을 지원하는 것을 목표로 한다. 특히 교육·문화적 격차 보완, 학습능력 향상 도모, 진취적 기상 함양을 통해 결과적으로 사교육비 절감, 여성의 경제참여 촉진, 범죄·비행 노출 예방, 나아가 계층간 격차 완화 및 사회통합 실현 등의 효과를 기대하고 있다.

이를 위해 수혜집단으로 청소년들을 바라보는 시각에서 벗어나 국가 및 지역인적자원으로 성장할 수 있게 하는 다양한 지원 및 프로그램을 운영하고 지역사회차원에서의 지역협의체 및 지역자원봉사인력 개발·연계를 통하여 사업추진의 효율성을 높이고 다양한 자원을 활용하는 전략을 추진하고자 한다. 또한 청소년 방과후 아카데미 사업에 대한 다양한 효과성·효율성 검증 및 홍보를 통하여 대국민 신뢰도를 제고하고자 한다.

2006년도 청소년 방과후 아카데미에 참여하였던 청소년과 학부모를 대상으로 한국청소년개발원에서 실시한 설문조사 결과, 청소년기에 필요한 다양한 체험학습과 생활지원을 통하여 청소년의 건전한 성장에 도움을 주고 있으며 부모님들이 안심하고 직장생활을 하는 데 큰 역할을 하고 있는 것으로 나타났다.

나. 사업내용

청소년 방과후 아카데미 사업의 내용을 참여대상, 운영과정, 운영총괄 인력, 세부운영방식, 과정운영방안 등을 중심으로 살펴보면 다음과 같다. 우선 참여대상은 16개 시·도의 초등학교 4학년에서 중학교 2학년까지를 포함하며, 각 운영주체인 시·도는 지역여건에 부합하게 자율적으로 대상 학년을 선택하여 운영할 수 있다. 참여대상 수는 시설당 40명(20명×2개 반), 확장형 시설당 60명(20명×3개 반), 축소형 시설당 30명(30명×1개 반)으로 구성된다.

사업은 지역특성에 적합한 유형별·수준별 과정으로 운영되며, 지원수준에 따라 일반형, 지원형, 혼합형의 세 가지 유형으로 구분되고, 운영방식에 따라 수련시설중심형과 지역연계형으로 구분된다(보건복지부, 2010). 지원수준에 따라 유형을 살펴보면, 일반형은 맞벌이 가정의 자녀를 중점 대상으로 하여, 보다 질적 수준이 높은 과정을 운영하는 모형으로 수익자 부담으로 운영된다. 지원형은 기초생활수급대상, 차상위계층, 저소득층 등 가정형편이 어려운 청소년을 중점대상으로 하여 보살핌, 비행 예방 등의 기능을 강화한 모형으로 교재비·준비물 등을 제외하고는 전액무료로 운영된다. 마지막으로 혼합형은 유료참가 청소년과 무료참가 청소년이 혼합되는 형태로 하되 비율은 50% 수준이다. 또한 운영방식에 따라 살펴보면, 수련시설중심형은 수련시설 내에서 대부분의 과정을 운영하는 형태이며, 지역사회연계형은 수련시설은 50% 이내로 활용하고 나머지 공간 활용은 인근 공공시설 또는 연계협력시설을 활용하여 운영하는 형태이다.

운영총괄 인력은 청소년 방과후 아카데미 전담인력으로 운영책임자(PM) 1명, 실무지도자(SM) 1개 반에 1명씩 배치된다. 운영책임자(PM)는 총괄, 일정관리, 운영지원 등의 업무를 담당하고, 실무지도자(SM)는 자기주도학습(개인별 숙제 및 독서지도 등), 상담 및 생활기록 · 관리, 급식지원 등의 업무를 담당한다.

세부운영방식을 살펴보면, 운영일수는 주 5~6일로, 일요일에는 상시 휴무이고 토요일에는 월 2회 운영하되 체험활동을 권장하고 있다. 운영시간은 평일 오후 3시에서 저녁 9시 이내, 토요일은 낮 12시에서 저녁 7시 이내로 규정되어 있다. 단, 등교하지 않는 토요일은 오전 9시에서 저녁 6시 내에서 5시간을 탄력적으로 운영하게 한다. 여름과 겨울에는 각 5일씩 연 2회 방학을 실시하며, 2박 3일 캠프활동을 진행하도록 되어 있다.

청소년 방과후 아카데미에서 운영하는 과정은 기본공통과정, 전문체험활동과정, 재량활동과정, 특별지원과정, 생활지원 등 5개 부분으로 구성되어 있다. 과정운영방안은 〈표 2.20〉과 같다.

표 2.20 청소년 방과후 아카데미 과정운영방안

구 분	세부 내용
기본공통과정	자기주도학습(숙제지도 · 책읽기 등), 주요 교과목보충학습
전문체험활동과정	주중: 문화 · 예술, 스포츠, 과학 · 탐구 등 특기 · 적성 교육 토요(등토교/놀토): 주5일제 관련, 전문체험활동
재량활동과정	각 운영기관에서 재량으로 자유롭게 편성하여 운영하는 과정으로 학습지원의 성격운영 불가(동아리활동, 자치활동, 특별프로그램 등으로 운영)
특별지원과정	청소년캠프(방학), 부모교육, 초청인사 특별강의 등
생활지원	급식, 건강관리, 상담, 생활일정관리, 귀가지원 등

자료: 2010년 아동청소년 사업 종합안내, 보건복지부.

1주 기준으로 운영시간은 총 25시간으로, 기본공통과정 10시간(주요 교과목 5시간+자기주도 5시간), 전문체험과정 5시간, 재량활동 5시간, 급식시간 5시간으로 구성된다. 토요일에 운영하는 경우에는 급식 1시간과 주말체험 4시간이 추가되어 총 30시간이 운영된다.

2010년 사업재정은 국고에서 총 12,127백만원이 지원된다. 이 중 아카데미 운영컨설팅 평가 · 위탁 관리비, 직무교육 등에 300백만원이 지원된다. 지원대상은 2009년 180개소에서 2010년 160개소로 감소하였고, 지원단가는 년간 154백만원으로 전년과 동일하다.

아카데미 예산편성을 살펴보면 〈표 2.21〉과 같다.

표 2.21 아카데미 예산편성(잠정) (단위: 천원)

유형별(명수)		초등	중등
지원형	30명	94,625	97,465
	40명	143,148	148,828
	60명	201,281	209,801
일반형	30명	78,258	78,258
	45명	105,201	105,201
혼합형	30명	73,585	75,005
	40명	109,648	112,488
	60명	151,031	155,291
농산어촌형	40명	146,748	152,428
	60명	206,081	214,601
특별형	20명	122,398	128,078
	30명	168,845	177,365

자료: 2010년 아동청소년 사업종합안내, 보건복지부.

초등과정 청소년 방과후 아카데미사업의 예산내역을 구체적으로 살펴보면 아래와 같다.

- 인건비(1인기준)
  - 운영책임자(PM): 연 21,816천원(지방자치단체의 판단에 따라 10% 이내에서 인건비 조정 가능)
  - 실무지도자(SM): 연 16,068천원

  * 연차에 따른 인건비 인상, 초과근무수당, 휴일근무수당, 각종 제수당 등에 대해서는 기본예산과는 별도로 지자체 및 운영기관에서 예산을 확보하여 지급할 수 있음.
- 퇴직금: 4,496천원(3인 기준)

• 강사비: 주요 교과목지원은 시간당 25,000원/전문체험활동과정은 시간당 30,000원
• 간식·저녁 등 급식비: 1식 3,300원 40명 2개 반의 경우 34,320천원
• 아카데미 운영비: 40명 기준으로 12,600천원
  * 운영비의 경우는 지자체, 운영기관에서 예산을 별도로 확보하여 운영할 수 있으며 통신비, 홍보비, 지원협의회 운영, 의료비, 부모간담회, 업무추진비, 회의비 등으로 이용
• 특별지원 등: 40명 기준으로 5,100천원
  * 캠프운영, 보험가입 1식, 연수 및 교육지원 1식, 북 카페 도서구입 1식 등

지원모집단위별 예산을 산출하면, 초등학생 30명 1개 반을 기준으로 할 때 94,625천원이 된다. 아카데미 지원단가는 1개소당 연간 154백만원이지만 지역별 운영형태에 따라 지원모집단위별 예산산출표가 다르기 때문에 초등학생 30명 1개 반 기준인 94,625천원을 연간 지원액으로 보고 아동 1인당 지원금을 산출해 볼 경우, 1개소당 월평균 지원금은 7,885,417원이고 아동 1인당 월 지원금은 262,847원이다.

표 2.22 지원모집단위별 예산산출표

구 분	기 본 형 30명(1반)×1반=30명
1. 인 건 비	운영책임자 19,392천원/실무지도자(1명) 16,068천원/퇴직금 2,955천원
소계	38,415천원
2. 강 사 비	기본공통(주요 과목) 5,900천원/전문(주중) 7,080천원/ 전문(주말) 3,360천원
소계	16,340천원
3. 급 식 비	25,740천원
4. 운 영 비	10,200천원
5. 특별지원(캠프 등)	3,930천원
합계	94,625천원

자료: 2010년 아동청소년 사업종합안내, 보건복지부.

다. 사업현황

시설별, 유형별 운영현황을 살펴보면, 2009년 12월 기준으로 전국에 총 178개의 시설에서 청소년 방과후 아카데미 사업이 운영되고 있다. 시설별로는 청소년수련관 100개소, 청소년수련원 4개소, 청소년문화의집 51개소, 기타 23개소이고, 유형별로는 기초생활수급대상, 차상위계층, 저소득층 등 가정형편이 어려운 청소년들을 중점 대상으로 하는 지원형이 174개소, 맞벌이 가정의 자녀를 중점 대상으로 하는 일반형이 2개소, 두 유형이 혼합된 혼합형이 2개소이다.

표 2.23 청소년 방과후 아카데미 시설별, 유형별 운영현황 (2009.12 기준)

구 분	개 소	구 분	개 소
청소년수련관	100	지원형	174
청소년수련원	4	일반형	2
청소년문화의집	51	혼합형	2
기 타	23	합 계	178
합 계	178		

자료: 2009년 청소년 방과후 아카데미 결과보고, 청소년진흥센터.

청소년 이용현황을 살펴보면, 2009년 12월 기준으로 총 7,169명(초등학생 5,967명, 중학생 1,202)이 청소년 방과후 아카데미를 이용하는 것으로 나타났다. 청소년 방과후 아카데미는 통합서비스 제공시설로서 야간보호를 목적으로 하지만 기본 운영시간이 저녁 9시까지로 상당부분 야간보호의 기능을 수행하고 있다. 지역별 특성을 감안하여 저녁 8시까지만 운영하는 기관들도 있지만 이용 아동·청소년의 대부분이 저녁 6시 이후 야간보호서비스를 제공받고 있다고 볼 수 있다. 따라서 청소년 아카데미 이용 아동·청소년 7,169명 모두를 야간보호를 받는 참여자로 봐도 무방할 것으로 보인다.

표 2.24 청소년 방과후 아카데미 이용청소년 현황 (2009. 12 기준)

연도	초등학생				중학생			합계
	4학년	5학년	6학년	소계	1학년	2학년	소계	
명수	1,270	2,447	2,250	5,967	654	548	1,202	7,169

자료: 2009년 청소년 방과후 아카데미 결과보고, 청소년진흥센터.

(2) 아이돌보미 사업

가. 배 경

가족을 통한 양육기능 약화와 이웃과의 관계 단절 등으로 가족의 아동돌봄공백 문제가 증가하고 있고, 아동연령, 부모취업여부, 삶의 방식의 변화 등에 따라 돌봄서비스에 대한 요구가 다양화되고 있다. 하지만 현재의 시설보육만으로는 돌봄수요 충족에 한계가 있으며 부모의 질병이나 야근 등으로 발생하는 긴급하고 일시적인 돌봄수요를 지원하는 보충적 돌봄서비스 제공의 필요가 요청되었다. 특히, 맞벌이, 임시·일용직의 저소득층 여성의 경우 영아, 시간 연장 및 시간제 보육에 대한 수요가 많으나 서비스는 현저히 부족한 실정이다. 또한 아이의 건강상태나 질병(아토피 등) 등에 따라 시설보육이 적합하지 않은 경우도 많다. 이에 여성가족부는 개별가정에 대해 아동돌봄인력을 파견하는 돌보미 파견서비스를 추진하고 있다.

사업목표 및 전략으로는 아이돌봄서비스 제공으로 시설보육의 사각지대를 해소하여 아동의 안전한 보호 및 가족의 아동양육 부담 경감에 있다. 아이돌보미 사업은 시설중심의 보육에서 불충분한 부분을 보완시키는 형태로 부모들의 다양한 욕구를 반영하고 있다. 보육시설 이용이 어려운 영아의 이용률이 전체의 약 46%이며, 서비스 주 이용시간대가 오후 4~8시인 점을 보면 맞벌이 부모가 퇴근 후 귀가할 때까지의 공백을 메우는 기능을 하고 있음을 알 수 있다. 또한 양육경험은 있으나 주부 역할만을 담당해 온 여성들에게 사회적 활동이나 취업시간을 확보하여 경제활동의 기회를 제공함으로써 중장년 여성층의 사회적 대외 활동에 대한 욕구를 충족시키고 있다.

나. 사업내용

아이돌보미 사업의 운영방식을 살펴보면, 긴급하고 일시적인 아이돌봄이 필요한 가정에 아이돌보미를 파견하여 부모가 올 때까지 임시보육, 송영서비스, 놀이활동 등의 시간제 돌봄서비스를 제공한다. 아이돌보미는 자녀양육에 관한 전문지식과 육아경험을 충분히 갖고 있는 여성(65세 이하)들이 면접과정을 거쳐 선발되며, 아이돌보미 양성교육과정(기본교육 50시간)을 수료하고 매월 보수교육을 이수해야 한다. 돌보미 관리, 교육, 파견, 신청 등 사업 전반을 중앙건강가정지원센터 및 시·도 건강가정지원센터에서 수행하고 있다.

세부 사업운영 내용을 살펴보면, 아이돌보미는 부모가 올 때까지 임시보육, 놀이 활동, 책 읽어주기, 안전 신변 보호처리, 식사 및 간식 챙겨주기(음식조리 불가), 숙제지도, 초1~초3 학습지도(단, 가사서비스 제외)를 제공한다.

아이돌보미 서비스는 0세(만 3 개월) 이상 만 12세 미만 아동이 있는 가정이 신청할 수 있으며, 소득수준 및 이용아동 수에 따라 이용요금이 다르다. 전국 가구 평균소득 100% 이하인 가정에 대해 월 40시간(연 480시간) 내 아이돌보미 서비스 이용요금을 지원하고 있다. 아이돌보미 서비스 이용요금은 〈표 2.25〉와 같다.

표 2.25 아이돌보미 서비스 이용요금 (2010. 6. 1 기준, 단위: 원)

아동 수 (명)	가형		나형		다형(교통비별도)			
	이용요금의 80%지원		이용요금의 20%지원		이용자 100%부담			
	기 본	추가시간	기 본	추가시간	주 간		야간·주말(공휴일)	
1	2,000	1,000	8,000	4,000	10,000	5,000	12,000	6,000
2	3,000	1,500	12,000	6,000	15,000	7,500	18,000	9,000
3	4,500	2,200	18,000	9,000	22,500	11,200	27,000	13,500
4	6,000	3,000	24,000	12,000	30,000	15,000	36,000	18,000

* 가형: 전국가구 평균 소득 50% 이하
** 나형: 전국가구 평균 소득 100% 이하
*** 다형: 전국가구 평균 소득 100% 초과
자료: 아이돌보미지원사업 홈페이지(http: //www.idolbom.or.kr).

2010년 아이돌보미 사업예산은 총 20,147백만원으로 2009년에는 아이돌보미 사업관리 142백만원, 아이돌보미 지원사업(보조) 15,502백만원으로 총 15,664백만원이 예산으로 책정되었다가 2009년 추경예산 22,398백만원이 편성되면서 총 22,540백만원이 집행되었다.

표 2.26 아동돌보미 사업관리 및 지원 사업 예산

구 분	2010년 예산	지원기준
아이돌보미 사업관리	442백만원	• 아이돌보미 사업관리: 142백만원 • 아이돌보미 바우처 제도 운영에 따른 인프라 구축: 300백만원
아이돌보미 지원사업	19,705백만원	• 일시 · 긴급 돌봄서비스: 14,678백만원 • 영아 정기 돌봄서비스: 4,421백만원 • 아이돌보미 교육비: 606백만원
합 계	20,147백만원	

자료: 2010년도 보건복지부 소관 예산 및 기금 운용계획 개요.

2010년에는 아이돌보미 바우처 제도 운영에 따른 인프라구축에 300백만원이 추가되어 사업관리 예산은 442백만원으로 증액되었으나, 아이돌보미 지원 사업은 19,705백만원이 편성되어 사실상 지원이 축소되었다. 이로 인해 2010년 서비스 이용면에서 가형 서비스의 경우 연간 480시간, 월 40시간으로 지원시간이 축소되었고 추가시간 요금이 가형의 경우 아동 1명일 경우 200%, 아동 2명일 경우 214%나 인상되었다. 이러한 예산 및 사업지원의 감소는 서비스 이용가성에 대한 지원의 축소로 이어져 결국 아이돌보미 지원 사업이 절실히 필요한 계층의 서비스 이용을 어렵게 만드는 걸림돌이 될 가능성이 크다.

다. 사업현황

지역별 사업수행기관 현황을 보면 〈표 2.27〉과 같다

표 2.27 지역별 아이돌보미 사업수행기관 현황 (단위: 개소)

	시·도	시·군·구
서 울	25	25
부 산	16	11
대 구	8	8
인 천	10	5
광 주	5	5
대 전	5	5
울 산	5	5
경 기	31	31
강 원	18	18
충 북	12	12
충 남	16	116
전 북	14	14
전 남	22	21
경 북	23	23
경 남	20	20
제 주	2	2
합 계	232	321

자료: 2009 아이돌보미지원사업 결과보고, 중앙건강가정지원센터.

아이돌보미 사업은 일시적이고 긴급한 돌봄서비스 제공 사업으로서 서비스 이용현황이 '연계건수'로 정리되어 있다. 즉, 이 사업을 이용한 1년간 여러 차례 서비스를 이용하였다면 누계로 계산되어 복수의 아동이 되는 것이다. 다른 야간보호사업과의 비교 및 서비스 이용 실인원을 구하기 위하여 아이돌보미 현황을 이용하여 이용아동 수를 추정해 보았다.

2009년 사업결과 보고서에 따르면, 이용아동 1명인 가정의 비율이 전체의 64.54%이며 2명인 가정, 3명인 가정, 4명 이상인 가정은 각각 32.41%, 2.81%, 0.25%를 차지한 것으로 나타났다. 이 비율을 아이돌보미 총인원수인 7,729명에 적용해보면 총이용아동 수는 10,725명[8)]이 된다.

8) 7,729명(아이돌보미 수)×64.54%×1명+7,729명×32.41%×2명+7,729명×2.81%×3명+

전체 연계건수 951,927건 중에서 전국소득 평균 50% 이하인 '가'형 서비스와 100% 이하인 '나'형 서비스의 연계건수가 각각 70.2%와 15.5%를 차지하는 것으로 나타났다. 이는 아이돌보미 사업이 저소득·맞벌이 가정 보육지원의 한 형태로서 기능하고 있음을 보여주고 있다.

표 2.28 아이돌보미 지역별 연계건수 현황 (단위: 건)

지 역	연계가정			
	가형	나형	다형	계
서 울	100,216	39,535	47,820	187,571
부 산	55,379	9,335	4,612	69,326
대 구	28,440	4,291	2,783	35,514
인 천	32,581	9,246	3,582	45,409
광 주	26,716	3,582	2,897	33,195
대 전	15,566	3,873	2,921	22,360
울 산	19,281	5,584	8,253	33,118
경 기	101,898	30,724	32,173	164,795
강 원	36,739	7,552	4,599	48,890
충 북	25,024	4,928	1,644	31,596
충 남	35,013	6,886	3,954	45,853
전 북	35,636	4,525	4,797	44,958
전 남	54,532	4,158	3,252	61,942
경 북	45,881	6,455	2,274	54,610
경 남	46,146	6,110	8,738	60,994
제 주	9,307	1,230	1,259	11,796
합 계	668,335	148,014	135,558	951,927

자료: 2009 아이돌보미지원사업 결과보고, 중앙건강가정지원센터.

다음으로 아이돌보미 시간대별 연계현황 및 야간서비스 이용아동 수를 추정해보면, 야간보호서비스와 관련해서 살펴보면, 심야1, 심야2시간대에 아이돌보미 서비스 연계현황은 62,480건이며 전체의 6.57%에 해당한다. 한편

7,729명 × 0.25% × 4명 = 10,725명.

표 2.29 아이돌보미 시간대별 연계현황 및 야간서비스 이용아동 수 추정

구 분	오전 1 04:00-08:00	오전 2 08:00-12:00	오후 12:00-16:00	저녁 16:00-20:00	심야 1 20:00-24:00	심야 2 24:00-04:00	합계
누계(명)	41,276	221,251	274,525	352,395	58,230	4,250	951,927
비율(%)	4.34	23.24	28.84	37.02	6.12	0.45	100

자료: 2009 아이돌보미지원사업 결과보고, 중앙건강가정지원센터.

아이돌보미 서비스를 가장 많이 이용하고 있는 저녁시간대는 오후 4시부터 오후 8시까지로 연계건수 352,395건 중 50%를 적용하면 176,198건 정도로 추정해볼 수 있다. 또한 오전 1시간대(오전 4시~오전 8시) 41,276건도 24시간 보육형태와 마찬가지로 야간보호서비스로 볼 수 있다. 따라서 아이돌보미 사업 오후 6시 이후부터는 익일 오전 8시까지 야간보호 연계건수는 총 279,954건으로 전체의 29.4%를 차지하고 있다. 이러한 서비스제공시간대별 이용아동 수를 고려할 때, 아이돌보미 사업 역시 야간보호서비스를 제공하는 주요한 사업임이 틀림없다. 아이돌보미 현황에 이용가정 아동의 돌봄아동 수의 비율을 적용하여 산출해낸 사업참여 아동 추정수는 10,725명이다. 이 중 야간시간대 서비스 연계 건수가 전체의 29.4%인 점을 고려하면 야간서비스 이용아동 수는 10,725명의 29.4%인 3,153명이다.

4. 공적 전달체계의 야간보호사업 현황 정리 및 분석

지금까지 교육과학기술부, 보건복지부, 여성가족부 등 3개 부처에서 실시하고 있는 7개 야간보호서비스 사업에 대해 알아보았다. 그 내용을 간략히 정리해 보면 〈표 2.30〉과 같다.

표 2.30 공적 전달체계의 야간보호사업 비교표

사업명	교육과학기술부			보건복지부		여성가족부	
사업명	• 종일돌봄교실	• 엄마품 온종일 돌봄교실	• 야간돌봄전담 유치원	• 지역아동센터	• 시간연장형 보육	• 청소년 방과후 아카데미	• 아이돌보미 사업
사업배경	• 저소득층 · 맞벌이 가정 내 아동의 교육복지 실현 • 방과후 학교실현	• 저소득층 · 맞벌이 가정 내 아동의 돌봄서비스 제공	• 맞벌이 부부의 육아 부담 완화	• 지역사회 아동의 건전육성을 위한 교육과 복지의 통합서비스 제공	• 취업모의 보육부담 경감 • 경제적 활동이 필요한 한부모가정 아동에게 가정과 같은 보육환경 제공	• 공교육을 보완하는 방과후 활동을 통한 공적기능 강화	• 질병 등 긴급하고 일시적인 돌봄서비스 제공 • 시설보육이 적합하지 않은 경우 가정 내 보호제공
사업내용	• 초등돌봄교실 설치 • 보육과 교육서비스 제공	• 초등학교(유치원) 설치 • 교육과 돌봄서비스 제공	• 가정과 같은 돌봄서비스 제공	• 보호, 학습지도, 문화체험, 상담 및 지역사회 연계 등의 복지서비스 제공	• 시간연장형 시설을 지정하여 가정과 같은 보육서비스 제공	• 청소년의 활동 · 보호 · 복지 · 지도를 통한 건강한 성장 지원	• 시간제 돌봄서비스 제공 • 보육 및 학습 아이돌보미 양성
수행체계	• 16개 광역교육청–지역교육청–개별학교	• 공모를 통한 선정방식 • 교육지원청 · 지차체 대응투자	• 시 · 도–시 · 군 · 구–지정시설	• 시 · 도–시 · 군 · 구–개별 지역아동센터	• 시 · 도–시 · 군 · 구–지정시설	• 청소년진흥센터–전국 171개소 청소년수련시설	• 정부–중앙건강가정지원센터, 16개 지자체가 민간위탁(권역별 건강가정지원센터)
야간보호 시간	• 저녁 9시까지, 개별 학교의 사정에 따라 자율적으로 연장	• 아침 6시 30분부터 저녁 10시까지. 귀가서비스 제공	• 저녁 10시까지, 지역실정에 맞게 조정 가능	• 저녁 6시까지, 개별 센터의 필요와 사정에 따라 자율적으로	• 시간연장형은 밤 12시(최소 저녁 9시) • 24시간형은 익일 오	• 저녁 8~10시까지, 개별센터의 사정에 조정가능	• 서비스 신청자의 수요에 따라 운영

사업명	교육과학기술부			보건복지부		여성가족부	
대상	• 초1~3학년	• 유치원 이용아동 및 초등학교	• 만3~만5세	• 18세 미만	• 만7세 이하	• 초등4~중2	• 0세(3개월 이상)~만 12세 미만
시설활용	• 학교	• 유치원 · 학교	• 유치원	• 지역아동센터	• 어린이집	• 청소년수련시설	• 이용아동의 가정
사업경과	• 2009년 9월–	• 2011년 3월부터 실시	• 2010년 3월–	• 2004년–(법제화)	• 1996년–(최초의 운영지침 발견)	• 2005년–	• 2006년 2월–
사업비	• 시설설치비, 운영비, 석식비, 보조인력 비 등을 지원	• 인건비, 운영비 각 실당 연평균 5천만 원 지원	• 책임교원 수당, 보조 인력비 및 운영비 지원	• 운영비 지원 • 석식비 지원	• 교사인건비, 냉 · 난 방비, 교사 석조식비 지원가능	• 운영비 지원 • 석식비 지원	• 저소득가정 서비스 비용 보조 • 아이돌보미 교육비 지원
사업량	• 385개 학급 • 15~20명	• 2010년 12월 현재 총536학교(원)	• 175개 기관 15~20명	• 2,788개 시설 • 28.2명	• 4,666개소 • 5명	• 178개소 • 40.3명	• 232개소 • 46.2명
2010년 예산	• 80,000(백만원)	• 2011년 실시예정	• 1,000(백만원)	• 56,800(백만원)	• 40,764(백만원)	• 12,127(백만원)	• 20,147(백만원)
야간보호 아동수[9]	• 6,759명	• 2011년 실시예정	• 3,000명	• 21,879명[10]	• 23,368명	• 7,169명	• 3,153명
정부지원	• 월 323만원/개소당	• 개소당 5천만원	• 월 250만원/기관당	• 월 321만원/개소당	• 월65만원/개소당	• 월 789만원/개소당[11]	• 아동 · 가족 경제유형별 지원
아동단가	• 19만원(저소득가정 아동급식비 일부지원)	• 2011년 실시예정	• 12.5만원(급간식비 수익자부담)	• 11.3만원(급식비 별도지원)	• 12.9만원(수익자부담 별도)	• 26.3만원(유형별 수익자부담 별도)	• 유형별 수익자부담 별도

9) 2009년 자료를 기준으로 분석하여 정리함.

10) 지역아동센터의 경우 저녁 7시 이후 운영하는 시설수 * 시설당 수급권 아동수 기준 추정치

11) 청소년 방과후 아카데미 중 지원형(초등 30명 기준) 시설 1년 예산 94,625천원 기준 개소당 월 지원금

제 3 장

민간 전달체계의 야간보호사업 현황

1. 사회복지공동모금회 행복공감 별빛교실
2. 1318해피존의 야간보호사업
3. 사회연대은행 야간보호지원사업
4. 민간 전달세계의 야간보호사업 현황 정리 및 분석

민간전달체계를 통해 지원하고 있는 대표적인 야간보호사업 현황을 살펴보면 다음과 같다. 복권기금으로 모금회가 지원하고 있는 '행복공감 별빛교실' 사업, SK의 지원을 받아 사)부스러기사랑나눔회가 진행하는 '1318해피존' 사업, 삼성사회공헌단의 지원을 받아 사회연대은행에서 실시하고 있는 야간보호지원사업이 대표적인 야간보호사업에 해당된다. 모금회의 아동청소년야간보호사업은 2006년부터 시작되어 사업의 필요성에 대한 폭넓은 공감대와 사업성과에 대한 긍정적인 평가를 바탕으로 지난 5년간 지속되어 왔으며 사업규모면에서도 점차 확대되고 있다. 사)부스러기사랑나눔회의 '1318해피존'은 빈곤청소년에게 통합적인 지원을 가능케 하기 위한 청소년전용 지역아동센터를 구축하고 모델화하는 사업으로서 참여자가 청소년이므로 자연스럽게 야간시간대에 청소년을 보호하는 기능을 하고 있다. 사회연대은행의 야간보호지원사업은 2006년부터 시작한 사업으로 야간보호를 필요로 하는 아동의 건전한 성장을 도모하고 학령기 발달과업 수행의 수월성을 도모하는 목적으로 진행되었다.

1. 사회복지공동모금회 행복공감 별빛교실 (야간요보호아동통합지원사업)

가. 사업배경

우리나라의 부익부 빈익빈 현상이 가속화되면서 저소득층의 자녀양육에 대한 부담은 날로 커지고 있다. 특히 저소득가정 중 한부모 가정, 조손부모 가정의 경우 경제활동을 위해 방과후 아동을 야간까지 홀로 방임하는 경우가 많고 기존의 방과후 보호서비스가 저녁식사시간까지 한하여 제공되는 경우가 많아, 보호자가 일찍 귀가하지 않는 저소득층 아동의 경우 보호의 사각지대에 놓여 있었다. 이러한 문제점을 해소하기 위해 사회복지공동모금회는 지역아동센터를 중심으로 저소득층 야간요보호아동보호사업을 시행하게 되었다. 본 사업은 방과후 야간에 보호자 없이 홀로 방임되는 저소득층 아동청소년에 대한 보호 및 교육서비스를 제공하여 요보호아동청소년의 야간 안전과 건강한 성장을 돕고, 이에 필요한 인력을 지역 내에서 충원함으로써, 요보호아동청소년의 문제해결과 저소득층 일자리 창출을 도모하는 두 가지 목적을 가지고 진행되고 있다.

본 사업은 지난 5년간 야간에 방임되는 저소득가정 아동 27,769명을 지속적으로 안전하게 보호·교육했으며 지역 내 저소득층 구직자 1,597명을 야간보호교사로 채용함으로써 저소득층의 일자리 창출에 기여했고, 지속적인 교육제공을 통한 근로역량을 강화시켰다. 또한 아동보호를 통해서 저소득 가정 내 주양육자의 안정적인 근로생활을 지원했다. 본 사업은 복권위원회에서 실시한 2008년 복권기금사업 성과평가 결과 법정배분 9개 기관 30개 단위 사업 중 1위를 차지함으로써 사업의 타당성과 효율성을 인정받아 지속적인 사업으로 확대되었다.

나. 사업내용

지역아동센터 및 사회복지관을 이용하는 아동·청소년 중 지역 내 야간에 보호자가 없는 저소득층 아동(가구소득 최저생계비 170% 이하 저소득가정 아동, 초등학생 이하 50% 이상으로 구성)이 이용할 수 있으며 이용시간은 오후 6시부터 저녁 10시까지이다. 한 기관당 일일 보호아동 수는 평균 16.5명이며 제공되는 서비스로는 기초학습지원으로 숙제지도, 기초학습지원이 있으며 정서지원으로 야간·주말을 이용한 현장 및 문화체험, 취미활동프로그램, 가족관계 강화지원으로는 보호자 정기상담, 가족상담, 귀가지원으로는 차량운행 또는 야간보호교사 동행 귀가가 제공된다. 2010년부터는 청소년, 장애아동전담, 장애·비장애아동 통합 야간보호사업에 대하여 특화사업을 진행하고 있다.

지난 5년간 사업에 투입된 총금액은 377.5억원으로 지원기관 수 및 기관당 평균 아동 수를 감안하면 1개소당 연간 약 2,364만원이며 아동 1인당 지원금액은 연 143만원이다.[1)]

1) 377.5억원÷1597개소=2364만원, 2364만원÷16.5명(기관당 평균 보호아동 수)=143만원.

표 3.1 연도별 사업예산 및 지원기관 수

연도	내 용	예산(억원)	지원기관 수(개소)
2006	야간요보호아동통합지원사업	50	146
2007	야간요보호아동통합지원사업	65	247
2008	야간요보호아동통합지원사업	65.8	264
2009	야간요보호아동통합지원사업	86.9	467
2010	아동·청소년야간보호사업(사업명 변경)	101.7	449
	야간보호 관련 지역별 특화사업 (청소년, 장애아동, 장애·비장애아동 통합야간보호사업)	8.1	24
합 계		369.4	1,573

자료: 사회복지공동모금회 복권기금 야간보호사업팀 제공자료, 2010.

사업비 구성내역을 보면 기관별 지원한도는 2006년에 4,000만원 이내였으나 2007년부터 3,000만원 이내로 감소하였다가 2010년에는 사업 연차별로 차등을 두어 사업비를 지원하고 있다. 현재는 3년 이하는 연간 3,000만원까지, 4년차는 연간 2,000만원까지, 5년차는 연간 1,500만원까지로 지원한도를 제한하였다.

참여교사의 급여수준은 사업시작 초기인 2006년에는 시간당 6,000원으로 월 60만원의 급여를 받았다. 이후 근무시간이 1시간 늘어나면서 월 80만원으로 인상되어 2008년까지 유지되었다가 2009년부터는 물가인상률을 반영하여 약간의 급여인상이 이루어졌다.

본 사업은 일자리 교사의 전문성을 위한 교육제공 및 연구사업을 진행하였다. 모금회 사업은 아동·청소년 야간보호사업으로서뿐만 아니라 사회적 일자리 사업으로서도 의의를 갖고 있다. 또한 야간보호교사들이 아동을 잘 돌볼 수 있도록 하기 위한 기본소양교육과 관련교사로서 전문성을 향상시킬 수 있는 교사교육도 사업에 포함하여 진행하고 있다. 교육은 주로 기초교육, 보수교육으로 구분하여 진행되고 있으며, 성공적인 사업관리를 위하여 야간보호교사뿐만 아니라 사업을 진행하는 각 센터의 시설장과 실무자를 대상으로 하

월 11.9만원.

표 3.2 연도별 교사급여 수준 비교표

2006년	2007년	2008년	2009년	2010년
• 60만원 (4대보험 포함)	• 월 80만원 (4대보험 별도지급)	• 월 80만원 (4대부험 별도지급)	• 월 832,000원 (4대보험 별도지급)	• 855,000원 (4대보험 별도지급)
• 12개월 만근시 퇴직금지급	좌동	좌동	좌동	좌동
–	–	• 필요없는 퇴직적립금: 사업비 변경가능	좌동	• 퇴직금을 포함한 인건비는 사업비로 변경불가
1일 5시간 주5일 근무	1일 6시간 주5일 근무	좌동	좌동	좌동

자료: 사회복지공동모금회 복권기금 야간보호사업팀 제공자료 재구성.

는 실무자교육도 강화해 나가고 있다.

매뉴얼 개발·보급을 통해 야간보호교사들이 일하는 현장에서 언제든지 참고하여 적용할 수 있도록 하였고, 2009년에는 우수사례집을 만들어 보급하기도 하였다. 그리고 사업이 장기화되면서 야간보호사업의 성과를 객관적으로 측정하고 가장 효과적인 사업모델을 구축하기 위한 연구사업도 진행하고 있다. 교사교육비와 연구에 투입된 5년간의 총금액은 4억 5천만원(교사교육비 3억 2천만원, 사업연구·관리비 1억 3천만원)이며 이것을 교사 1인당 교육비로 환산하면 약 200,375원[2]이다.

사업수행체계로는 사회복지공동모금회 중앙회에서 사업전체계획 및 종합관리, 이사결정, 지침작성 및 제공, 사업예산편성 및 16개 지회별 배분, 16개 지회별 사업에 대한 전반적인 모니터링 및 사업평가, 사업기금을 지원하는 복권위원회와의 업무협의, 교육기관 선정 및 관리 등을 담당하고 있다. 시도모금회 16개 지회에서는 사업수행기관 선발, 평가, 조치, 야간보호교사 채용 최종 승인권, 지회별 사업결과 중앙회 보고, 중앙회와 업무협의 등을 수행하고 있다.

본 사업의 야간보호교사로 참여할 수 있는 대상은 지역 내 저소득층 구

2) 연구사업비를 제외한 교육사업비 3억 2천원÷1,597명(야간보호교사 수)=200,375원.

표 3.3 연도별 교사교육 개요

연도	내 역	예산(만원)	교육시간	
2006년	교사교육	4,000	20시간	기초교육 10 보수교육 10
2007년	교사교육 사업모델개발 및 연구평가비	5,000 1,000	27시간	기초교육 7 보수교육 20
2008년	교사교육	8,000	30시간	기초교육 10 보수교육 20 실무자교육[3] 10
2009년	교사교육 모델개발비 및 연구사업비	13,000 12,000	19.5시간	기초교육 6 보수교육 13.5 실무자교육 18
2010년	교사교육	15,000	진행 중	
합 계		30,000	–	

자료: 사회복지공동모금회 복권기금 야간보호사업팀 제공자료, 2006~2010년 교사교육결과보고서.

직자(월수입 최저생계비 170% 이하 저소득자 우선 채용)로 선정될 경우 지속적인 교육(아동 및 야간보호의 이해, 아동학습지도, 놀이지도 등 아동보호에 대한 실천적 기술 교육)을 통해 교사의 역량을 강화하는 사업도 제공된다. 야간보호교사의 급여수준은 2010년 현재 월 855,000원(4대 보험 별도지급, 12개월 만근시 퇴직금 지급)이다.

다. 사업현황

2006년부터 2010년 7월까지 약 5년간 진행된 사업을 중심으로 대략적인 사업과 변화추이를 정리하였다. 본 사업은 지난 5년간 사업예산, 지원기관 수, 일일보호아동 수, 연간보호아동 수 등이 전반적으로 확대되어 왔음을 알 수 있으며 지원기관의 고른 분포를 통해 지역별로 균형 있게 사업이 이루어지고 있음을 알 수 있다.

본 사업은 5년간 총 377.5억원이 투입되었으며 2006년 50억원에서 출발

3) 실무자교육은 센터장과 실무자를 위한 교육으로 교육시간 합계에서는 제외.

하여 2010년 109.8억원(특화사업 8.1억원)이 지원되어 2배가 넘는 규모로 확대되었다. 특히 2008년에는 264개소의 기관에 65.8억원을 지원하였으나 복권위원회에서 실시한 사업성과평가에서 단위사업 30개 중 1위를 차지하면서 2009년에는 86.9억원으로 지원이 30% 증가되었다.

자료: 사회복지공동모금회 복권기금 야간보호사업팀 제공자료 재구성.

그림 3.1 5년간 사업예산 비교

야간보호사업 지원기관 수는 2006년 146개소, 2007년 247개소, 2008년 264개소, 2009년 467개소, 2010년 449개소와 특화사업 24개소 등 5년 동안 총 1,597개소를 지원하였다. 대부분 1개소당 1명의 야간보호교사가 채용되어 근무하였으므로 5년간 지원기관 수는 야간보호교사 수와 동일하다.

일일보호아동 수는 2006년 2,160명에서 출발하여 2007년 4,410명, 2008년 4,710명, 2009년 8,660명, 2010년 7,829명으로 총 27,769명에 이르고 있다. 그래프상에서 보면, 2010년의 경우 2009년에 비해 일일보호아동 수가 다소 감소한 것으로 보이나 이는 2010년 계획상[4]의 보호아동 수로 실제 보호아

4) 모금회에서는 사업의 효과성을 고려하여 1개 시설당 적정 보호아동 수를 15명으로 제한하고

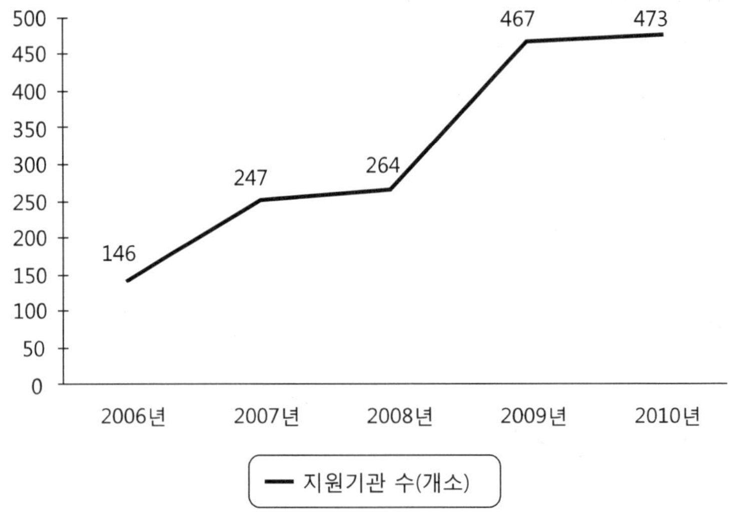

자료: 사회복지공동모금회 복권기금 야간보호사업팀 제공자료 재구성.

그림 3.2 5년간 지원기관 수 비교

동 수는 지원기관 수가 증가한 만큼 증가할 것으로 예상된다. 연간보호아동 수도 지난 5년간 6,937,000명에 달하고 있다.

2010년 7월 기준으로 본 사업에 참여하는 기관의 지역별 현황은 16개 지부 총 449개 기관에게 야간보호사업을 지원하고 있으며 총 7,421명의 아동을 보호하고 있다.

지역별 참여기관 수 및 보호아동 수를 보면, 경기지역이 76개소 959명, 전남지역 49개소 776명, 전북지역 40개소 654명으로 다른 지역에 비해서 많은 지원을 보이지만 전국적인 아동수와 돌봄이 필요한 아동수 등을 고려했을 때 비슷한 보호비율을 보이고 있다고 판단된다.

특화사업을 운영하는 기관은 전체 24개소로, 청소년 특화사업기관은 15개소, 장애 특화사업기관은 7개소, 장애·비장애 통합사업은 2개 기관이며,

---

있다. 따라서 2010년 보호아동 수는 기관수 * 15명으로 계획상의 인원이나 실제 현장에서는 야간보호가 필요한 아동이 기준치보다 많기 때문에 매년 실제 보호아동 수는 연초의 계획보다 증가한 것으로 나타난다.

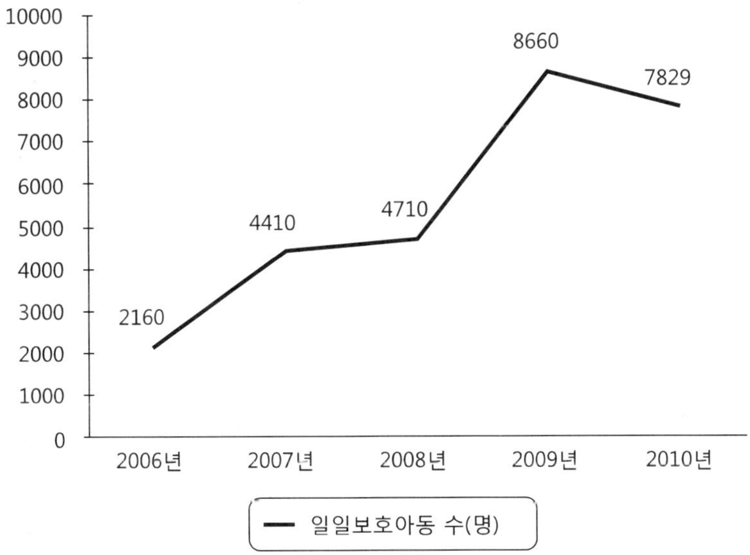

자료: 사회복지공동모금회 복권기금 야간보호사업팀 제공자료 재구성.

그림 3.3 5년간 일일보호아동 수 비교

406명의 아동청소년을 보호하고 있다. 특화사업 기관별 지원한도는 연간 3,900만원으로 일반사업에 비해 30% 추가 지원을 하고 있으며 특수교육학, 사회복지학, 교육학 전공자 중 해당사업에 적합한 교사를 채용하도록 하고 있다. 또한 보호아동 수에 대한 별도의 지원기준(장애아동-7인 이상, 통합-장애아동 5명 · 비장애아동 5명 이상, 청소년-중 · 고생 15명 이상)을 마련하여 사업의 효율성을 높이고 있다.

다음으로 야간보호교사의 참여인력 현황을 살펴보면, 야간보호교사의 87%가 여성이고 남성이 13%로 나타났는데 전년도에 비해 남성비율이 5% 증가한 것으로 저소득 남성구직자가 증가하고 있으며 야간보호교사의 활동영역이 남성에게까지 확대되고 있는 것으로 판단된다. 연령별로는 야간보호교사의 연령은 20대부터 50대까지 다양하게 나타났으며 30대가 34%로 가장 많은 비중을 차지하였다. 저소득층 일자리 창출이라는 측면에서 참여교사의 경제

표 3.4 2010년 지역별 서비스 현황(특화사업 제외)

지 역	기관 수(개소)	보호아동 수(명)	채용교사 수(명)
서 울	32	555	32
부 산	19	352	19
대 구	24	523	24
인 천	24	425	24
광 주	26	421	26
대 전	23	404	23
울 산	9	165	9
경 기	76	959	76
강 원	22	398	22
충 북	32	591	32
충 남	21	322	21
전 북	40	654	40
전 남	49	776	49
경 북	18	313	18
경 남	21	349	21
제 주	13	214	13
합 계	436	7,207	436

자료: 사회복지공동모금회 복권기금 야간보호사업팀 제공자료.

적 상황을 살펴보면, 2009년 12월 기준으로 기타저소득층 48%, 차상위계층 18%, 기초생활수급자 6%로 나타났다. 2007년부터 3년간의 야간보호교사 경제상황을 비교해보면 기초생활수급자는 50%에서 6%로 크게 감소하고 차상위계층 역시 감소추세로 보이고 있으며 기타 저소득층이 13.4%에서 48%로 크게 증가한 것으로 나타났다. 이는 야간보호교사의 역할의 중요성과 전문성이 부각되어 사업을 수행하는 현장에서 수준 높은 교사를 채용하고자 하는 욕구가 반영된 것으로 분석된다.

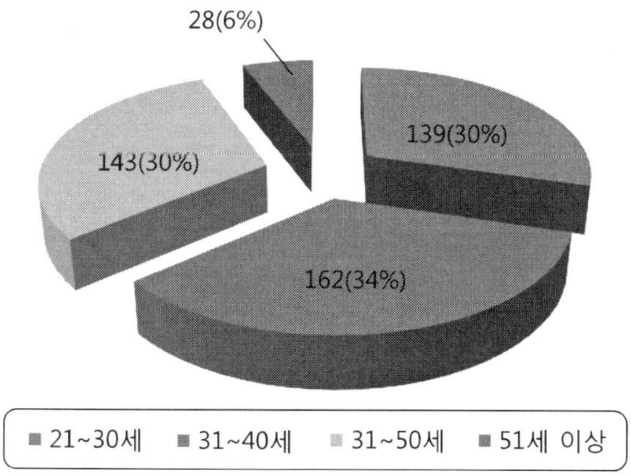

자료: 사회복지공동모금회 복권기금 야간보호사업팀 제공자료.

그림 3.4 연령별 참여인력 현황

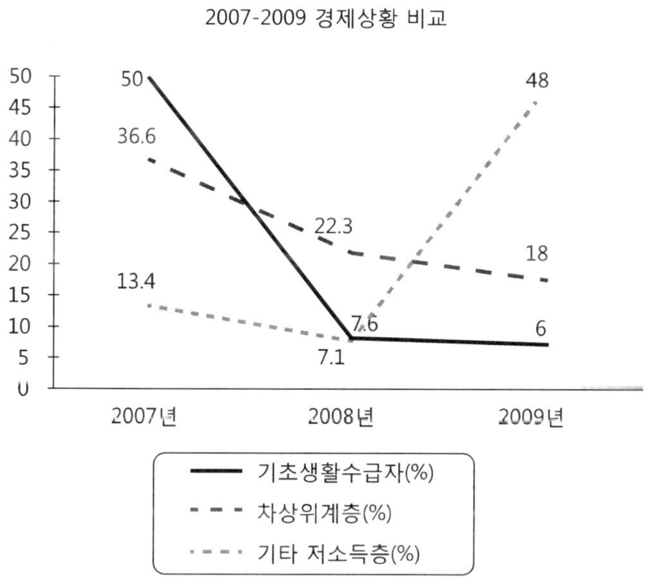

자료: 사회복지공동모금회 복권기금 야간보호사업팀 제공자료 재구성.

그림 3.5 연도별 야간보호교사 경제상황 비교

2. 1318해피존(청소년전용 지역아동센터)의 야간보호사업

본 사업은 빈곤 소외계층 청소년의 교육·복지·문화 격차 해소를 위해 거버넌스 개념으로 접근하여, 교육과학기술부, 보건복지부, SK, 부스러기사랑나눔회가 '1318해피존을 청소년전용 지역아동센터 모델구축 사업협약'을 맺고 진행한 민관협력 사업이다. 청소년전용 지역아동센터 1318해피존을 전국에 설치하고 이를 통해 빈곤청소년이 건강한 성인으로 성장하도록 지원하는 것을 주요 목적으로 하고 있다.

가. 사업배경

빈곤청소년의 교육·복지·문화 격차 해소를 위한 사회적 지지체계로서 기능하는 빈곤청소년을 위한 청소년전용 지역아동센터의 모델 구축사업으로 시작되었다. 사업시행 당시인 2006년 지역아동센터 이용아동 실태조사에서 중·고등학생이 지역아동센터 이용아동 중 14%를 차지하는 것으로 나타났으나 초등학생 중심의 프로그램 지원 등으로 중·고등학생의 기대에 적절히 부합하지 못하고 있음을 확인하였다. 이에 청소년의 발달적 특성에 적합한 전용 지역아동센터의 설치와 육성이 절실히 필요하였고, 이를 위해 민간의 청소년전용 지역아동센터 시범운영을 통한 정책화 견인이 요구되었다. 왜냐하면 청소년전용 지역아동센터에 대한 현장의 요구가 매우 높은 상황에도 불구하고 정부가 이를 정책화하여 육성하기 위해서는 보다 충분한 경험에 기초한 객관적 근거가 필요하였기 때문이다. 따라서 민간기업(SK)과 사회복지단체(부스러기사랑나눔회)가 관과 협력하여 청소년전용 지역아동센터를 설치, 시범운영하고, 이 경험을 통해 정책화 제안을 하는 것을 목적으로 하고 있다.

본 사업의 주요 성과로는 청소년 전용지역아동센터 모델 구축 및 확산도모, 빈곤청소년들의 발달단계와 수준에 맞는 기초학습능력 배양 및 성적향상, 비평준화 지역의 상급학교 진학률 향상, 구체적 진로설계를 통한 자립자활 지원, 개별적 지지 및 지원체계 구축, 청소년의 참여의식 및 자기결정권 배양, 청소년의 문화 감수성 고양 및 지역사회 청소년문화 생산 등을 꼽을 수 있다. 야간보호사업과 관련해서는 청소년의 안전한 야간보호 및 안전한 귀가 서비스 제공이 본 사업의 성과에 포함될 수 있다.

나. 사업내용

청소년전용 지역아동센터 1318해피존 사업은 지역사회 내 욕구가 있는 (중고등학생, 탈학교) 1318세대가 이용가능하며 1318해피존 유형으로는 지역 특성에 맞게 도시형과 농산어촌형으로 구분된다. 이용인원은 한 센터당 등록인원 50명(일일 이용인원 30명) 정도, 운영내용으로 1318세대의 개별적 욕구에 대응하는 안전, 지식, 정보, 문화 등 4개 영역별 프로그램이 제공되고 있다. 운영인력은 한 센터당 최소 3인의 생활복지사와 다수의 전문자원봉사자가 참여하고 있으며, 운영시간은 오후 3시~저녁 10시까지이다. 1318해피존은 전국 공통의 브랜드를 가지고 동일한 공간구성과 인테리어를 구성하여 청소년의 역동성을 살린 컬러구성, 따뜻함이 있는 공간, 즐거움이 있는 공간, 꿈이 있는 공간, 상상력의 공간의 개념을 갖은 가정형 공간으로 구성하고 있다.

본 사업의 재정은 SK로부터 총 91억원이 지원되었다. 해피존 사업은 기존에 없었던 청소년전용 지역아동센터를 설치하는 것부터 시작되었기 때문에 해피존 구축을 위한 센터임대료, 센터시설비 및 운영비를 지원하였던 것이 특징이다. 센터임대료만 전체 사업비의 21.5%에 달하며 센터시설비 및 운영비가 전체 사업비의 52%를 넘어 일반적인 지원사업과 비교할 때 상당히 전폭적인 지원이 이루어진 사업이라 할 수 있다. 그러나 해피존은 사업초기부터 각 기관의 자립계획을 바탕으로 지원되었고 점차 정부지원을 받게 되고 자립노력을 계속하면서 해를 거듭할수록 이 부분의 지원비율은 대폭 감소하였다. 현재 해피존 사업지원단은 지역아동센터의 청소년 지원 및 실무자의 역량강화를 위한 교육사업, 매뉴얼 발간·모금을 위한 연구사업, 1318세대 프로그램 사업 등을 지원하고 있다.

표 3.5 3년간 재정현황 (단위: 원)

구 분	수 입	지 출
1318해피존 사업지원단	9,160,000,000	
센터임대료		1,970,000,000
센터시설비 및 운영비		4,763,828,200
1318세대 프로그램 지원		427,000,000
교육, 연구비		842,369,501
사업운영비		1,156,802,299
합 계	9,160,000,000	9,160,000,000

자료: 1318 HAPPY ZONE 사업성과보고, 1318해피존 사업단 제공자료.

1개 센터당 지원수준은 구축비, 사업비, 인건비, 운영비를 포함하여 총 1개소당 1억 3천 6백만원으로 청소년 1인당 지원수준(2010년 6월 기준)은 월 485,221원이다 더불어 1318해피존 참여교사의 급여수준은 센터장 월 1,363,943원, 실무자 월 1,135,499원이다.

본 사업의 사업수행체계를 보면 중앙정부 차원에서 교육과학기술부는 농산어촌형 공간지원, 방과후 학교프로그램 연계, 교육청-지자체-대학참여를 통해 지원하였으며 보건복지부는 운영비, 급식비 협력, 모델 구축사업 협력을 지원하였다. 지자체에서는 지역시설 제공, 지역자원 발굴 및 연계, 지역교사 및 대학생 자원봉사 인력 등을 지원하였고 기업인 SK에서는 사업기획, 예산지원, SK/SUNNY 자원봉사활동 등을 연계 협력하고 있다. 부스러기사랑나눔회에서는 사업기획 및 운영총괄, 운영인력 교육 및 관리, 시범모델 사업 후 정책제안 등의 역할을 맡고 있다.

다. 사업현황

1318해피존은 2010년 기준 전국에 1318해피존 34개 기관을 구축, 운영하고 있으며 약 5,119명의 청소년에게 교육·복지의 통합적 지원을 제공하였다. 이용아동 현황을 보면 2006년 398명, 2007년 1,006명, 2008년 1,161명, 2009년 1,314명, 2010년(6월 기준) 1,240명의 청소년이 1318해피존을 이용하

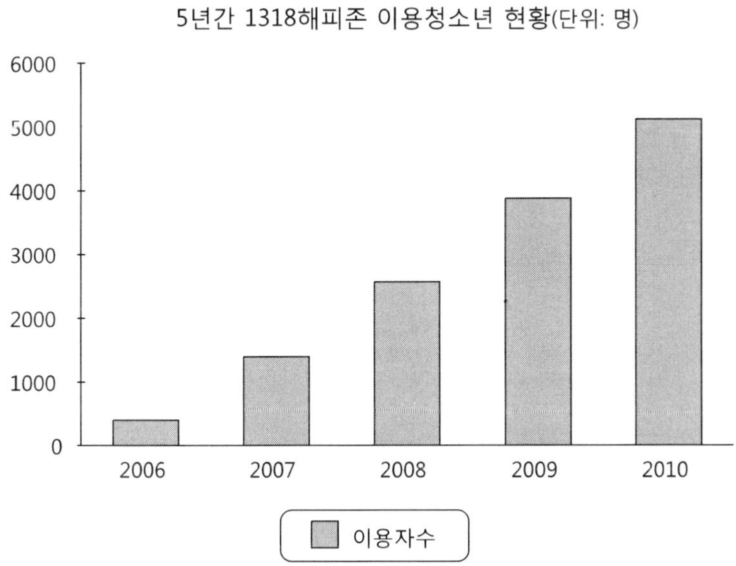

자료: 1318 HAPPY ZONE 사업성과보고, 1318해피존 사업단 제공자료.

그림 3.6 연간 이용청소년 현황

였으며 누적인원 5,119명에게 통합적 지원이 이루어졌다. 1318해피존 이용시간은 저녁 10시까지이므로 이용청소년 모두가 야간보호를 받고 있다고 볼 수 있다.

1318해피존의 프로그램은 지식, 안전, 문화, 정보의 4대 영역을 기반으로 수행되었으며, 이 중 가장 많이 지원된 것은 기초학습, 영어, 논술, 수학 등의 지식지원이며 주간 513회 지원이 이루어졌다. 그 다음으로는 많이 제공된 프로그램은 안전지원인데, 급식·보호, 사례관리, 가족기능 강화 등의 복지적 측면에서의 지원으로서 2008년~2009년에는 주간 70회 이상 이루어졌으나 2010년 6월 기준 190회 이상 이루어지고 있어 안전지원 영역이 강화되고 있다. 문화지원은 세 번째로 많이 지원되고 있으며 주간 108회 정도이다. 4대 영역 중에서 가장 적은 지원이 이루어진 것은 정보지원이다. 정보지원은 진로지도, 직장체험, 비전탐색 등으로 청소년의 진로와 자립에 매우 중요한 영역

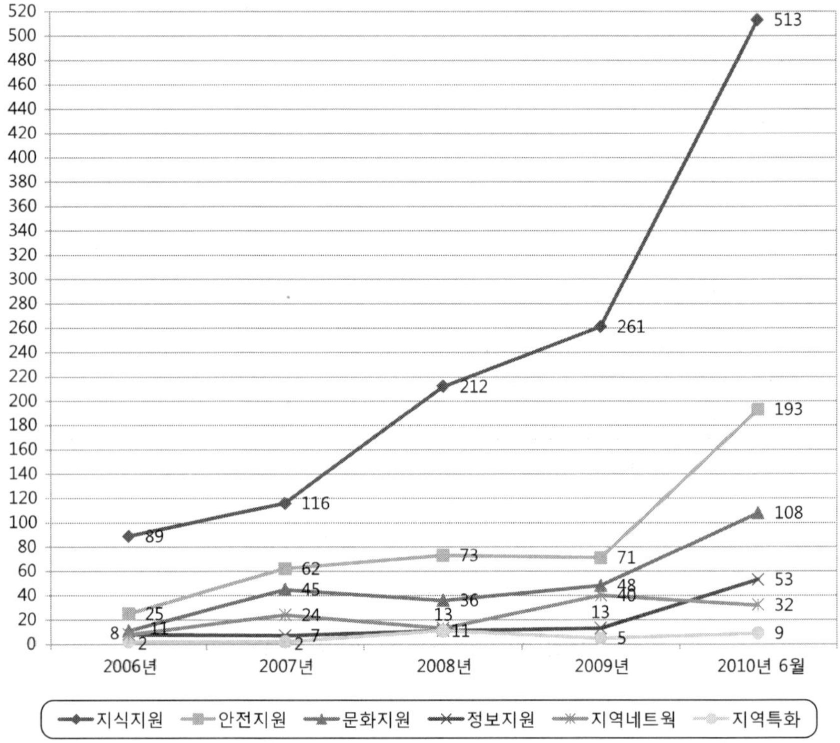

자료: 1318 HAPPY ZONE 사업성과보고, 1318해피존 사업단 제공자료.

그림 3.7 영역별 프로그램 운영현황

으로서 보다 확대되어야 할 것으로 보인다. 지역사회와의 네트워크 구축과 지역사회 특화사업은 2010년에는 주간 40회로 다른 프로그램 지원에 비하면 다소 미미하지만 이러한 사업이 단기간에 성과를 보기 어려운 점을 감안한다면 앞으로는 더욱 증가할 것으로 기대할 수 있다.

1318해피존 참여교사의 역량강화를 위한 교육사업에는 지난 5년간 약 1,156명이 참여하였다. 2006년은 1318해피존 구축이 시작되어 해피존 구축기관 기본교육, 실무자교육, 공간교육, 회계교육 등 해피존 운영과 관련된 기본교육이 주로 진행되었다. 2007년에는 대표자교육과 실무자 워크숍 등이 실시되었고 2008년에는 국제교육(일본), s-kids 실무자 및 센터장 교육, 경영교육,

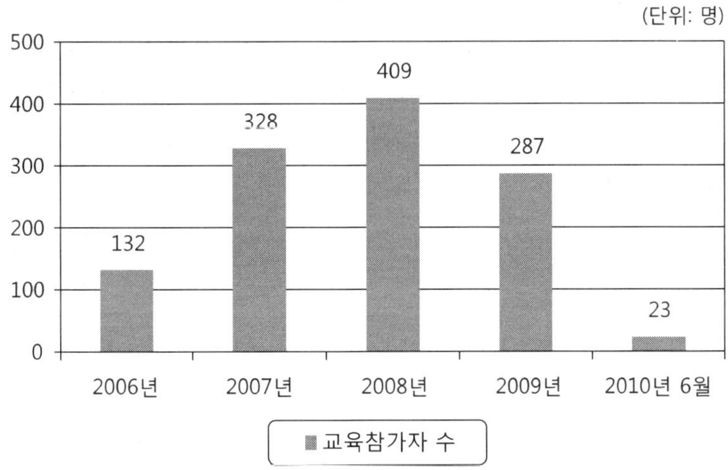

자료: 1318 HAPPY ZONE 사업성과보고, 1318해피존 사업단 제공자료.

그림 3.8 연도별 종사자 교육현황

청소년과 관련된 교육 등이 진행되었다. 2009년에는 프로그램 사례교육, 대표자 국내연수, 권역교육 등이 실시되었다. 2010년에는 국제교육(일본), 프로그램 사례교육 등이 실시되었다. 사업이 지속되면서 지역아동센터 종사자 역량강화를 위한 교육이 기관구축을 위한 교육에서 해피존의 소프트웨어를 공유하고 권역별로 개별화하기 위한 교육으로 변화하였음을 알 수 있다.

3. 사회연대은행 야간보호지원사업

가. 사업배경

2006년 자체 실태조사 결과, 지역아동센터 보호아동 중 야간보호가 필요한 아동이 23%로 나타나 지역아동센터에서 야간보호가 필요한 아동에게 야간보호서비스를 제공하는 지원이 필요하였다. 그 당시 대부분의 지역아동센터는 저녁 6시 정도까지 아동을 돌보고 있어 야간보호사업 실천에 필요한 인력, 예산, 프로그램 지원의 필요성이 요청되어 공모 지원사업으로 시작되었다.

본 사업의 목적은 야간보호를 필요로 하는 아동의 건전한 성장을 도모하고 학령기 발달과업 수행의 수월성 도모와 자기관리기능의 향상, 기초학습능력의 향상, 학교생활능력 향상, 또래관계의 향상에 있다. 사업목표로 설정된 4개 영역(자기관리능력 향상, 학습능력향상, 학교생활적응 향상, 또래관계능력 향상)에 대한 성과평가를 수행한 결과 모든 항목에서 향상된 것을 확인할 수 있었다. 또한 6명의 수퍼바이저 파견을 통해 95명의 현장교사들이 Family Wellness 프로그램, 뇌기능향상 프로그램 수행과 관련된 수퍼비전을 현장에서 받도록 하여 야간 아동보호능력을 키웠으며 야간보호에 적합한 인프라 개선을 먼저 시행함으로써 프로그램이 제대로 가동되도록 하였고, 뇌기능향상(Fit Brain) 프로그램을 통해 아이들의 정서적 안정감과 자신감 회복에 큰 변화를 가져왔다고 평가된다.

나. 사업내용

본 사업은 방과후 장시간의 야간보호를 필요로 하는 초등학생은 물론 미취학 형제·자매도 참여 가능하며, 기타 야간보호가 꼭 필요한 미취학 아동을 발견한 경우 담당 수퍼바이저를 통하여 사회연대은행의 승인 후 참여가 가능하다. 운영시간은 오전 6시부터 저녁 10시까지이며 본 사업은 아동에게 안정적인 보호의 지속성을 확보하기 위해 센터교사의 인건비 보전방식으로 인력을 지원하며 인력은 팀장 1인과 담당교사 2인(야간에 2인 이상의 교사가 근무해야 함)을 원칙으로 하고 있다. 담당교사 선정기준은 1순위는 장기자원봉사자 중 야간보호근무가 가능하고 아이들이 좋아하는 사람, 2순위는 기존 주간담당교사 중 야간보호근무가 가능한 사람, 3순위는 신규채용으로, 인건비 보전을 받는 센터교사는 본 사업에서 진행하는 모든 공통교육에 참여해야 한다.

사업비 운영지침을 보면 집행의 우선순위의 제 1 순위는 간식비로 참여아동 전원에게 매일 간식을 제공하는 것을 원칙으로 하며 아동이 필요로 하는 일일 필수 영양분의 섭취를 보완해 줄 수 있고, 숙면을 돕는 것으로 준비해야 한다. 간식비가 여유 있는 경우에는 긴급지원비, 프로그램 준비비, 유류비, 냉·난방비 등의 항목에 대해 추가집행이 가능하다. 이러한 추가집행을 할 경우에는 담당수퍼바이저를 통해 사회연대은행의 승인을 취득하도록 하고 있다.

프로그램 내용으로는 동네한바퀴, 과제물과 준비물 점검을 통해 내일을 위한 등교 준비, 위축이나 심리사회적으로 불안정한 아동이나 주위가 산만한 아동의 주의집중 및 숙면을 돕기 위한 건강체조, 아동의 발표력과 자신감을 증진시키기 위해 아이들의 이야기를 편안하게 듣는 시간, 내적 힘을 기르기 위한 뇌기능향상성 프로그램, 쉬는 시간 등으로 구성된 공통 프로그램을 권장하고 있다.

사업재정은 1차년도 지원금은 120,870만원, 2차년도 47,000만원으로 총 167,870만원으로 개별 센터지원금은 월 190만원이며 수퍼바이저는 월 160만원이다. 개별 센터지원금 내역은 인건비로서는 팀장수당 월 20만원, 담당교사 월 50만원으로 월 140만원 한도 내에서 인력 구성방식에 따른 자율적 지급방식 선택 가능하다. 사업비 지원 내용은 간식 및 긴급지원비는 월 40만원(영양가 있는 간식+긴급지원비), 지역활동비는 월 10만원(공통경비, 지역단위 프로그램 활동비, 교육참가 교통비 등)이며, 그 외 야간보호에 필요한 안전 중심의 시설개보수비용을 추가지원하고 야간보호에 필요한 기자재를 구입할 수 있다.

본 사업은 삼성사회공헌단에서 지원하고 민간의 사회연대은행이 위탁운영하고 있으며 사회연대은행이 사업의 전체 코디네이터 역할을 하며 수퍼바이저가 개별 센터에게 사업과정에 대한 수퍼비전을 제공하고 있다.

다. 사업현황

사업이 수행된 2년 6개월 동안 1차년도와 2차년도 포함 하여 전국의 45개 지역아동센터의 약 911명 아동에게 야간보호서비스를 제공하였다.

표 3.6 차수별 사업현황

	지역아동센터 수	교사 수	야간보호 아동 수
시범사업(2년 6개월)	1차년도: 29개소	95명	697명
	2차년도: 16개소	36명	214명
합 계	45개소	131명	911명

자료: 희망의공부방 홈페이지(http: //hopemakers.childreninhope.net), 야간보호사업 안내.

4. 민간 전달체계의 야간보호사업 현황 정리 및 분석

이상에서 살펴본 사회복지공동모금회 행복공감 별빛교실, 부스러기사랑나눔회 1318해피존, 사회연대은행 야간보호지원사업 등 민간 전달체계의 야간보호사업 현황을 정리하여 비교하면 다음과 같다.

표 3.7 민간 전달체계의 야간보호사업 비교표

구 분			
사업주체	• 사회복지공동모금회	• 부스러기사랑나눔회	• 사회연대은행
사업명	• 행복공감 별빛교실 (야간요보호아동통합지원사업)	• 1318해피존	• 야간보호지원사업
사업배경	• 야간방임 저소득가정 아동에 대한 보호와 교육서비스 제공 • 저소득층 사회적 일자리 창출 사업	• 빈곤청소년을 위한 지역아동센터의 설치와 육성 시급 • 모델사업으로의 정책견인화 요구	• 2006년 자체 실태조사 결과 공부방 보호아동 중 야간보호가 필요한 아동이 23%로 나타남 • 야간보호사업에 필요한 요소, 인력, 예산 지원
사업내용	• 기초학습지원, 정서지원, 가족관계 강화 프로그램, 귀가지원	• 지식, 문화, 안전, 정보 4대 영역 7개 프로그램 지원(통합복지서비스 제공)	• 영양가 있는 간식제공 • Family Wellness, Fit Brain 등 전문프로그램 제공 및 실시

수행체계	• 중앙모금회-16개 시·도 지회- 각 지역아동센터	• 보건복지부, 교육과학기술부, SK, 부스러기사랑나눔회	• 삼성사회공헌단-사회연대은행-29개 지역아동센터-수퍼바이저 파견하여 사업관리 및 교육, 수퍼비전 제공
야간보호 시간	• 저녁 6시~10시까지 (최소 4시간 이상)	• 오후 3시~10시까지	• 저녁 6시~10시까지, 센터사정에 따라 조정가능
대 상	• 저소득가정 아동(가구소득 최저생계비 170% 이하) • 초등학생 50% 이상으로 구성	• 다양한 사회적 지위(중, 고등학생, 탈학교)의 1318세대	• 방과후 장시간의 야간보호가 필요한 초등학생(형제·자매의 경우 미취학아동도 가능)
시설활용	• 지역아동센터, 사회복지관 등 아동복지서비스 제공시설	• 지역아동센터 설치 가능한 지역사회 밀착형 공간 (ex, 일반근린시설, 보건소 등 유휴시설 이용)	• 공부방(지역아동센터)
사업경과	• 2006년~현재	• 2006년 7월~현재	• 2007년 7월~2010년 2월
사 업 비	• 야간보호교사 인건비, 당직교사 수당, 프로그램비 등 지원 • 교사교육비, 사업모델 개발 및 연구성과평가비	• 공간지원비, 시설운영비, 교사 3명 인건비, 프로그램비 등 사업전반에 걸친 지원	• 사업비(간식비) • 인건비보존비(팀장, 담당교사) • 시설개보수비, 지역활동비 등
총 사업량	• 1,597개소(5년간)	• 34개소(3년간)	• 45개소(2.5년간)
총 사업비	• 377.5억원(5년간)	• 91억원(3년간)	• 16억원 7,870만원(2.5년간)
야간보호아동 수(년간)	• 8,660명(2009년)	• 1,607명(2009년)	• 911명(2.5년간)
재정지원	• 복권기금/년 2,364만원	• SK/13,600만원(3년)*	• 삼성/연 3,730만원
아동단가	• 월 11.9만원	• 월 48.5만원	• 월 15.4만원
교사 급여수준	• 월 832,000원(야간보호교사)	• 센터장 평균 1,363,943원 • 실무자 1,135,000원	• 월 50~70만원(담당교사)
교사교육	• 평균 24시간(년) (기초교육-집체교육, 권역별 보수교육 등)	• 약 40시간 (실무자교육, 워크숍, 국제교육)	• 월 1회 정기교육 • 월 1회 수퍼비전

* 센터운영 전체 단가이므로 100% 야간보호에만 사용되었다고 볼 수 없음.

제 4 장

야간보호사업의 향후 과제

1. 야간보호이용아동 수 확대
2. 서비스 전달체계간 조율과 통합
3. 야간보호사업에서 아동의 대상화 문제 극복
4. 전문화된 야간보호프로그램의 부족문제 해결
5. 안정적인 예산의 확보

1. 야간보호이용아동 수 확대

우리나라에서 야간보호가 필요한 아동현황이 정확하게 파악된 바는 아직 없다. 다만 상대적 빈곤율 14.57%를 적용하여 빈곤아동 수를 117만명이라는 분석에서부터 많게는 300여 만명에 달하는 것으로 추정하고 있을 뿐이다. 이러한 빈곤아동통계에 기반해 야간보호서비스를 필요로 하는 아동 수를 다소 거칠게 추정하고자 한다.

빈곤아동들 대부분은 그들이 속한 가정의 특성상 야간시간에도 방임될 가능성이 많다. 낮 시간 동안에는 방과후 지원과 같은 사회적 돌봄이 이루어지지만, 이 아동들을 가정으로 돌려보내는 야간시간대에는 오히려 더 많은 아동들이 심각한 방임에 노출되고 있는지도 모른다. 야간보호의 필요성을 인식하고 방과후 지원을 야간시간까지 연장하는 시설들과 본격적으로 야간보호서비스를 제공하고자 하는 사업들을 통해 보호받고 있는 아동들은 극소수에 불과한 실정이다.

현재 공적체계 내에서 제공되는 야간보호사업을 이용하는 아동·청소년 수는 총 66,328명 정도로 추정된다. 여러 가지 사정으로 정확한 통계 마련에

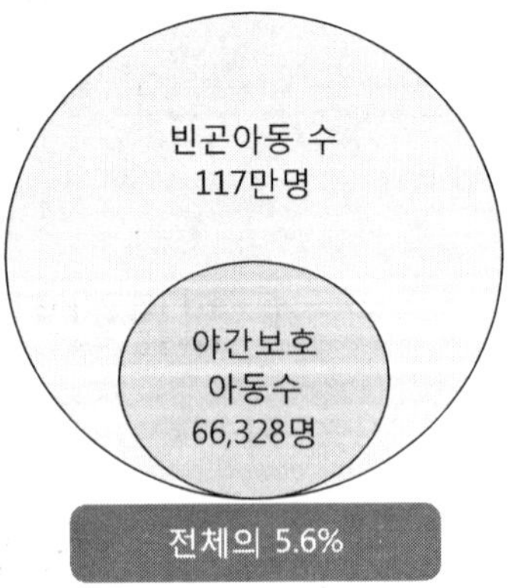

그림 4.1 빈곤아동 수 대비 야간보호율

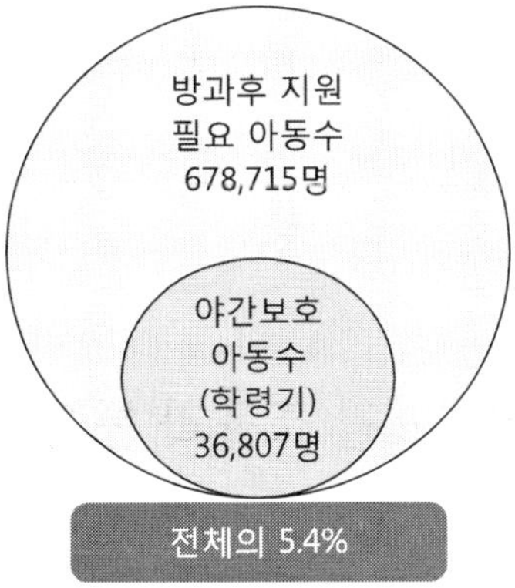

그림 4.2 방과후 지원 필요 아동수 대비 야간보호율

는 한계가 있지만 최초의 야간보호 관련 통계로서 나름 의미 있는 것이라 하겠다. 민간에서 제공하고 있는 야간보호서비스 이용아동 약 1,000명[1])을 포함하면 총 약 66,328명 정도의 아동이 야간시간대에 사회적 돌봄을 받고 있다. 이는 빈곤아동을 117만명으로 추정했을 때, 전체의 5.6%에 해당하는 것이다.

또한 6~18세 학령기 아동만을 대상으로 한 관련 통계[2])에서 살펴보면, 방과 후 지원 필요아동 678,715명 중에서 학령기 아동에게 제공되는 야간보호서비스 이용아동 수는 약 36,807명으로 약 5.4%에 그치고 있다.

1) 민간부분 총 야간보호아동 수 10,267명 중 공공부분 야간보호아동 수와의 중복을 피하기 위하여 지역아동센터 이용아동 수를 제외하고 파악한 수치는 약 1,000여 명임.

2)

아동 수(학령기: 6~18세)	8,648,408명	미취학 아동 제외
방과후 지원 필요 아동수	678,715명	중식지원 대상자
방과후 지원아동 수	201,017명	초등보육교실, 지역아동센터, 방과후 아카데미, 양육시설 등 7개 시설이용 아동
방과후 지원 사각지대 아동 수	477,698명	방과후 어떠한 지원도 없음
학령기 야간보호아동 수	46,074(중복) 36,807(비중복)	공공부분: 35,807+α명(미취학 26,368명 제외) 민간부문(중복): 10,267명 민간부문(비중복): 약 1,000명(지역아동센터 등 이용아동 제외)

결국, 어떤 분석을 해도 우리나라에서는 전체 빈곤·방임 아동 수의 약 5%~6%내 외에 해당하는 극소수의 아동만이 야간보호서비스를 지원받고 있는 것이다.

2. 서비스 전달체계간 조율과 통합

기존의 방과후 서비스 관련 분석에서 가장 많이 지적되어 온 것 중 하나가 바로 서비스의 중복과 사각지대의 발생 문제이다. 그 대표적인 사업이 교육과학기술부의 초등돌봄교실(구, 초등보육교실), 보건복지부의 지역아동센터, 여성가족부의 청소년 방과후 아카데미이다. 이들 방과후 사업들은 야간보호서비스를 제공하는 주요한 전달체계이지만, 서비스 기관의 지역별 편중과 서로 소통하지 않는 체계로 인해 서비스가 중복되고 사각지대가 발생하는 문제를 안고 있다. 따라서 같은 지역사회 내에서 이와 같은 방과후 시설의 설치와 운영을 계획할 때, 다른 유사 기능을 가진 사업과의 사업 조정과 긴밀한 협조체계 구축, 통합복지시설로서 기능이나 역할을 특화하는 일 등과 관련된 충분한 조율이 필요할 것이다. 예를 들면, 각각의 시설이용 아동 중 야간보호가 필요한 일부 아동은 그 수요와 시설의 특징을 감안하여 주택에서 운영하는 지역아동센터로 모여 프로그램을 운영할 수도 있을 것이다. 현재 교육과학기술부의 만 5~7세 아동을 대상으로 하는 야간돌봄 유치원은 예로 든 방식으로 운영하여 약 3,000명 중 10%에 해당하는 300명의 어린이집 아동이 야간보호서비스를 제공받고 있다.

3. 야간보호사업에서 아동의 대상화 문제 극복

각 사업의 추진배경이나 목표 등을 분석해 보면 가장 자주 등장하는 것이 '맞벌이 부부의 양육부담 감소', '빈곤소외계층 아동에게 부족한 문화체험 기회 제공', '공교육의 보완 및 사교육비 절감' 등이다. 모두 중요한 야간보호 사업의 목표임에 틀림없다. 그러나 아동을 중심에 서게 하고 아동중심의 사업을 하고자 하는 의도는 잘 드러나지 않는다. 즉, 야간보호사업은 아동보호가 주목적이어야 하는데 오히려 아동의 지지체계인 부모나 학교 등을 위한 보충적 사업으로 아동이 대상화된 측면이 있다.

그 근거로는 첫째, 야간보호를 필요로 하는 아동의 입장에서 그 수요는 어느 정도인지 정확한 파악도 없이 지원 가능한 예산범위 내에서 시설을 설치·운영하고 있다. 특정 사업을 소개하는 홍보물이나 기사를 검색하면 부모의 입장에서 얼마나 그 서비스에 만족하는지 평가한 내용이 대부분이며 얼마나 인기가 좋은지 대기자가 수십 명이며 이용자는 큰 혜택을 누리고 있다는 자랑 일색이다. 둘째, 아동이 필요로 하는 돌봄내용에 대한 고려보다는 아동에게 결핍되어 있는 무언가를 보충하기 위한 프로그램 중심이다. 예를 들면, 보충학습을 통해 학습부진을 해소하고자 한다거나 문화체험이나 특기적성 교육기회를 마련하여 일반아동과의 교육·문화간 격차를 해소한다는 것이다. 물론 야간보호사업을 통해 이러한 목표를 일정부분 달성할 수도 있을 것이다. 하지만 야간방임아동들은 무언가가 결핍되어 있어 야간시간까지 애쓰고 노력해서 일반아동들을 추격해야 하는 존재가 아니라 그 존재 자체로서 보호받아야 하며, 필요한 서비스를 선택할 권리가 있는 인격체이다. 따라서 결핍의 보충보다는 잠재력의 발현과 건강한 성장 및 발달을 보장하는 방향으로 프로그램이 강화될 필요가 있다

4. 전문화된 야간보호프로그램의 부족문제 해결

3개 부처 7개의 야간보호사업의 사업내용은 크게 '교육(education)'과 '돌봄(care)'이다. 주관부처와 대상아동의 연령에 따라 교육과 돌봄의 상대적 비중의 차이가 있을 뿐이다. 그렇기에 모든 야간보호사업은 공통적으로 '가정과 같은 분위기에서의 돌봄서비스 제공'을 사업내용으로 하고 있다.

하지만 그 사업이 어떤 프로그램으로 구체화되는지에 대해서는 명시되어 있지 않다. 이는 자칫 시간 때우기로 이어질 가능성이 높다. 특히, 통합서비스 제공을 목표로 운영되는 지역아동센터와 청소년 방과후 아카데미의 경우는 야간보호의 필요성에 의해 야간시간까지 연장하여 운영하는 경우이나 시설 내에서 보호할 뿐 특별한 프로그램이 없거나 귀가지도 등에 그치는 경우가 많다고 보고되고 있다. 따라서 야간방임아동의 특성에 맞고, 이용아동의 하루일과와 연장선상에서 고려되며, 아동이 필요로 하는 전문화된 프로그램이 필요하다.

특히, 야간보호서비스는 시설보호가 아닌 가정 내 보호를 받는 아동들이

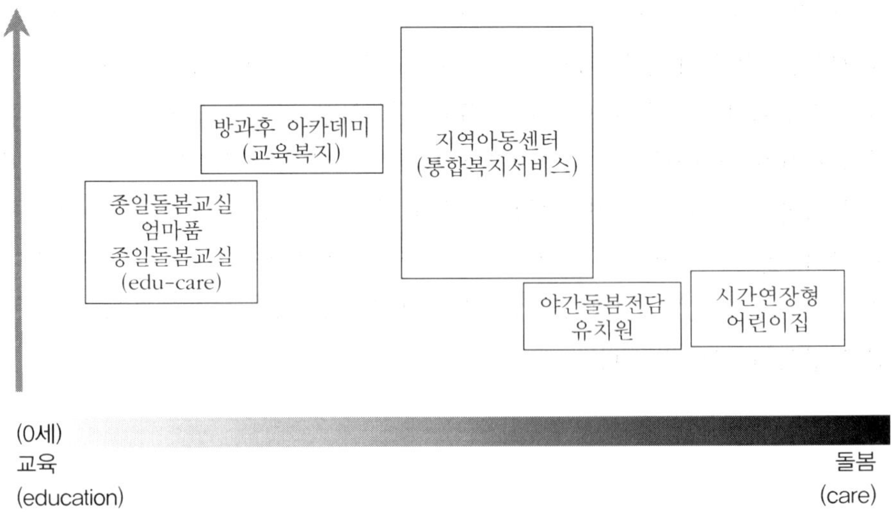

이용하는 서비스로서 가정과의 연계가 매우 중요하다. 시간연장형 보육 중 24시간 보육의 경우는 가정해체를 막고 시설보호로 가는 것을 막는 순기능을 한다는 평가와 더불어 부모의 양육의지를 약화시키고 시설보호의 준비단계로서의 역기능이 있다는 논란을 안고 있다. 따라서 야간보호 프로그램들은 이용자인 아동뿐만 아니라 그 아동이 속한 가정과의 연계를 고려하여 가정의 기능을 강화하는 방향으로 체계적인 실천이 뒷받침되어야 한다.

또한 2011년부터 전국 1,000개의 학교 및 유치원을 중심으로 실시될 엄마품종일돌봄교실의 경우 아직은 시행초기이나 돌봄과 복지, 교육과 복지의 전문성을 어떠한 내용으로 담고 가야 할지 과제로 남아있으며 이후 복지와 돌봄의 긴밀한 연계가 요청된다고 본다.

5. 안정적인 예산의 확보

공적 전달체계에서 하고 있는 7개 사업의 정부지원 정도와 아동 1인당 서비스 단가를 계산하여 정리하여 보았다. 정부지원은 여성가족부의 청소년 방과후 아카데미가 1개소당 월 789만원,[3] 아동지원 단가 월 26.3만원으로 가장 많았고 지역아동센터가 아동지원 단가 11.3만원으로 가장 적었다. 지역아동센터의 경우 급식비를 포함하면[4] 월 18만원 정도로 아동지원 단가가 상승되기도 하지만 청소년 방과후 아카데미의 26.3만원에 비하면 절반수준이다. 유사한 사업인 종일돌봄교실 역시 단가 월 19만원 정도의 아동지원금으로 아동에 대한 서비스를 제공하고 있다. 서비스의 대상, 구성, 내용에서 유사한데, 차별적인 수준의 정부지원이 이루어지는 것은 문제가 있다. 유사한 기능을 수

3) 일반적으로는 지원 단가 154백만원을 기준으로 하여 월 1,283만원을 1개소당 지원금으로 산정하니 〈표 4.1〉에서는 다른 사업과의 비교를 위하여 초등학생 30명 기준의 예산 산출 규 94,625천원을 기준으로 정부지원금과 아동서비스 단가를 계산하였다.

4) 지역아동센터의 급식비 지원은 지자체별로 지원단가가 2,500~3,500원까지 차이가 나고 급식을 실시하는 기관의 약 86.7%(학기 중)만이 급식비 지원을 받는다.

표 4.1 유사사업의 정부지원 및 아동단가 비교표

사업 주체	교육과학기술부			보건복지부		여성가족부	
사업명	종일돌봄 교실	엄마품 온 종일 돌봄 교실	야간돌봄 전담유치원	지역아동 센터	시간 연장형 보육	청소년 방과 후 아카데미	아이 돌보미 지원사업
정부 지원	월 323만원	연 5,000만원	월 250만원	월 321만원	월 65만원	월 789만원	아동가족 유형별 지원
아동 단가	19만원 (저소득가정 아동급식비 일부 지원)	2011년 3월부터 시행예정	12.5만원 (급간식비 수익자부담)	11.3만원 (급식비 별도지원)	12.9만원 (수익자부담 별도)	26.3만원 (유형별 수익자부담 별도)	유형별 수익자부담 별도

(2009년 지원액 대비단가)

행하는 사업간의 정부지원 차이는 아동들에 대한 차별적 지원으로 이어진다는 점에서 향후 조정이 필요하다. 아울러 향후 조정의 방향은 가장 많은 지원을 받는 청소년 방과후 아카데미 사업의 지원액을 축소하는 하향평준화가 아니라 지역아동센터에 대한 정부지원을 그와 같은 수준으로 상향조정하는 방향이 되어야 할 것이다.

야간돌봄전담 유치원의 경우 시범사업기간인 2010년 8월 기준, 특별교부금으로 사업을 진행하고 있는데 시설당 월 250만원이 지원되고 이는 아동 1인당 월 12.5만원의 서비스비용이 지원되고 있다. 책임교원수당뿐만 아니라 보조교원수당, 운영비까지 지원된다는 점이 강점이나 9월 이후 지자체로 사업이관 및 사업확대가 이루어진 다음에도 적절한 예산을 확보하는 것이 과제이다. 반면에 시간연장형 보육은 24시 혹은 익일 8시까지로 야간돌봄전담유치원에 비하여 보호시간은 길지만 책임교원수당에 한해 80% 지원해주거나 월 100만원 지원에 그치고 있고 보육료의 200% 한도 내에서 수익자부담을 가능케 하여 수익자부담이 높아질 가능성이 많다. 책임교원이 1명만 상주할 경우 교사의 소진과 아동의 안전문제로 이어질 수 있기 때문에 적절한 수준의 정부지원과 예산확보가 반드시 필요하다. 아이돌보미사업 역시 사업초기 이용아동과 부모로부터 뜨거운 호응을 얻어 사업을 확대해 왔으나 사업재정 확보에 어려움을 겪으며 사업이 축소되어 사회적 논란의 대상이 되고 있다. 사업의 취지와 목표에 맞는 사업이 가능하도록 안정적인 사업예산 확보가 뒷받침되어야 한다.

제 2 부

야간보호의 성과

제 5 장

논리모형의 개발

1. 논리모형의 개발과정

(1) 논리모형의 개념

논리모형은 사업의 투입, 과정, 산출, 성과간의 관계를 논리적으로 연결해 사업을 체계적으로 기획하고 성과를 구체적으로 측정하고 평가하는 도구이다. 논리모형은 서비스의 투입에서 결과까지의 연결고리를 그림의 형태로 표시하여 서비스의 목적달성을 위한 활동의 수행으로 성과를 구체화해 전반적인 사업에 대한 이해증진은 물론 사업의 성과평가를 위한 개념적 틀을 제공한다. 이러한 논리모델은 다음의 세 가지 면에서 유용하게 사용된다. 첫째, 다양한 사업의 목적과 목표들을 명확하게 만들고자 하는 사업의 기획자, 기관장, 종사자, 제 3 자들에게 도움이 된다. 둘째, 사업이 진척되는 동안의 사업의 운영 차트를 보여주는 편리한 시각적 장치이다. 셋째, 단기와 장기성과를 구별해 주고, 추후 평가의 기본 틀로 기능한다(정익중 외, 2008).

사업의 성과를 평가하기 위한 논리모형을 구축하는 방법은 다음과 같다. 첫째, 대상집단의 문제나 욕구의 확인으로, 사업이 시작되기 전 주어진 사회적 상황이나 문제 상황에서 개입의 대상이 되는 대상집단이 당면한 문제나 욕구를 구체적으로 확인한다. 문제나 욕구는 사업의 목표로 환원되어 목표가 구체적이고 측정 가능한 형태로 진술되었는지를 확인한다. 둘째, 투입요소의 내용구성으로, 대상집단의 문제나 욕구를 해결하기 위해서 필요한 서비스, 인적·물적 자원과 사업의 기술적 요소를 식별한다. 이러한 투입요소들은 전 단계의 문제나 욕구의 해결에 도움이 되는지를 만일(if) 문제가 주어졌다면 그러면(then) 투입의 요소가 문제해결에 필수적인지를 조건관계로 파악한다. 셋째, 활동내용과 과정의 명확화로서 활동요소는 사업 수행을 위한 서비스 제공활동, 행정활동, 지역사회활동을 포함한다. 구체적 사업의 활동내용을 명확히 하고 그 과정과 일정한 기간의 설정도 필요하다. 넷째, 산출과 성과지표의 구체화로, 사업 수행활동으로 나타날 수 있는 산출물과 성과를 구체화한다. 산

표 5.1 논리모형의 과정

문제 상황	→	투입	→	활동	→	산출	→	성과

출물은 주로 산술적 결과로 표시되고 성과는 대상아동이나 가족, 기타 참여자, 지역사회 등에 대한 사업의 영향을 의미한다. 성과를 단기, 중기, 장기로 나누기도 하고 단기성과와 장기성과 두 가지로만 나누기도 한다(Miller, 2010). 이와 같은 논리모형은 다음 〈표 5.1〉과 같이 문제 상황으로부터 시작해 왼쪽부터 오른쪽으로 작성해 나간다.

성과측정과 논리모델은 불가분의 관계에 있다. 논리모델은 성과측정과 연결되지 않는다면 단지 이론적인 것에 불과할 뿐이며 그 논리(투입-활동-산출-성과의 연결)가 적절했는지에 대한 평가는 성과를 경험적으로 측정할 수 있을 때에만 가능하다. 이에 사업을 통해 빈곤방임아동들의 변화를 측정할 수 있는 적절한 척도의 마련이 요구되고 있다. 본 연구에서는 야간보호사업의 논리모형을 연구진들의 브레인스토밍과 야간보호교사를 포함한 초점집단인터뷰(이하 FGI)를 통해 잠정적으로 도출하였다. 도출된 논리모형의 산출과 성과는 평가 조사도구 개발을 위한 기초자료로 활용되었다.

가. 투 입

투입물은 사업의 서비스, 교사, 대상자의 적합성을 결정하기 위해 필요한 요소를 말한다. 사업을 구성하는 다양한 요소들로는 야간보호교사 등을 포함한 사업 참여자, 사업 자원, 운송 등과 같은 사업을 위한 보조적인 서비스 등이 포함될 수 있다. 이러한 요소들은 사업이 제공되기 위한 원료를 구성하며 사업이 잘 기능하기 위해서 필요한 결집체계를 구성한다.

나. 활 동

투입된 자원으로 사업을 실행시켜 나가는 것을 말한다. 즉, 목적달성을 위해 투입된 자원들을 가지고 사업을 진행시키는 것이다. 현장에서 빈곤방임 아동을 위해 제공되는 대부분의 서비스 제공활동들을 의미한다.

다. 산 출

사업의 활동을 통해 나타나는 행동의 즉각적인 산물을 의미한다. 서비스 목적과 직접 관련된 결과를 성과라고 한다면, 그것을 위해 서비스 활동에서 노력한 결과를 산출이라고 한다. 일반적으로 산출은 서비스 단위로 양화가 가능하다.

라. 성 과

사업의 개입활동에 참여하는 동안 혹은 참여한 이후에 표적집단에 나타나는 효과, 이익 등을 말한다. 표적집단이 무엇을 알게 되고, 어떻게 생각하게 되고, 무엇을 할 수 있게 되는지, 어떻게 행동하게 되는지, 상황이나 조건이 어떻게 변화되었는지를 살피는 것, 즉 서비스를 통해 달라진 것이 무엇인지를 살피는 것이다.

(2) 논리모형 개발과정

본 연구는 야간보호사업을 통해 아동, 가족, 야간보호교사 등 참여자의 변화를 측정하는 평가지표를 마련하고 나아가 성과평가의 기초를 마련하기 위한 것이다. 이러한 사업의 성과를 측정하고 평가하는 데 논리모형이 가장 적절할 것으로 판단하여 사업을 직접 수행하고 있는 야간보호교사들을 초청하여 초점집단인터뷰를 실시해 논리모형의 성과가 될 수 있는 내용을 도출하였다.

초점집단인터뷰는 2010년 1월 8일 4명의 야간보호교사들을 초청하여 진행하였다. 이를 통해 그동안의 사업에 대한 간략한 설명을 듣고 사업실시 후 아이들의 변화된 모습과 선생님들이 원하는 아동들의 변화 모습에 대해 브레인스토밍을 함께 진행하였다. 여기에서 나온 변화모습 즉, 성과 중에서 단기,

장기성과가 될 만한 것을 나누고 이를 바탕으로 우선순위를 선정하였다. 여기서 단기성과는 1년 이내의 변화를 말하며 장기성과는 5년 이후에 나타나는 변화를 말한다. 그리고 이러한 단기와 장기성과에 대해 시차를 두고 측정하지 않고 동시에 측정하였다. 단기, 장기성과로 나눈 근거는 초점집단인터뷰를 통해 쉽게 프로그램을 통해 변화할 수 있는 항목과 쉽게 변화할 수 없는 항목으로 나누었고 이를 아동발달이론에 비추어 최종결정하였다.

(3) 논리모형 개발절차

논리모형도출을 위한 회의는 야간보호교사 4인을 초청하여 사업의 간단

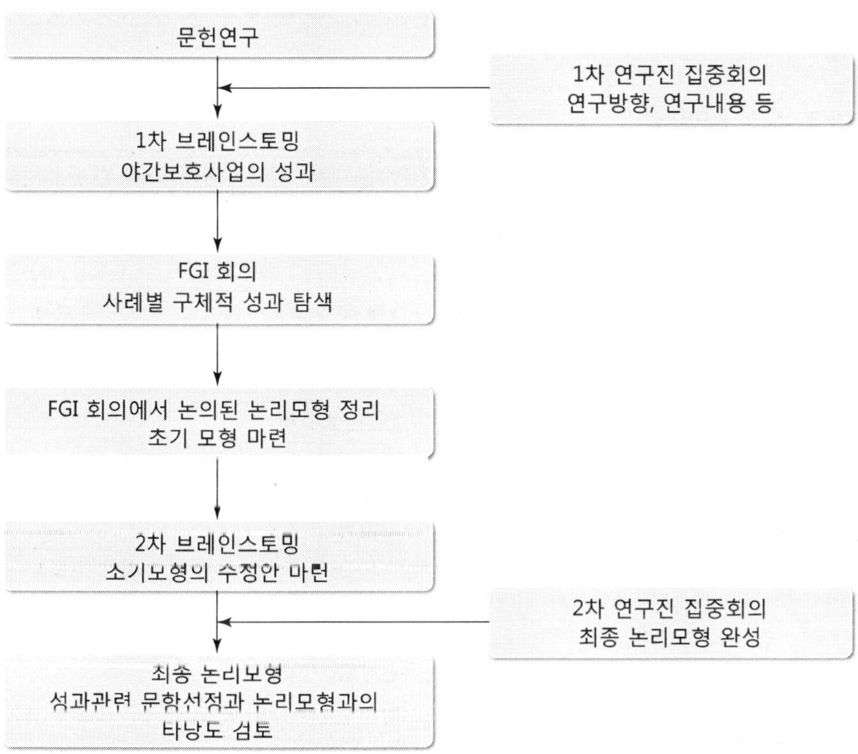

그림 5.1 논리모형 개발절차

한 소개와 함께 아동들이 사업실시 후 변화한 모습과 앞으로 기대하는 변화 방향에 대해 토론하는 방식으로 이루어졌다. FGI에 참석한 야간보호교사의 명단은 다음과 같다.

표 5.2 참여 야간보호교사 명단

구분	지역아동센터	학 력	경 력
A	서울	대졸(산업복지전공)	복지관 및 야간교사 3년 4개월
B	인천	고졸(사이버대 재학 사회복지전공)	복지관 및 야간교사 5년
C	경기	전문대졸(사회복지전공)	복지관 및 야간교사 7년 5개월
D	경기	대졸(미술전공)	복지관 경력 없음. 야간교사 4년 5개월

각 사업은 조금씩 다르지만 측정할 수 있는 성과들에 대해 FGI 방식으로 자유롭게 의견을 제시하였다. 이때 도출된 논리모형은 다음과 같다. 먼저 성

표 5.3 중간 논리모형

<table>
<tr><th rowspan="2">투입</th><th rowspan="2">활 동</th><th rowspan="2">산 출</th><th colspan="2">성 과</th></tr>
<tr><th>단 기</th><th>장 기</th></tr>
<tr><td rowspan="3">야간보호교사</td><td rowspan="2">아동대상
학습지도
예체능활동
문화체험
건강관리
아동상담
특별프로그램
아동보호
귀가지도</td><td rowspan="3">야간안전보호아동 수

지역 내 일자리 창출
규모</td><td>이용아동
우울불안
사회적 위축
공격성
비행
대인관계능력
영양상태
안전
방임 위험 감소</td><td>이용아동
신체적 건강
자아존중감
자기유능감</td></tr>
<tr><td>가족/주양육자
일상적 스트레스
부모 역할수행에 대한
부담감
타인양육에 대한 죄책감</td><td>가족/주양육자
자아개념
가정환경의 변화</td></tr>
<tr><td>교사대상
직무훈련교육</td><td>야간보호교사
경제적 스트레스</td><td>야간보호교사
경제적 자활</td></tr>
</table>

과측면에서는 아동, 가족/주양육자, 야간보호교사로 대상을 나누어 구성했고 이용아동 측면에서는 우울불안, 사회적 위축, 공격성, 비행, 방임위험을 감소시키고 대인관계 능력, 영양상태, 안전 등을 증진시키는 것을 단기성과로 설정하였다. 아동의 장기성과측면에서는 신체적 건강, 자아존중감, 자기유능감 등이 도출되었다. 또한 아동 이외에 가족/주양육자 영역과 야간보호교사 영역에서도 변화를 가져올 것이라 기대하였다.

2. 최종 논리모형

FGI 회의와 더불어 기존의 야간보호사업을 평가한 것을 바탕으로 최종적으로 도출된 논리모형은 〈그림 5.2〉와 같다.

(1) 투 입

야간보호사업에 투여될 교사, 사업비 등이다.

(2) 활 동

야간보호사업에서 진행되는 구체적인 활동이 영역 중심으로 구분될 수 있다.

(3) 산 출

사업의 활동을 통해 나타나는 즉각적인 산물로서 참여자 수, 프로그램 만족도 등이다.

투입	활동	산출	성과: 단기	성과: 장기
• 야간보호교사 • 사업비	<이용아동> • 학습지도 • 예체능활동 • 문화체험 • 건강관리 • 아동상담 • 특별프로그램 • 아동보호귀가지도	<이용아동> • 이용아동 수 • 야간보호사업 만족도	<이용아동> • 심리사회적 부적응 감소 -우울불안 -사회적 위축 -공격성 -비행 • 아동발달 증진 -자기표현 -성취감 -문제해결력 • 학교적응 및 성적향상	• 자아존중감 증진 • 신체적 건강 증진 • 아동발달 증진 -공동체성 -행복감 • 사회적 자본 증진
	<가족/주양육자> • 아동대리보호	<가족/주양육자> • 이용가족 수 • 야간보호사업 만족도	<가족/주양육자> • 양육스트레스 감소 -일상적 스트레스해소 -부모역할수행부담 -타인양육에 대한 죄책감	• 우울 감소
	<야간보호교사> • 직무훈련교육	<야간보호교사> • 참여야간보호교사수 • 야간보호사업 만족도 • 야간보호 일자리 만족도	<야간보호교사> • 경제적 생활 여건 개선 • 향후 취업에의 도움	• 경제적 자활

그림 5.2 최종논리모형

(4) 성 과

성과는 사업에 참여하는 동안 혹은 참여한 이후에 표적집단에 나타나는 효과, 이익 등으로 단기성과는 프로그램 산출에 의해 가장 밀접하게 영향을 받는 성과를 의미한다. 프로그램 참여를 통한 지식, 태도, 기술의 변화가 이에 해당한다. 장기성과는 궁극적인 성과로서, 프로그램 참여자 혹은 참여주체들의 조건이나 상황에 대한 의미 있는 영향을 의미한다. 여기에서는 장·단기 성과를 시기적인 것으로 나누었는데 보통 1년 이내에 나타날 수 있는 성과를 단기성과, 5년 이후에 나타날 수 있는 성과와 아동의 경우 4년 연속 참여한 경우도 포함하여 장기성과로 보았다. FGI 회의와 기존 문헌연구 등을 통해 도출된 사업의 성과들 중 연구진 토론을 통해 우선순위가 높은 것을 성과측정의 지표로 삼았다. 그 결과 단기성과로는 심리사회적 부적응 감소, 아동발달 증진, 학교적응 및 성적향상 등이 도출되었다. 가족/주양육자의 변화측면과 관련하여 양육스트레스의 감소를 주요성과로 도출하였다. 마지막으로 야간보호교사의 경우 야간보호사업에 종사함으로써 경제적 생활여건이 개선되고 향후 취업에 도움이 될 것으로 판단하였다.

아동측면의 장기적 성과로는 자아존중감, 신체적 건강, 아동발달 증진, 사회적 자본 증진 등을 도출하였고, 부모측면의 장기적 성과로는 우울 감소를 도출하였다. 또한 야간보호교사측면의 장기적 성과로는 경제적 자활을 도출하였다.

가. 단 기

✦심리사회적 부적응

- 우울불안: 근심, 침울함, 실패감, 상실감, 무력감 및 수치감을 나타내는 정서장애. 알지 못하거나 경험이 없는 새로운 상황이나 역할에 직면할 때 발생하는 막연한 불쾌감
- 사회적 위축: 어떤 대상이나 외부의 현실로부터 움츠러들고 물러서는 행위를 말하고 그 때문에 자신의 주변에 있는 사람들이나 주변 세계에 대처할 수 있는 능력이 부족한 경우(예를 들어, 아동이 수줍음을 많이 타서 또래놀과 잘 어울리지 못하거나, 대화를 나누지 못하는 경우)
- 공격성: 적의나 증오와 관계가 있는 모든 종류의 파괴적 행동, 특히 육체적인 타격이나 악의를 품은 발언 등으로 상대방에게 손상을 입히려는 행위와, 그런 행동을 하려는 욕구 경향
- 비행: 일반적으로 경미한 위법 행위 또는 불법이 아니더라도, 습관적으로 비추어 반사회적인 것으로 간주되는 행위

✦아동발달

- 자기표현능력: 타인의 말을 경청하고 자신의 의견을 망설임 없이 명료하게 표현하는 능력, 잘 모르는 문제가 있을 때 적극적으로 질문하는 태도
- 성취감
  - 낙관성: 항상 사물의 긍정적인 면을 보며, 열심히 하면 좋은 결과가 나올 것이라고 생각하고 만약 생각대로 되지 않더라도 너무 실망하지 않는 태도
  - 성취동기: 시험의 목표 점수나 꿈을 정하고 이를 달성하기 위해 계속적인 노력을 하는 자세, 무엇이든지 열심히 하고 잘 하고 싶어 하는 태도
  - 성공경험: 무언가를 완수했을 때 뿌듯함을 느끼고 공부나 일을 하고 칭찬을 받거나 친구를 잘 설득하여 내 생각을 관철시켜 기분이 좋았던 경험
  - 자신감: 자신이 어려운 상황을 극복하고 무슨 일이든 잘 해낼 수 있다는 진취적인 태도와 자신의 재능을 믿고 최선을 다하려는 태도
- 문제해결력
  - 자기관리능력: 자신의 문제는 스스로 해결하려고 노력하며 스스로 세운 목표를 잘 지키고 일상의 신변관리를 타인의 도움 없이 할 수 있는 능력
  - 문제해결능력: 문제의 원인을 여러 가지 면에서 생각해 보고 이를 해결하기 위해 정보를 모으고 구체적인 계획을 세우는 등 상황을 극복할 수 있는 능력과 자신감
  - 대인관계: 다른 사람들과 원만하게 잘 지내며 타인의 감정을 이해하려고 노력하는 자세, 갈등을 잘 해결할 수 있는 능력

✦학교적응: 학교의 일정한 조건이나 환경에 맞추어 스스로를 변화시켜 알맞게 적응하는 능력

✦학업성적: 학교에서 공부하여 이룬 성과

나. 장 기

✦자아존중감: 자기 자신에 대해 생각하고 느끼는 평가로서, 긍정적이거나 부정적인 태도로 표현되며, 자신이 능력이 있고 중요하며 또한 가치 있는 존재라고 믿는 정도

✦신체적 건강: 병이나 탈이 없이 건강하고 온전한 상태

✦아동발달

- 공동체성: 타인을 배려할 줄 알고 공동생활에 필요한 규칙을 잘 지키는 태도. 성인이 되어 자신이 사회로부터 받고 있는 것을 환원할 줄 아는 사회에 도움이 되는 사람이 되고 싶다고 생각하는 것
- 행복감: 자신이 처한 상황에 대해 만족하고 생활에서 기쁨을 느끼는 마음

✦사회적 자본: 지역사회에 자주 참여하는 모임이 있거나 자신이 어려울 때 도움을 청하거나 고민을 함께 나눌 수 있는 친구가 있는지의 여부, 친구들을 모아 어떤 일을 도모할 수 있는 능력

이상의 정의를 바탕으로 정리한 성과의 우선순위는 다음과 같다. 우선순위를 중심으로 이를 측정할 수 있는 지표가 될 만한 구체적인 행동목록을 정리하였다.

야간보호사업을 통해 빈곤방임아동들은 심리사회적 부적응 영역에서 우울불안, 사회적 위축, 공격성, 비행 등이 감소할 것으로 예상되고, 아동발달 측면에서 자기표현능력, 성취감, 문제해결력 등을 증진시킬 수 있으며 학교적응 및 성적향상 측면에서는 학업성취와 다중지능을 높이고 행동적 영역에서 출석을 잘하고 긍정적 행동(비행 감소)을 증가시킬 수 있다. 장기적으로는 행복감이 높으며 나아가 자신이 사회의 일원이라는 공동체 의식을 함양시킬 수 있다는 변화 기대(단기·장기성과)를 도출할 수 있었다. 이를 바탕으로 완성된 논리모형은 〈그림 5.4〉와 같다.

논리모형을 통해 야간보호사업을 실시함으로써 얻을 수 있는 성과들에 대해 알아보았는데 특징적인 것은 두 가지로 정리할 수 있다. 첫째, 단기성과

표 5.4 성과의 최종 우선순위

	단 기	장 기
아동의 변화	• 심리사회적 부적응 우울불안 사회적 위축 공격성 비행 • 아동발달 자기표현능력 성취감 문제해결력 • 학교적응 및 성적	• 자아존중감 • 신체적 건강 • 아동발달 공동체성 행복감 • 사회적 자본
가족/주양육자의 변화	• 양육스트레스 일상적 양육스트레스 부모역할수행 부담감 타인양육에 대한 죄책감	• 우울
야간보호교사의 변화	• 경제적 스트레스 (경제적 생활여건 개선) • 향후 취업에의 도움	• 경제적 자활

의 경우 단일척도가 많았지만 장기성과의 경우 복합척도가 많았다. 이는 장기성과는 다차원적인 측면이 성취되어야 이룰 수 있는 것이라는 점을 보여주는 것이다. 둘째, 각 성과들은 상호 영향을 주며 인과관계를 가진다. 단기성과는 장기성과와 연관이 있다. 단기성과의 달성을 통해 자아존중감, 신체적 건강, 공동체성, 행복감, 사회적 자본 등 장기성과를 증진시킬 수 있다. 이는 더 나아가 궁극적으로 빈곤방임아동이 건강한 삶의 역량을 갖추고 공동체에 대한 책임감을 발휘하는 성인으로 변화될 것이라고 보았다. 이는 가족, 야간보호교사 등 다른 참여자들도 마찬가지이다.

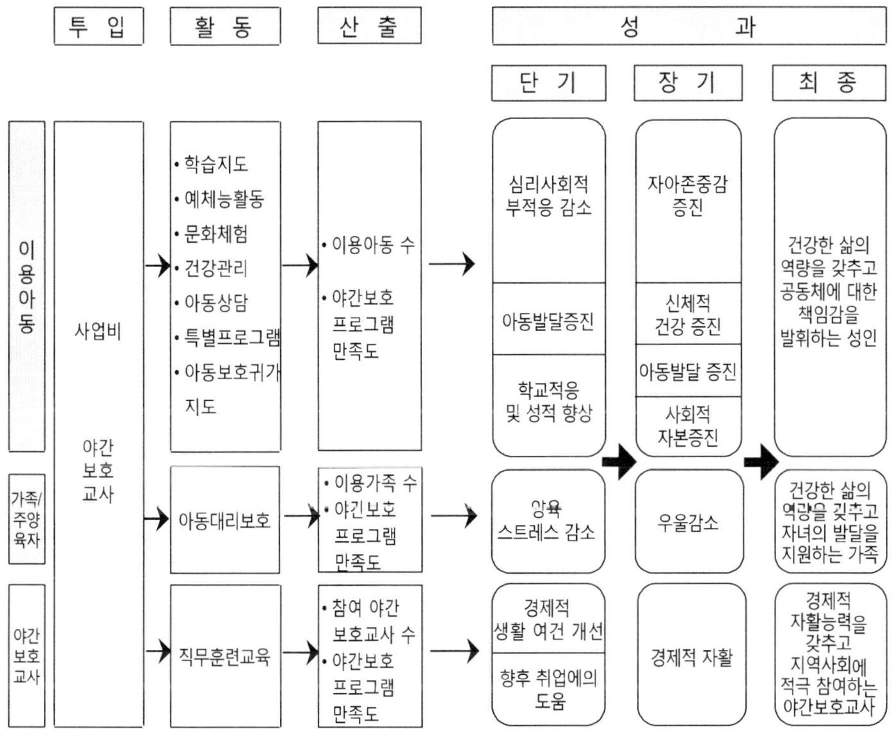

그림 5.3 최종 완성된 논리모형

제 6 장

야간보호의 양적 성과

1. 연구방법
2. 응답자의 일반적 특성
3. 야간보호사업의 현황
4. 논리모형에 따른 분석
5. 산출 및 성과 비교

1. 연구방법

(1) 조사대상 및 조사방법

2010년도 2월 기준 모금회에서 지원하는 복권기금지원 야간보호사업에 참여하는 537개 지역아동센터를 대상으로 전수조사를 실시하였다. 2010년도 2월 5일부터 각 지역아동센터에 시설장용 설문지 1부, 야간보호교사용 설문지 1부, 아동용 설문지 10부, 주양육자용 설문지 5부의 총 17부의 설문지를 회수용 봉투와 함께 우편으로 발송하였다. 1차적으로 2월 17일까지 설문지를 회수하였고, 회수되지 않은 기관에 설문응답을 요청하는 전화연락을 실시하고 2차적으로 3월 5일까지 설문지를 회수하였다. 회수되어 분석에 사용된 설문지는 시설장용 411부, 야간보호교사용 397부, 아동용 3,819부, 주양육자용 1,769부였다.

(2) 조사도구

설문지는 시설장용, 야간보호교사용, 아동용, 주양육자용의 4개 유형으로 구성되었고, 각 설문지의 내용은 다음과 같다.

표 6.1 시설장용 설문지 내용

영 역		내 용
기관특성		지역특성, 센터운영기간, 센터운영시간, 운영주체, 전체 직원현황, 전체이용아동현황(이용아동 수, 장애아동 수, 경제상황별, 가족형태별, 보호자경제활동별), 야간보호프로그램 진행여부
야간보호운영현황		야간보호운영기간, 복권기금 야간보호사업 운영현황, 야간보호이용아동 현황(이용아동 수, 장애아동 수, 경제상황별, 가족형태별, 보호자경제활동별), 야간보호프로그램 운영동기
활동	야간보호프로그램	야간보호프로그램 내용별 실시여부 및 중요도, 야간보호프로그램별 비중 순위
산출	야간보호지원사업 만족도	만족도, 만족 사유, 불만족 사유, 아동에게 도움이 되는 점, 진행시 어려운 점
성과		야간보호교사 이직률
개인적 배경		시설장 연령, 성별, 최종학력, 자격증, 지역아동센터 총근무경력, 아동복지관련 총근무경력

표 6.2 야간보호교사용 설문지 내용

영 역		내 용
근무여건		시설장과의 관계, 동료와의 관계, 근무조건 및 업무보상, 소진
야간보호운영현황		야간보호교사 역할 중요성 및 실태
활동	직무교육	직무교육 참여기회 정도
산출	야간보호지원사업 만족도	만족도, 만족 사유, 불만족 사유, 아동에게 도움이 되는 점, 진행시 어려운 점
	일자리 만족도	야간보호교사 일자리 만족도, 일자리 만족 사유, 일자리 불만족 사유
성과	단기적 성과	야간보호교사 취업 후 경제적 상황개선 정도, 향후 취업도움 정도
	장기적 성과	경제적 자활
개인적 배경		야간보호교사의 연령, 성별, 결혼상태, 월평균가구소득, 최종학력, 채용 전 취업상태, 비취업 및 취업단절 사유, 현근무기관 취업 계기 및 취업경로, 현근무기관 근무경력, 지역아동센터 총근무경력, 아동복지관련 총근무경력, 근무시간, 담당아동 수, 자격증,

표 6.3 아동용 설문지 내용

<table>
<tr><th colspan="2">영 역</th><th>내 용</th><th>척 도</th></tr>
<tr><td colspan="2">야간보호프로그램 이용현황</td><td>이용기간, 이용일, 이용시간, 야간보호프로그램 내용별 이용 순위, 야간보호프로그램 내용별 이용 욕구 순위</td><td></td></tr>
<tr><td>산출</td><td>야간보호프로그램 만족도</td><td>야간보호프로그램 전반적 만족도, 야간보호프로그램 좋은 점, 야간보호프로그램 좋지 않은 점</td><td></td></tr>
<tr><td rowspan="6">성과</td><td rowspan="4">단기적 성과</td><td>심리사회적 부적응
– 우울불안, 사회적 위축, 공격성, 비행</td><td>한국판 자기행동평가 척도(K – YSR) 사용</td></tr>
<tr><td>아동발달
– 자기표현, 성취감(낙관성, 성취동기, 성공경험, 자신감), 문제해결력(자기관리, 문제해결능력, 대인관계)</td><td>정익중 등(2008)이 개발한 척도</td></tr>
<tr><td>학교적응</td><td></td></tr>
<tr><td>성적향상</td><td>전과목 평균성적</td></tr>
<tr><td rowspan="2">장기적 성과</td><td>자아존중감</td><td>Rosenberg의 자아존중감 척도</td></tr>
<tr><td>아동발달
– 공동체성, 행복감
사회적 자본</td><td>정익중 등(2008)이 개발한 척도</td></tr>
<tr><td colspan="2">개인적 배경</td><td>연령, 성별, 학교학년</td><td></td></tr>
</table>

표 6.4 주양육자용 설문지 내용

<table>
<tr><th colspan="2">영 역</th><th>내 용</th><th>척 도</th></tr>
<tr><td>산출</td><td>야간보호프로그램 만족도</td><td>야간보호프로그램 전반적 만족도, 야간보호프로그램 만족도, 야간보호프로그램 만족 사유, 야간보호프로그램 불만족 사유</td><td></td></tr>
<tr><td rowspan="2">성과</td><td>단기적 성과</td><td>양육스트레스
– 일상스트레스
– 부모 역할수행에 대한 부담감
– 타인양육에 대한 죄책감</td><td>김기현과 강희경(1997)이 개발한 양육스트레스 척도 재구성</td></tr>
<tr><td>장기적 성과</td><td>우울</td><td></td></tr>
<tr><td colspan="2">아동의 특성</td><td>주관적 건강상태, 질병치료여부, 장애유무</td><td></td></tr>
<tr><td colspan="2">개인적 배경</td><td>성별, 연령, 결혼상태, 학력, 직업유무, 맞벌이여부, 가족형태, 가족 수, 월평균가구소득, 복지수급여부</td><td></td></tr>
</table>

(3) 분석방법

본 연구의 자료분석은 총 세 단계로 이루어졌다.

첫째, 논리모형에 따른 분석으로, 논리모형의 투입, 활동, 산출, 성과의 각 지표의 기술통계를 살펴본 후, 산출지표에 대해서 투입대비 산출, 활동대비 산출을, 성과지표에 대해서 투입대비 성과, 활동대비 성과를 각각 분석하였다. 분석을 위해 기술통계, 빈도분석, t-검증 및 ANOVA를 사용하였다.

둘째, 기관 및 이용아동의 특성에 따른 산출 및 성과분석으로, 이용아동의 야간보호프로그램 이용기간, 이용아동의 야간보호프로그램 만족도, 야간보호교사 교체횟수에 따라 성과의 차이가 있는지 비교하였다. 분석을 위해 t-검증 및 ANOVA를 사용하였다.

셋째, 성과에 영향을 미치는 요인에 대한 다층분석으로, 기관, 야간보호교사, 이용아동 및 가족/주양육자 특성 중 성과에 영향을 미치는 요인이 무엇인지 검증하였다. 검증을 위해 기관-아동의 2수준 다층자료를 분석하는 데 용이한 위계선형모형(Hierarchical Linear Model: HLM)을 사용하였다.

2. 응답자의 일반적 특성

(1) 지역아동센터의 현황

가. 지역아동센터의 일반적 특성

지역아동센터의 일반적 특성을 살펴보면, 지역형태는 대도시가 32.1%, 중소도시가 36.5%, 농산어촌이 31.4%로 나타났고, 유영주체는 51.2%가 개인이 운영하는 기관이었고, 그 다음으로 사회복지법인에서 운영하는 기관이 15.6%, 종교단체 14.8%, 재단법인 8.3% 순으로 나타났다. 개인이 운영하는 기관이 조사대상기관의 과반수를 넘는 점은 대부분의 지역아동센터가 소규모

표 6.5 지역아동센터의 일반적 특성

구 분	특성현황
지역형태	중소도시: 36.5%, 대도시: 32.1%, 농산어촌: 31.4%
운영주체	개인운영: 51.2%, 사회복지법인: 15.6%, 종교단체: 14.8% 재단/사단법인: 13.5%, 시민단체: 2.3%, 기타: 2.6%
운영일	주 5일: 63.9%, 주 6일: 28.4%, 주 7일: 7.7%
운영기간	1년 미만: 1.3% 1년~5년 미만: 42.4% 5년~10년 미만: 41.8% 10년~15년 이상: 8.7% 15년 이상: 5.8%

의 영세한 운영형태를 가지고 있음을 보여준다. 운영일은 63.9%가 주 5일 운영하였고, 주 6일 운영하는 기관은 28.4%, 주 7일 운영하는 기관은 7.7%이었다. 운영기간은 1년 이상 5년 미만인 기관이 42.4%로 가장 많았고, 5년 이상 10년 미만인 기관이 41.8%로 그 다음으로 많았다.

지역아동센터의 평균 직원 수는 법정종사자가 2.7명, 아동복지교사가 1.4명, 사회적 일자리 직원이 1.8명, 야간보호교사가 1.0명, 기타 2.3명으로 나타났다. 전체 이용아동 수는 평균 34.9명이고 이 중 장애아동수는 평균 2.9명으로 나타났다. 전체 이용아동의 현황을 가구특성에 따라 살펴보면, 경제상황별로 일반가정 아동은 9.2명, 일반가정이지만 학교중식지원자는 7.7명, 차상위가정 아동은 11.9명, 기초생활수급권가정은 12.2명으로 전체 이용아동 중 기초생활수급권 가정 및 차상위가정 아동이 전체 이용아동의 절반을 넘는 것을 알 수 있다. 가족형태별로 양부모가정 아동은 17.3명, 부자가정 아동은 5.3명, 모자가정 아동은 7.4명, 시설아동은 4.5명, 조손가정 아동은 4.0명 순으로 나타났다. 보호자의 경제활동별로는 아버지, 어머니 모두 경제활동을 하는 아동이 11.9명, 아버지만 경제활동을 하는 아동이 9.0명, 어머니만 경제활동을 하는 아동이 8.1명, 보호자가 경제활동을 하지 않는 아동이 6.7명으로 나타났다. 이러한 특성은 지역아동센터가 운영 및 설립취지에서 확인되듯이 구조적

표 6.6 지역아동센터의 일반적 특성(계속) (단위: 명, N=388)

구분			평균	표준편차
전체 직원 현황	전체		6.2	4.2
		법정종사자	2.7	2.4
		아동복지교사	1.4	0.6
		사회적 일자리(자활, 공공근로, 공익요원)	1.8	2.4
		야간보호교사	1.0	0.1
		기타	2.3	2.8
전체 이용 아동 현황	전체 이용아동 수		34.9	12.5
	전체 이용아동 수 중 장애아동 수		2.9	5.4
	경제상황별 아동 수	일반가정	9.2	7.7
		일반가정이지만 학교중식지원자	7.7	7.2
		차상위가정	11.9	8.1
		기초생활수급권가정	12.2	9.7
	가족형태별 아동 수	양부모가정	17.3	9.1
		부자가정	5.3	4.4
		모자가정	7.4	6.4
		조손가정	4.0	3.4
		친인척과 거주	1.8	1.5
		소년소녀가정	2.3	2.5
		시설아동	4.5	5.5
		기타	3.8	5.5
	보호자의 경제활동	아버지, 어머니 모두 경제활동	11.9	8.6
		어머니만 경제활동	8.1	6.3
		아버지만 경제활동	9.0	6.5
		조부모의 경제활동	2.8	2.3
		경제활동 하지 않음	6.7	6.3

결손형태를 갖는 저소득층 가구의 아동을 중심으로 운영되고 있음을 보여주고 있다.

나. 시설장의 일반적 특성

시설장의 일반적 특성을 살펴보면, 여성이 60.9%이었고, 82%가 대졸 이상이었고, 연령은 40대가 43.5%로 가장 많았다. 지역아동센터 총근무경력은 평균 5년이었고, 아동복지관련 총근무경력은 평균 7.1년으로, 시설장 중 2/3가 5년 이상의 경력을 갖고 있었다.

표 6.7 시설장의 일반적 특성 (N=386)

구 분	특성현황
성별	여성: 60.9%, 남성: 39.1%
최종학력	대졸: 46.1%, 대학원졸 이상: 35.9%, 초대졸: 16.4%, 고졸 이하: 1.6%
연령	평균 45.3세(표준편차=8.7)
지역아동센터 총근무경력	평균 5.0년(표준편차=3.3)
아동복지관련 총근무경력	평균 7.1년(표준편차=4.9)

한편 전체 시설장들이 소지하고 있는 자격증은 중복으로 응답한 결과, 전체 시설장 중 94.6%가 사회복지사 자격증을 소지하고 있었고, 41.6%는 보육교사 자격증을, 15.0%는 교사 자격증을 소지하고 있는 것으로 나타났다.

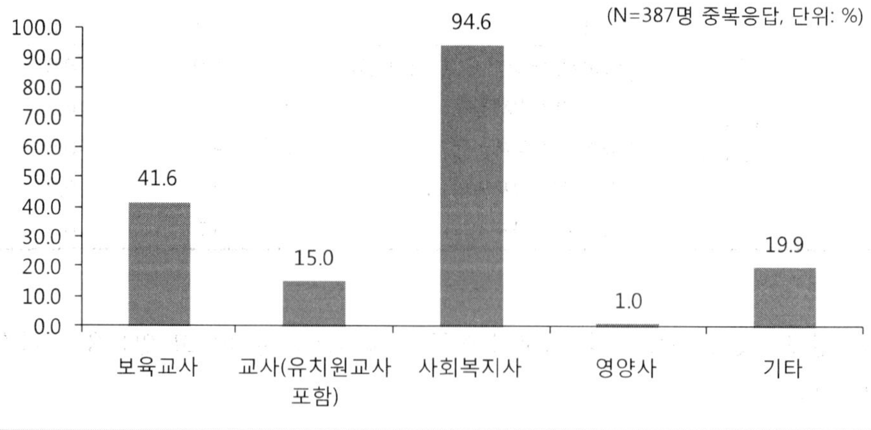

그림 6.1 시설장이 소지하고 있는 자격증

다. 야간보호교사의 일반적 특성

야간보호사업에 참여하고 있는 야간보호교사의 일반적 특성을 살펴보면, 연령 면에서 20대에서 40대까지 고른 분포를 보이고 있다. 50대 이상의 야간보호교사는 다른 연령대에 비해 다소 적은 8.9%를 차지하고 있다. 학력의 경우, 고졸 이하가 26.3%를 차지하고 73.7%가 2년제 대학 이상의 학력을 소지하고 있는 것으로 나타났다. 이는 야간보호교사의 다수가 아동보호와 관련된 전문적 지식과 기술의 습득이 가능한 일정수준 이상의 학력을 가지고 있음을 의미한다.

근무연한의 경우, 현재의 기관에서 근무한 연한이 1년 미만인 비율이 59.9%이며, 지역아동센터 및 아동복지관련 기관에서의 총근무연한이 1년 미만인 비율이 각각 57.3%와 51.7%로 나타났다. 이는 모금회의 야간보호사업을 통해 야간보호교사로 참여한 인력이 대부분임을 의미한다. 아울러 근무연한이 적은 야간보호교사를 대상으로 한 교육훈련프로그램이 강화될 필요성이 있음을 보여준다.

야간보호교사 중 대부분이 주 5일 근무를 하고 있으며, 담당아동 수는 10명~20명 사이가 가장 많은 65.9%를 차지하였다.

야간보호교사가 가장 많이 소지하고 있는 자격증은 사회복지사 자격증으로 조사대상자 중 53.7%가 소지하고 있는 것으로 나타났다. 다음으로는 34.5%가 소유하는 것으로 나타난 보육교사 자격증과 11.1%가 소유한 것으로 나타난 교사 자격증이었다. 이러한 자격증 소지비율은 야간보호교사가 일정 정도 이상의 전문적 역량을 구비한 인력으로 충원되고 있음을 보여주고 있다.

야간보호교사들 중 61.8%는 현기관에 야간보호교사로 취업하기 전에는 취업경험이 없거나 실직상태에 있었던 것으로 나타나 야간보호사업이 일자리 창출의 기능을 일정정도 수행하고 있음을 보여주고 있다. 취업의 계기와 관련하여 가구소득의 보탬이라는 경제적 이유가 가장 많은 26.9%의 응답률을 보였으며, 관련경력의 축적, 자아실현, 적성부합 등의 비경제적 이유가 다수를 차지하는 것으로 나타났다. 야간보호교사의 취업경로를 보면, 공개구인광고를 통해 취업한 경우가 35.9%이고, 추천과 소개를 통한 취업경로가 62.4%로

표 6.8 야간보호교사의 일반적 특성

구 분		N	빈 도	비율(%)	평균 (표준편차)
연령	20대	383	110	28.7	36.5세
	30대		115	30.0	(9.4)
	40대		124	32.4	
	50대 이상		34	8.9	
학력	고졸 이하	391	103	26.3	
	초대졸		110	28.1	
	대졸		173	44.2	
	대학원졸 이상		5	1.3	
현 근무기관 근무연한	6개월 미만	392	82	20.9	
	6개월 이상~1년 미만		153	39.0	
	1년 이상 2년 미만		72	18.4	
	2년 이상 3년 미만		46	11.7	
	3년 이상 5년 미만		33	8.4	
	5년 이상		6	1.5	
지역아동센터 총근무연한	6개월 미만	386	76	19.7	
	6개월 이상~1년 미만		145	37.6	
	1년 이상 2년 미만		69	17.9	
	2년 이상 3년 미만		57	14.8	
	3년 이상 5년 미만		34	8.8	
	5년 이상		5	1.3	
아동복지관련 기관 총근무연한	6개월 미만	377	71	18.8	
	6개월 이상~1년 미만		124	32.9	
	1년 이상 2년 미만		67	17.8	
	2년 이상 3년 미만		53	14.1	
	3년 이상 5년 미만		43	11.4	
	5년 이상		19	5.9	
1주 평균 근무일수	1~4일	380	9	2.4	5.0일
	5일		366	96.3	(0.4)
	6~7일		5	1.3	
담당아동 수	10명 미만	369	11	3.0	17.7명
	10명 이상 20명 미만		243	65.9	(5.2)
	20명 이상 30명 미만		104	28.2	
	30명 이상		11	3.0	

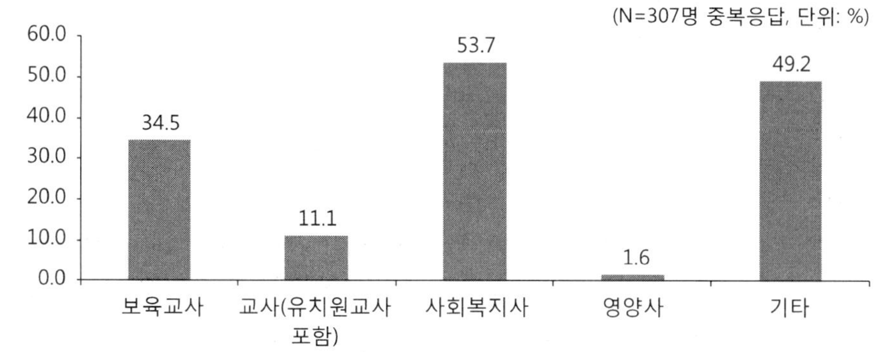

그림 6.2 야간보호교사가 소지하고 있는 자격증

나타났다. 이러한 취업경로는 지역아동센터가 대부분 소규모로 운영되기에 체계적인 채용을 수행하기 어려우며, 아동보호라는 특성상 추천과 소개를 통한 인력확보를 선호하는 것으로 보인다.

표 6.9 야간보호교사의 취업관련 특성

구 분		N	빈 도	비율(%)
현기관 채용 전 취업상태	취업경험 없음	387	79	20.4
	취업경험 있으나 10년 이상 일자리 없었음		24	6.2
	취업경험 있으나 5~10년 미만 일자리 없었음		20	5.0
	취업경험 있으나 5년 미만 일자리 없었음		116	30.0
	취업중이었으나 야간보호교사로 이직함		148	38.2
현기관 취업계기	가구 소득에 보탬이 되기 위해	391	105	26.9
	관련분야 취업을 위한 경력을 쌓기 위해		117	29.9
	자아실현을 위해		53	13.6
	아이들을 만나는 게 좋아서		102	26.1
	기타		14	3.6
현기관 취업경로	공개 구인광고	393	141	35.9
	센터 기관장 및 종사자 추천		181	46.1
	주변사람들(센터 종사자 제외)의 소개		64	16.3
	기타		7	1.8

(2) 이용자 현황

가. 이용아동의 일반적 특성

조사에 응답한 야간보호사업 이용아동의 구성비는 남아 45%, 여아 55%로 나타났다. 남자아동의 비율이 일반적인 남녀 성비보다 낮은 것으로 나타난 점은 야간보호사업의 참여를 거부하는 특성이 남자아동에게 있는 것인지 살펴볼 필요성이 있다. 야간보호의 필요성이 있음에도 야간보호사업에 참여하기 꺼리는 아동이 어쩌면 더 많은 보호와 도움을 필요로 할 수 있기 때문이다. 이용아동의 학령기 특성과 관련하여 이용아동 중 73.4%가 부모의 보호와 돌봄이 가장 필요한 시기라 할 수 있는 초등학생으로 나타났다.

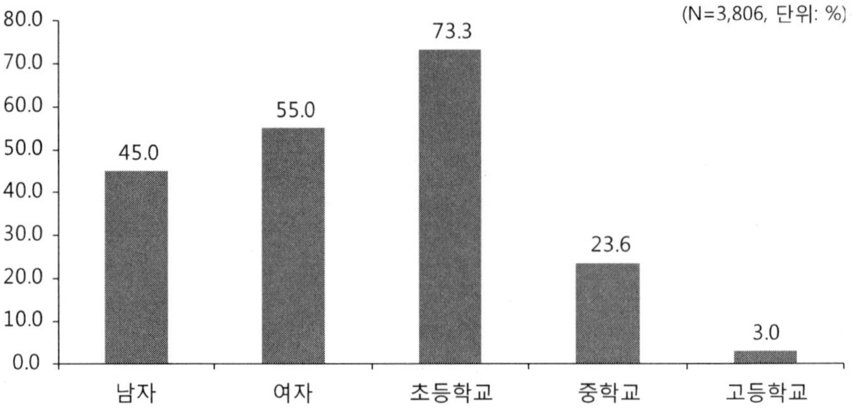

그림 6.3 이용아동의 일반적 특성

나. 주양육자의 일반적 특성

주양육자의 성별은 여성이 다수로 74.8%를 차지하고 있으며, 연령대로는 40대가 가장 많은 58.6%를 차지하는 것으로 나타났다. 주양육자의 학력으로는 고등학교 졸업이 58.5%로 가장 많았으며, 대졸 이상은 16.7%로 나타났다.

이용아동의 주양육자 중 88.6%는 부모였으며, 조부모는 6.7%, 부모의 형제자매는 1.4%로 나타났다. 하지만 주양육자가 현재 결혼상태를 유지하거나

표 6.10 주양육자의 일반적 특성

구분		N	빈도	비율(%)
성별	남자	1,755	442	25.0
	여자		1,313	74.8
연령	20대	1,573	26	1.7
	30대		467	29.7
	40대		922	58.6
	50대 이상		158	10.0
교육수준	초졸	1,720	128	7.4
	중졸		236	13.7
	고졸		1,007	58.5
	대졸 이상		288	16.7
	기타		61	3.5
아동과의 관계	부모	1,769	1,567	88.6
	조부모		118	6.7
	부모의 형제자매		22	1.4
	기타		62	3.3
결혼상태	미혼	1,728	28	1.6
	결혼		951	55.0
	재혼		43	2.5
	이혼		468	27.1
	별거		80	4.6
	사별		131	7.6
	기타		27	1.6
가족형태	양부모가족	1,769	879	49.7
	모자가족		408	23.1
	부자가족		239	13.5
	조손가족		128	7.2
	기타		72	4.1

재혼상태라고 응답한 비율은 57.5%로 나타나 지역아동센터의 이용아동 중 상당수가 가족구조의 결손을 경험하였음을 보여준다. 이는 가족형태의 응답결과와 연결되는데, 양부모동거가족은 49.7%로 나타난 데 반해 한부모가족은 36.6%, 조손가족은 7.2% 등으로 나타나 배우자 또는 부모부재를 경험하는 아동이 많음을 보여주고 있다. 이러한 결과는 저학력, 불안정고용, 배우자부재라는 특성이 지역아동센터의 이용아동가구에서 상대적으로 많이 나타나고 있음을 보여준다. 이는 결국 적절한 아동양육과 보호의 제공이 힘든 상태로 이

표 6.11 주양육자의 일반적 특성(계속)

구 분		N	빈 도	비율(%)
직업유무	있음	1,731	1,214	70.1
	없음		517	29.9
고용상태	상용직 임금근로자	866	230	26.6
	임시직 임금근로자		186	21.5
	일용직 임금근로자		192	22.2
	자영업자		122	14.1
	무급가족종사자		10	1.2
	자활 · 공공근로		78	9.0
	비경제활동		48	5.5
월평균가구소득	70만원 미만	1,471	181	12.3
	70만원~99만원		271	18.4
	100만원~129만원		378	25.7
	130만원~149만원		55	3.7
	150만원 이상		586	39.8
주거현황	자가	1,726	437	25.3
	전세		453	26.2
	월세		534	30.9
	무허가		28	1.6
	친척집		77	4.5
	기타		197	11.4
(양부모가족 중) 맞벌이여부	예	839	512	61.0
	아니오		327	39.0

어질 수밖에 없다.

주양육자 중 현재 직업이 없는 경우는 29.9%로 나타났다. 현재 직업이 있는 경우에도 59.3%의 주양육자가 상용직 임금근로자와 자영업자를 제외한 임시직, 일용직 근로자, 자활공공근로, 비경제활동상태에 있는 것으로 나타났다. 이는 야간보호사업 이용가족이 경제적으로 불안정한 형편에 놓여 있음을 보여준다. 가구소득 규모에서도 이는 다시 확인되는데, 150만원 미만의 월평균가구소득을 가지고 있는 비율이 전체 응답자 중 60%에 달하고 있다. 주거상황 역시 가구소득의 결핍과 고용상태의 불안정을 반영하고 있는데, 자가 주택을 보유한 응답자는 25.3%에 불과하며, 나머지 응답자들은 전월세, 무허가, 친척집 등에서 거주하고 있는 것으로 나타났다. 양부모가족의 경우 맞벌이를 하고 있다고 응답한 비율이 61%로 부모 모두 경제적 활동에 참여해야 하기에 자녀에 대한 보호를 제대로 제공하기 힘든 상황에 놓인 가족이 많음을 보여준다.

주양육자들은 야간보호사업을 이용하기 전에는 학원, 방과후 프로그램에 보내거나, 친인척, 이웃 등 비공식적인 지지망을 이용한 아동보호를 제공하였다고 응답했다. 이러한 보호방법을 선택한 주양육자들은 그나마 비용부담을 감당할 능력이 되거나, 도움을 제공받을 수 있는 지지망을 가지고 있는 경우

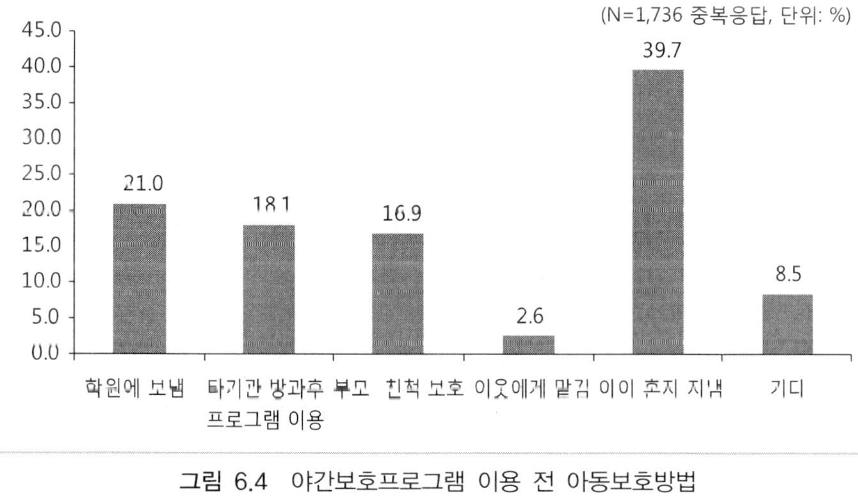

그림 6.4 야간보호프로그램 이용 전 아동보호방법

라 볼 수 있다. 그렇지 못한 경우 주양육자는 아동을 야간에 혼자 지내도록 할 수밖에 없으며, 조사결과 야간시간대 보호방임을 선택할 수밖에 없었던 주양육자는 39.7%인 것으로 나타나 10명 중 4명은 아무런 보호가 없는 상태에 아동을 방치시킨 것으로 응답했다. 따라서 야간보호지원사업은 보호제공의 사각지대에 놓여있었던 아동들에 대한 최소한의 보호지원을 가능케 했다고 볼 수 있다.

3. 야간보호사업의 현황

(1) 지역아동센터의 야간보호사업 현황

가. 지역아동센터의 야간보호프로그램 운영 현황

야간보호사업 수행기관은 사업시작 이래 지속적으로 증가하고 있는 것으로 나타났다. 382개 조사응답 지역아동센터 중 복권기금지원 야간보호사업 수혜기관은 2006년 20.5%에서 2007년 40.0%로 증가하였으며, 2009년 기준으로 46.7%의 기관이 야간보호사업의 지원을 받고 있는 것으로 나타났다. 이러

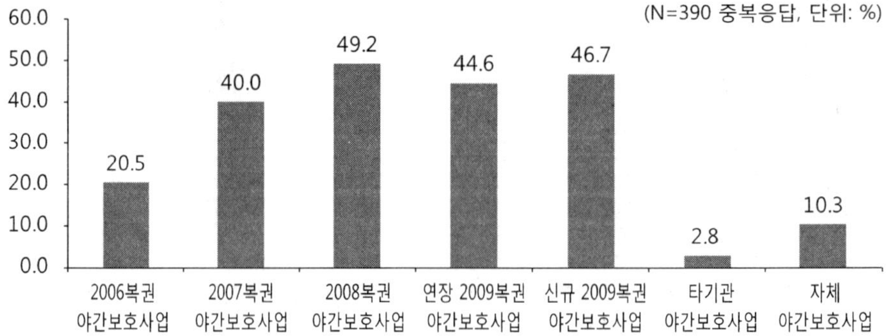

그림 6.5 야간보호사업 운영현황

표 6.12 야간보호프로그램 진행현황

구분		N	빈도	비율(%)
야간보호프로그램 진행여부	진행한다	382	357	93.5
	진행하지 않는다		25	6.5
야간보호프로그램 미진행 이유	예산부족으로 인한 재정상의 어려움	23	12	52.2
	담당인력의 부족		3	13.0
	기타		8	34.8

한 결과는 야간보호사업이 상대적으로 짧은 기간 동안 지역아동센터의 주요한 사업영역으로 자리잡고 있음을 보여주는 것이다. 아울러 야간보호사업의 특성상 지역아동센터가 가장 최적의 제공장소가 될 수 있음을 보여주는 것이라 할 수 있다.

복권기금지원 야간보호사업 수혜기관 중 2010년 현재 야간보호프로그램을 진행한다고 응답한 기관은 93.5%, 진행하지 않는다고 응답한 기관은 6.5%로 나타났다. 야간보호프로그램을 수행하지 않고 있는 기관의 경우, 사업중단 이유로 '예산부족으로 인한 재정상의 어려움'(52.2%)을 가장 많이 대답하였고, 담당인력의 부족(13.0%)이 그 다음으로 나타났다. 기타의견으로는 차기사업 공문 홍보를 받지 못하거나 연장신청 사업을 놓쳐서 미신청한 경우, 기관

표 6.13 야간보호프로그램 운영동기 (N=354, 중복응답)

구분	빈도	응답비율(%)	케이스비율(%)
야간시간대 홀로 방치된 아동의 증가	310	22.2	87.6
저소득 및 맞벌이가정 아동의 증가	267	19.1	75.4
비행 및 탈선의 위험으로부터 노출	219	15.7	61.9
결식 및 방임상태에 놓인 아동의 증가	212	15.2	59.9
야간보호프로그램에 대한 지역주민의 욕구 증대	139	9.9	39.3
야간보호프로그램을 지원받게 되어서	112	8.0	31.6
지역아동센터 아동들이 원해서	125	8.9	35.3
기타	14	1.0	4.0
합계	1,398	100.0	394.9

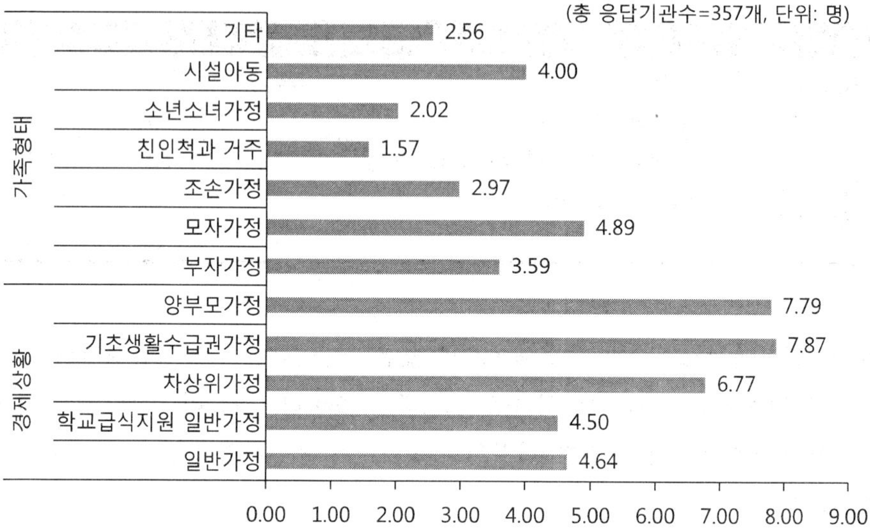

그림 6.6 야간보호프로그램 이용아동 현황

내 다른 프로그램으로 진행, 행정과다로 인한 체력손실 등이 있었다.

야간보호프로그램을 운영하고 있는 기관의 경우, 야간보호사업의 일차적 운영 동기로 야간시간대 보호사각지대에 놓인 아동에 대한 보호제공(87.6%)을 가장 많이 응답하였다. 이는 야간보호사업의 출발점이자 궁극적인 목표임을 대부분의 야간보호사업 수행기관들이 인식하고 있음을 보여준다. 저소득 및 맞벌이가정 아동의 증가, 비행 및 탈선의 위험에 노출, 결식 및 방임상태에 놓인 아동의 증가 등의 운영동기가 그 다음으로 많은 것으로 응답되었다.

야간보호프로그램 이용아동의 현황을 살펴본 결과, 이용아동 수는 평균 17.9명(표준편차=4.12)으로 나타났다. 이용아동의 가정특성과 관련하여 기초수급권가정 및 차상위가정의 아동이 다수를 차지하고 있으며, 한부모가정, 조손가정, 소년소녀가정 등 양부모가정 이외의 가정형태가 절대 다수를 차지하고 있음을 알 수 있다. 이는 야간보호사업의 주요 대상층이 저소득가족에 속하면서 구조적으로 부모의 부재를 경험하는 아동들이 다수임을 보여주는 것이다. 결국 야간보호사업의 주된 이용아동들은 부모로부터의 돌봄 결핍과 빈곤이라는 이중적 어려움을 경험하고 있음을 의미한다.

나. 야간보호교사 프로그램 제공 현황

건강한 간식 및 식사준비, 아동의 건강 및 영양상태 지도, 응급상황대처,

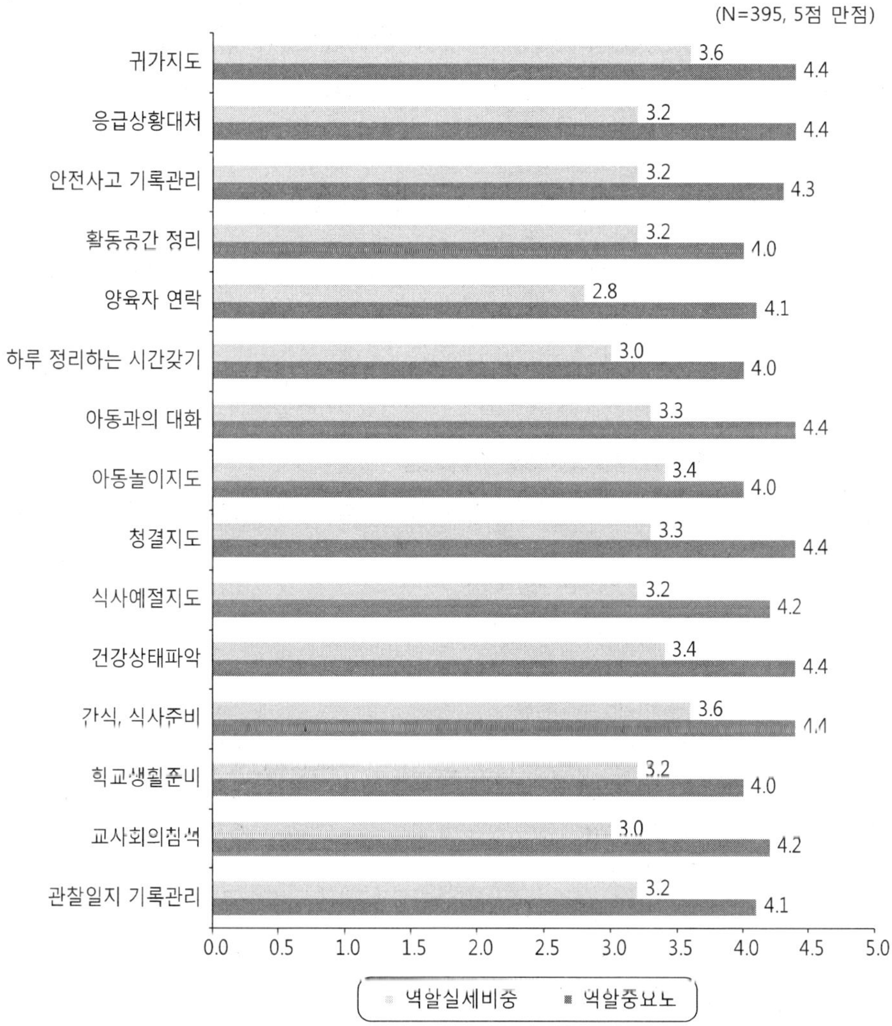

그림 6.7 야간보호교사 역할 내용별 중요도 및 실제 비중

귀가지도 등이 야간보호교사의 중요한 역할로 응답되었다. 이는 야간보호시간대에 부모가 부재한 상황에서 제공되는 서비스의 주요한 특성인 돌봄과 안전을 반영하는 결과라 할 수 있다. 아울러 이들 역할들은 야간보호교사가 실제 수행하는 비중 면에서도 높은 것으로 확인되었다. 반면 양육자 연락, 교사회의를 통한 아동상황 공유, 아동관찰일지 기록, 학교생활준비 등의 역할은 상대적으로 비중이 적은 것으로 응답하였다. 이는 야간보호교사가 개별적인 아동의 관리지도를 수행하기에는 여력이 부족하고, 주양육자와의 주기적인 연락이나 만남이 실제 어려운 점을 반영한 결과라 할 수 있다.

(2) 이용아동의 야간보호프로그램 이용현황

1년 이상 장기간 야간보호사업을 이용하고 있는 아동이 전체 이용아동 중 54.1%를 차지하고 있었고, 6개월에서 1년 미만의 기간 동안 이용한 아동 또한 28.9%인 것으로 나타났다. 이용기간이 1년을 넘는 아동이 전체 이용아

표 6.14 이용아동의 야간보호프로그램 이용현황

구분			N	빈도	비율(%)
야간보호프로그램	이용기간	3개월 미만	3,704	313	8.5
		3개월 이상~6개월 미만		317	8.6
		6개월 이상~1년 미만		1,070	28.9
		1년 이상~2년 미만		836	22.6
		2년 이상~3년 미만		557	15.0
		3년 이상		611	16.5
	이용일	주 1일~2일	3,692	229	6.2
		주 3일~4일		578	15.7
		주 5일 이상		2,885	78.1
	1일 이용시간	1시간~2시간 미만	3,709	504	13.6
		2시간~3시간 미만		805	21.7
		3시간~4시간 미만		840	22.6
		4시간~5시간 미만		686	18.5
		5시간 이상		874	23.6

동 중 절반을 넘고 있다는 점은 야간시간대의 부모부재가 단기간에 걸쳐 해결되기는 어려운 문제라는 점을 말해주는 것이다. 이와 관련해 이용아동의 93.8%는 일주일에 3일 이상 야간보호프로그램을 이용하고 있으며, 1일 이용시간 또한 3시간 이상 이용하는 아동이 64.7%에 달했다는 점도 야간보호사업의 지속필요성을 보여준다.

아동들이 야간보호사업을 통해 주로 제공받는 서비스 유형으로는 학습활동이 가장 많은 47.4%로 나타났다. 이는 자녀의 학습활동 관리지원에 대한 부모의 강한 욕구를 반영한 것으로 보여진다. 하지만 아동들은 학습활동보다는 문화체험(27.0%), 예체능활동(25.9%) 등 다양한 활동에 대한 욕구를 보이고 있었다. 이러한 결과는 학습활동에 주력하기를 희망하는 부모 또는 기관의 기대와 다양한 체험활동을 희망하는 아동의 욕구간에 조화를 이루는 프로그램 구성이 필요함을 보여준다.

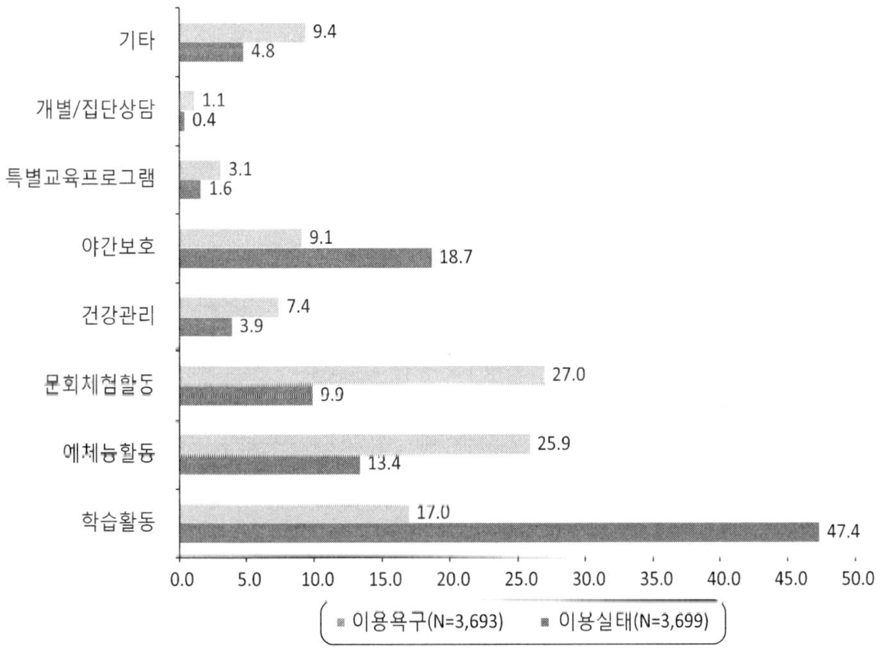

그림 6.8 야간보호프로그램 중 가장 많이 이용하는 프로그램과 이용하고 싶은 프로그램

4. 논리모형에 따른 분석

본 연구에서는 프로그램의 활동이 결과를 산출하고 성과로 이어지는 논리적인 연결관계를 나타내는 논리모형에 따라 야간요보호아동통합지원사업(이하 야간보호사업)의 효과를 분석하였다. 논리모형은 크게 투입-활동-산출-성과(단기적 성과/장기적 성과)의 네 가지 요소로 구성되어 있고, 각 구성요소에 따라 현황 및 성과를 분석한 결과를 제시하였다.

(1) 투입: 야간보호교사

논리모형에서 '투입'이란 과업을 달성하기 위해 투입되는 자원을 의미한다. 야간보호사업은 지역사회 저소득층 방임아동 및 장애아동에 대한 안전한 야간보호와 저소득층에 대한 지속가능한 안정적인 일자리 제공을 주된 목적

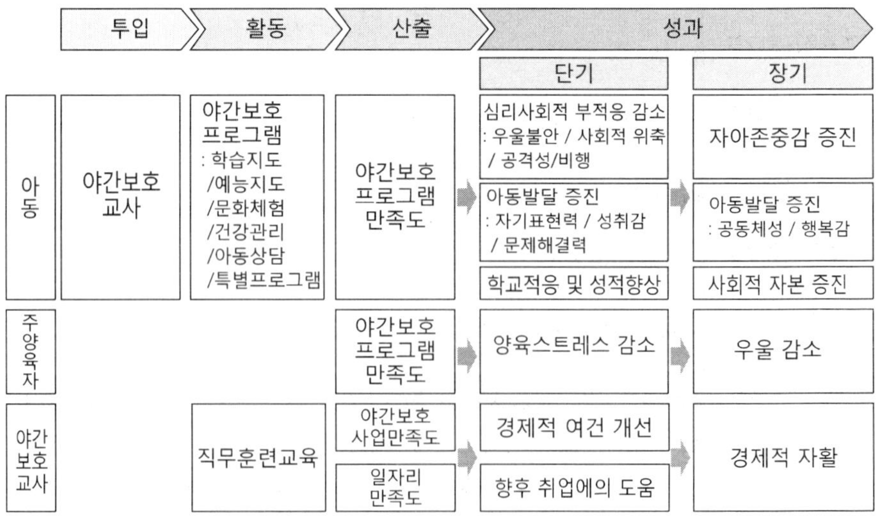

그림 6.9 분석모형

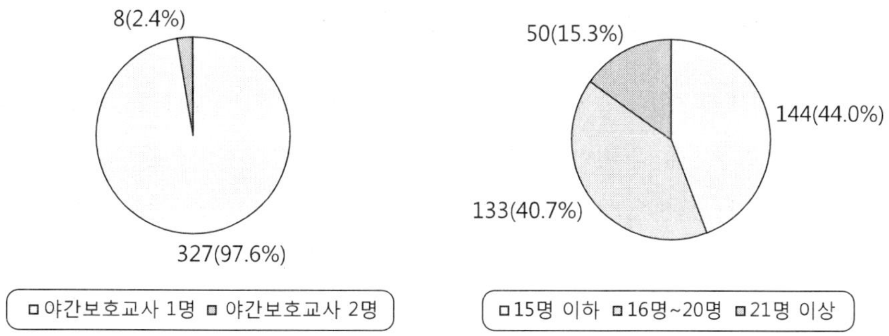

그림 6.10 야간보호교사 수 및 야간보호교사 1인당 담당아동수별 기관분포

으로 하고 있다. 따라서 이러한 과업을 달성하기 위해 야간보호교사가 주요한 인적자원으로 투입되어 이용아동을 대상으로 야간보호프로그램이 진행되었다고 할 수 있다.

대부분의 기관(327개소, 97.6%)에서 야간보호프로그램을 담당하고 있는 야간보호교사 수가 1명인 것으로 나타났다. 투입은 야간보호교사 1명으로 대부분의 기관이 동일하지만, 야간보호교사가 담당하고 있는 아동 수는 기관마다 3명에서 40명까지 다양하였다. 따라서 기관에 따른 투입의 차이를 보기 위해, 야간보호교사 1인당 담당하고 있는 아동 수에 따라 기관을 아동 수 15명 이하인 기관, 16명 이상 20명 이하인 기관, 21명 이상인 기관의 세 개 집단으로 구분하였다. 이를 아동 1인당 투입된 야간보호교사 수로 역으로 계산하면 각각 야간보호교사 0.065명 이상, 0.05명 이상 0.065명 미만, 0.05명이 투입된 것으로 볼 수 있다.

야간보호교사 1인당 담당아동수별 기관분포를 살펴본 결과, 15명 이하인 기관이 응답 기관의 44.0%, 16명 이상 20명 이하인 기관이 40.7%, 21명 이상인 기관이 15.3%인 것으로 나타났다.

(2) 활동: 야간보호프로그램 및 직무교육

논리모형에서 '활동'이란 서비스 제공에 투입되는 구체적인 활동들, 즉 개입이나 프로그램을 의미한다. 야간보호사업이 야간보호교사를 투입하여 개입할 수 있는 활동은 앞서 살펴본 두 가지 목적에 따라 구별된다. 하나는 방임아동의 야간보호를 위해 아동이 야간보호프로그램의 내용을 수행하는 활동이고, 다른 하나는 안정적인 일자리 제공을 위한 야간보호교사의 직무교육 활동이다. 본 연구에서는 아동의 프로그램 이용을 측정하기 위해 실제 기관에서 제공하는 야간보호프로그램의 내용과 실시를 중심으로 살펴보고, 야간보호교사의 직무교육은 직무교육 참여기회 정도로 측정하였다.

가. 기관의 야간보호프로그램 제공 및 아동의 이용

야간보호프로그램을 제공하는 기관들은 응답 기관의 95% 이상이 학습활동, 예체능활동, 문화체험활동, 건강관리, 아동개별 및 집단상담을 제공하는 것으로 나타났고, 90% 이상이 아동보호, 부모교육 및 상담 프로그램을 제공하는 것으로 나타났다. 바꾸어 말하면, 야간보호프로그램을 이용하는 대부분의 아동이 학습활동, 예체능활동, 문화체험활동, 건강관리, 아동 개별 및 집단

표 6.15 실시하고 있는 야간보호프로그램 내용 및 중요도

구 분	N	실시 유무		프로그램 중요도	
		실시 빈도	비율(%)	평균	표준편차
학습활동	348	343	98.6	4.17	0.84
예체능활동	341	329	96.5	4.04	0.80
문화체험활동	337	320	95.0	4.14	0.81
건강관리	334	319	95.5	4.38	0.74
아동 개별 및 집단상담	340	328	96.5	4.30	0.77
특별프로그램	329	285	86.6	4.19	0.78
특별한 활동이 없는 돌봄	316	289	91.5	4.30	0.83
부모교육 및 상담	332	307	92.5	4.19	0.74
기타	56	50	89.3	4.48	0.79

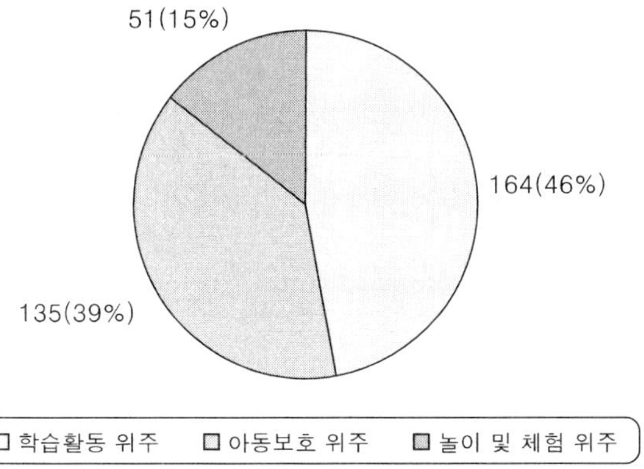

그림 6.11 야간보호프로그램 항목별 비중에 따른 기관 분포

상담, 아동보호, 부모교육 및 상담 등의 프로그램을 이용하는 것을 알 수 있다. 또한 야간보호프로그램의 중요도는 모든 프로그램이 4.0점 이상으로 중요하다고 인식되고 있었는데, 특히 건강관리가 4.38점으로 가장 중요도가 높았고, 그 다음으로 특별한 활동이 없는 돌봄과 아동 개별 및 집단상담이 4.30점으로 중요도가 높았다.

야간보호프로그램 중 기관에서 가장 많이 시간을 투입하는 순위를 조사한 결과, 학습활동이 가장 많이 진행된다고 1순위로 응답한 기관의 비율이 43.2%, 특별한 활동이 없는 돌봄이 가장 많이 진행된다고 응답한 기관의 비율이 35.3%로 나타났고, 그 외 예체능활동이 11.0%로 나타났다. 이에 1순위 응답을 기준으로 야간보호프로그램 항목별 비중에 따라 학습활동을 위주로 하는 기관, 아동보호를 위주로 하는 기관, 예체능활동과 문화체험활동 등 놀이 및 체험을 위주로 하는 기관 등 세 집단으로 구분하였다. 건강관리, 아동 개별 및 집단상담, 특별프로그램, 부모교육, 기타 등의 프로그램을 1순위로 응답한 기관 35개(9.2%)는 집단 구분 및 분석에서 제외하였다. 그 결과 각 집단에 속하는 기관의 비율이 각각 42.6%, 35.1%, 13.2%로 나타났다.

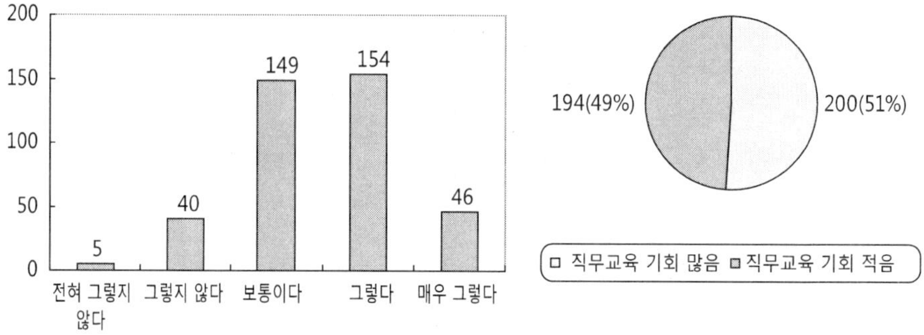

그림 6.12 야간보호교사가 인식한 기관의 직무교육 참여기회 정도에 따른 기관 분포

나. 야간보호교사의 직무교육 참여기회

야간보호 직무를 수행하는 과정에서 워크숍이나 세미나 등의 재교육 프로그램에 참여할 기회가 많은지에 대해 야간보호교사가 인식하고 있는 바를 '전혀 그렇지 않다(1점)'에서 '매우 그렇다(5점)'까지 5점 척도로 조사하였다. 그 결과 평균이 3.50점으로 비교적 높았고 '그렇다' 또는 '매우 그렇다'라고 응답한 비율이 50.8%로 절반 정도로 나타났다.

직무교육 참여기회 정도에 대해 '그렇다'와 '매우 그렇다'로 응답한 경우를 '직무교육 참여기회 많음'으로 분류하고, '보통이다', '그렇지 않다', '전혀 그렇지 않다'로 응답한 경우를 '직무교육 참여기회 적음'으로 재분류하였다. 그 결과 직무교육 참여기회가 많은 기관에 속한 야간보호교사와 직무교육 참여기회가 적은 기관에 속한 야간보호교사가 각각 50.8%, 49.2%로 나타났다.

(3) 산출: 야간보호 만족도

논리모형에서 산출은 사업 활동의 직접적인 산물로, 사업이 계획한 대로 대상자의 참여가 있었는지, 프로그램의 질은 어떠했는지를 의미한다. 본 연구에서 산출은 이용아동과 주양육자 차원에서의 야간보호프로그램 만족도, 야간보호교사 차원에서 야간보호사업 만족도 및 야간보호 일자리 만족도로 측정하였다. 이용아동의 경우, 프로그램의 질, 내용, 도움정도, 전체적 만족도, 지속적 참여의도 등 다양한 측면에서 측정한 야간보호프로그램 만족도는 5점 기준으로 평균 3.09점으로 비교적 높은 편이었다.

야간프로그램의 만족스러운 점을 조사한 결과, 전체 응답 아동의 1/3이 '학습, 예체능, 문화체험 등 다양한 활동을 경험할 수 있어서(32.3%)' 야간보호프로그램이 좋다고 응답하였다. 그 외 야간보호프로그램의 좋은 점으로 '늦은 시간에 혼자 지내지 않아도 됨(29.6%)', '또래 친구들과 함께 지낼 수 있어

표 6.16 이용아동이 인식한 야간보호프로그램의 가장 좋은 점과 좋지 않은 점

구 분		빈 도	응답비율(%)	케이스비율(%)
야간보호프로그램의 좋은 점(N=3,635, 중복응답)				
	없음	14	0.4	0.4
	늦은 시간 혼자 집에 있지 않아도 됨	1,075	26.9	29.6
	학습, 예체능, 문화체험 등 다양한 활동을 경험할 수 있어서	1,174	29.4	32.3
	학교숙제나 준비물 등을 챙겨주시기 때문에	137	3.4	3.8
	저녁급식이나 간식을 먹을 수 있어서	393	9.8	10.8
	또래 친구들과 함께 지낼 수 있어서	777	19.5	21.4
	학습지도를 통해 성적이 오르고 공부에 자신감이 생겨서	292	7.3	8.0
	기타	130	3.3	3.6
	합 계	3,992	100.0	109.9
야간보호프로그램의 좋지 않은 점(N=3,612, 중복응답)				
	없음	748	20.7	21.0
	프로그램이 재미없고 즐겁지 않음	319	8.8	9.0
	저녁급식이나 간식이 맘에 들지 않음	115	3.2	3.2
	담당하는 선생님이 부족함	412	11.4	11.6
	프로그램이 끝난 후 혼자 집에 돌아가야 함	416	11.5	11.7
	거의 매일 똑같은 프로그램만 진행함	1,051	29.1	29.5
	기타	551	15.3	15.5
	합 계	3,612	100.0	101.5

서(21.4%)' 순으로 나타났다. 야간보호프로그램이 만족스러운 이유의 기타 의견으로는 시간 때우기, 심심하지 않아서, 재미있어서, 선생님이 좋아서, 공부할 수 있는 여건 등이 있었다. 야간보호프로그램이 요보호아동에 대해 기본적인 야간보호뿐 아니라 다양한 활동 및 또래관계가 이루어지는 공간으로 기능하고 있음을 알 수 있다.

한편 야간보호프로그램이 불만족스러운 점으로는 '없다'고 응답한 비율이 21.0%였고, '거의 매일 똑같은 프로그램만 진행함(29.5%)', '프로그램이 끝난 후 혼자 집에 돌아가야 함(11.7%)', '담당하는 선생님이 부족함(11.6%)' 순으로 나타났다. 기타 응답 중에는 학습활동이 너무 많다, 늦게까지 있느라 피곤하고 졸리거나 힘들다, 친구가 없거나 왕따를 당한다, 형들이 욕하거나 때린다, 집에 너무 늦게 가거나 집에 가는 길이 무섭다는 등의 응답이 많았다. 다양한 프로그램에 대한 욕구, 밤늦은 시간의 귀가지도에 대한 욕구가 높음을 알 수 있다.

가. 주양육자

주양육자의 야간보호프로그램 만족도는 평균 3.4점으로 비교적 높은 편이었다. 야간보호프로그램이 도움이 되는 점에 대한 주양육자의 인식을 살펴본 결과, 전체 응답자 중 절반 정도인 47.3%가 '아동을 안전하게 보호'하는 것이 도움이 된다고 응답하였다. 또한 '양육자가 안심하고 경제활동을 할 수 있게 지원'하는 점이 도움된다는 응답이 41.7%로 나타났다. 즉, 양육자 입장에서 야간보호프로그램의 본래의 취지인 아동의 보호와 양육자의 양육스트레스 감소에 효과가 있다고 인식하는 것을 볼 수 있다.

한편 야간보호프로그램에 대해 개선하거나 보완할 점에 대해서는 '다양한 프로그램 진행'이 42.3%로 가장 많았고, '담당인력 증대'가 18.3%, '전문적인 실무자 확보'가 17.8%로 나타났다. 담당인력 확보를 통한 다양한 프로그램과 전문적인 서비스 제공에 대한 욕구가 높음을 확인할 수 있다.

표 6.17 주양육자의 야간보호프로그램이 도움되는 점

구 분	빈 도	응답비율(%)	케이스비율(%)
야간보호프로그램이 도움되는 점(N=1,745, 중복응답)			
양육자가 안심하고 경제활동을 할 수 있게 지원	728	26.6	41.7
아동을 안전하게 보호	825	30.1	47.3
비행 및 탈선으로부터 아동보호	347	12.7	19.9
학습능력향상	446	16.3	25.6
아동의 인성 및 사회성 향상	367	13.4	21.0
기타	24	0.9	1.4
합 계	2,737	100.0	156.9
야간보호프로그램의 개선 및 부완점(N=1,687, 중복응답)			
야간보호프로그램 운영시간 연장	126	6.5	7.5
다양한 프로그램 진행	822	42.3	48.7
전문적인 실무자 확보	347	17.8	20.6
담당인력 증대	356	18.3	21.1
신속하고 안전한 귀가지도 실시	172	8.8	10.2
기타	121	6.2	7.2
합 계	1,944	100.0	115.3

나. 야간보호교사

야간보호교사의 만족도는 야간보호지원사업의 만족도와 야간보호 일자리의 만족도로 구분하여 살펴보았다. 우선 야간보호교사가 인식한 야간보호지원사업의 만족도는 5점 기준에 평균 3.93점으로 매우 높은 수준으로 나타났다. '대체로 만족'이라고 응답한 비율이 50.5%, '매우 만족'이라고 응답한 비율이 24.6%로 응답자 4명 중 3명 이상이 만족하는 것으로 나타났다.

만족도가 '보통' 이상인 응답자만 대상으로 야간보호지원사업에 대해 만족하는 내용을 분석한 결과, '지원금액이 적절하다'가 29.2%로 가장 많았고, '인력지원이 좋다'(22.7%), '프로그램에 대한 컨설팅을 해준다'(21.3%) 순으로 나타났다. 한편 불만족한다고 응답한 경우, 불만족 내용으로는 '지원금액이 적다'가 37.5%, '인력지원이 불만족스럽다'가 31.3%로 나타났다. 지원금액과

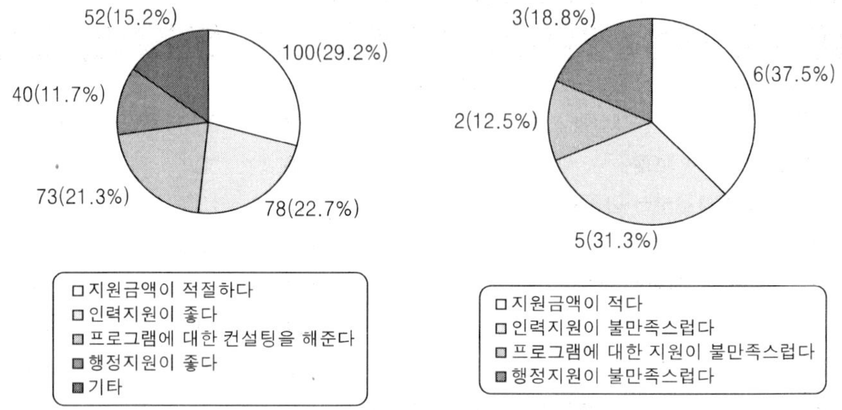

그림 6.13 야간보호교사가 인식한 야간보호지원사업 만족 및 불만족 사유

인력지원 요인은 야간보호지원사업의 수행기반이 된다는 점에서 주된 만족 사유로 응답되지만 동시에 불충분하고 불안정한 지원은 주된 불만족 사유가 되고 있음을 알 수 있다.

야간보호교사 입장에서 야간보호프로그램이 아동에게 어떤 측면에서 도움이 되는지를 조사한 결과, 절반 정도가 '비행 및 탈선으로부터 아동보호(47.7%)' 측면에서 도움이 된다고 응답하였고, '아동의 심리정서적 안정 도모'

표 6.18 야간보호교사가 인식한 야간보호프로그램이 아동에게 도움되는 점

(N=394, 중복응답)

구 분	빈 도	응답비율(%)	케이스비율(%)
비행 및 탈선으로부터 아동보호	188	27.7	47.7
아동의 신체적 건강 도모	46	6.8	11.7
아동의 심리정서적 안정 도모	182	26.8	46.2
아동의 학습능력 향상	107	15.8	27.2
아동의 학교적응력 향상	24	3.5	6.1
아동의 인성 및 사회성 향상	128	18.9	32.5
기타	4	0.6	1.0
합 계	679	100	172.4

표 6.19 야간보호교사가 인식한 야간보호프로그램 진행시 어려운 점 (N=389, 중복응답)

구 분	빈 도	응답비율(%)	케이스비율(%)
예산부족으로 인한 재정상의 어려움	57	9.2	14.7
담당인력의 부족	81	13.0	20.8
근무시간이 길다	10	1.6	2.6
너무 늦은 시간까지 근무해야 함	120	19.3	30.8
낮은 보수	111	17.8	28.5
대상아동 모집 및 발굴의 어려움	13	2.1	3.3
자원봉사자 확보의 어려움	67	10.8	17.2
전문화, 내실화된 프로그램 진행의 어려움	134	21.5	34.4
귀가지도의 어려움	17	2.7	4.4
기타	12	1.9	3.1
합 계	622	100	159.8

가 46.2%, '아동의 인성 및 사회성 향상'이 32.5% 순으로 도움이 된다고 응답하였다. 야간보호교사들은 야간보호프로그램이 대체로 아동의 심리사회적 적응 측면에서 도움이 된다고 인식하고 있음을 알 수 있다.

야간보호프로그램 진행시 어려운 점으로는 '전문화, 내실화된 프로그램 진행의 어려움'이 34.4%, '너무 늦은 시간까지 근무해야 함'이 30.8%, '낮은 보수'가 28.5%로 나타났다. 전문적인 프로그램 진행을 위한 전문성 증진, 근무조건 개선에 대한 욕구가 높음을 확인할 수 있다.

다음으로 야간보호교사의 일자리 만족도는 5점 기준에 평균 3.59점으로 매우 높은 수준으로 나타났다. 야간보호교사의 일자리 만족 사유를 조사한 결과, '업무내용이 만족스러움'이 49.9%로 야간보호교사의 절반이 업무내용 때문에 일자리에 대해 만족하는 것으로 나타났고, '전문적 경력을 쌓을 수 있음'이 27.5%, '일정한 소득발생'이 25.1%로 나타났다.

한편 일자리 불만족 사유로는 '낮은 보수'가 44.2%, '일자리 지속성 부족'이 33.7%, '늦은 시간까지 근무'가 30.3%로 나타났다. 일의 내용이나 소득발생 여부, 전문적 경력 확보 등 야간보호교사가 향후 지속적인 일자리로서의

표 6.20 야간보호교사의 일자리 만족 사유 (N=363, 중복응답)

구 분	빈 도	응답비율(%)	케이스비율(%)
일정한 소득발생	91	19.5	25.1
전문적 경력을 쌓을 수 있음	100	21.5	27.5
향후 취업에 도움이 됨	40	8.6	11.0
업무내용이 만족스러움	181	38.8	49.9
전문교육 제공	50	10.7	13.8
기타	4	.9	1.1
합 계	466	100	128.4

표 6.21 야간보호교사의 일자리 불만족 사유 (N=294, 중복응답)

구 분	빈 도	응답비율(%)	케이스비율(%)
일자리 지속성 부족	99	26.8	33.7
늦은 시간까지 근무	89	24.1	30.3
낮은 보수	130	35.1	44.2
기관 소속감 부재	21	5.7	7.1
업무내용이 불만족스러움	10	2.7	3.4
기타	21	5.7	7.1
합 계	370	100	125.9

가능성이 있음을 엿볼 수 있지만, 급여와 고용안정성 부분에서는 개선이 이루어져야 함을 알 수 있다.

(4) 성과

논리모형에서 성과란 사업의 결과로 의도하였던 변화가 일어나고 있는가를 의미한다. 야간보호사업을 통해 아동에게 야간보호프로그램이 제공되고 야간보호교사에게 직무교육을 통해 안정적인 일자리가 제공된다면 아동과 야간보호교사에게 단기적, 장기적인 변화가 일어날 것으로 가정하는 것이다.

가. 이용아동

본 연구에서는 이용아동의 단기적 성과로 ① 심리사회적 부적응 감소, ② 아동의 발달 증진, ③ 학교적응 및 성적향상의 세 가지를 설정하였고, 장기적 성과로 ① 자아존중감 증진, ② 아동의 발달 증진(공동체성, 행복감), ③ 아동의 사회적 자본 증진의 세 가지를 설정하였다.

우선 단기적 성과지표 중 심리사회적 부적응을 살펴보면, 5점 기준으로 우울불안이 평균 2.13점, 사회적 위축이 평균 1.88점, 공격성이 평균 1.76점, 비행이 평균 1.6점으로 비교적 낮게 나타났다. 심리사회적 부적응의 네 차원 중 우울불안이 상대적으로 높았다.

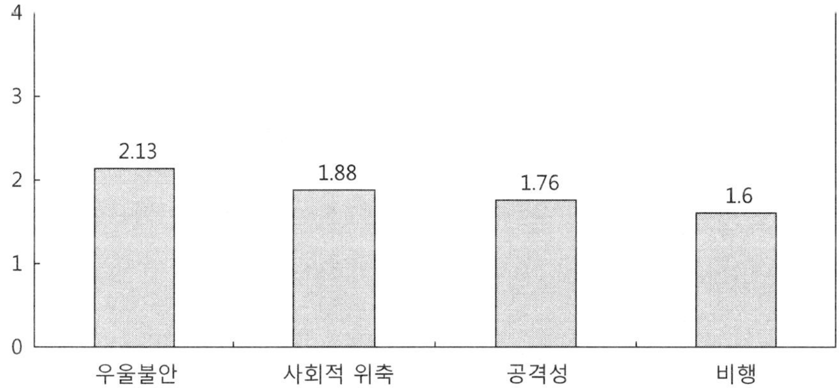

그림 6.14 이용아동의 심리사회적 부적응

이용아동의 단기적 발달지표를 살펴보면, 4점 기준에 낙관성, 성취동기, 성공경험, 자신감이 3점 이상으로 비교적 높게 나타난 반면, 자기표현, 자기관리, 문제해결능력, 인간관계 점수가 상대적으로 낮게 나타났다. 단기적 발달의 여러 차원 중 특히 칭찬받거나 뭔가 열심히 했을 때 기분이 좋아지는 등 성공경험의 점수가 상대적으로 가장 높았다. 학교적응은 4점 기준에 평균 3.03점으로 비교적 높게 나타났고, 성적은 5점 기준에 3.22점으로 보통 수준으로 나타났다.

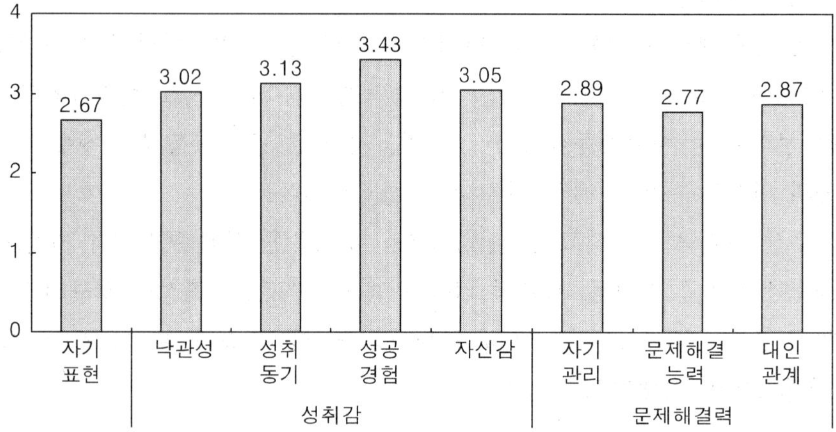

그림 6.15 이용아동의 단기적 발달

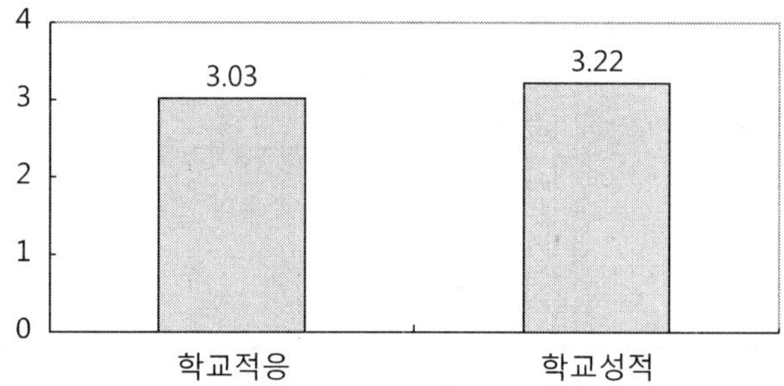

그림 6.16 이용아동의 학교적응 및 성적향상

아동의 장기적 성과지표 중 자아존중감을 살펴보면, 5점 기준에 3.59점으로 '보통'보다 높은 것으로 나타났다. 아동의 장기적 발달을 나타내는 지표인 공동체성과 행복감은 4점 기준에 각각 평균 2.95점, 2.76점으로 중간보다는 약간 높은 수준으로 나타났다. 한편 어려울 때 도울 수 있는 사람이 있는지를 파악하기 위한 사회적 자본은 4점 기준에 2.86점으로 나타났다.

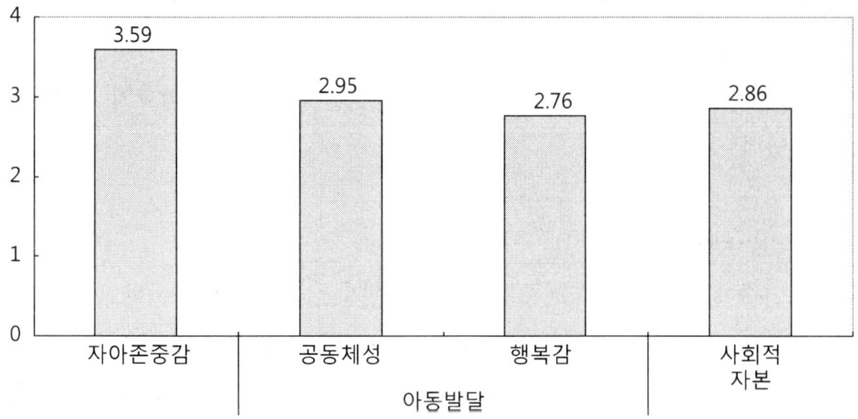

그림 6.17 이용아동의 장기적 성과지표

나. 주양육자

본 연구에서는 주양육자의 단기적 성과로는 양육스트레스 감소를, 장기적 성과로는 우울수준 감소를 설정하였다. 단기적 성과지표인 양육스트레스는 5점 기준에 평균 2.9로 '보통' 이하로 낮게 나타났다. 특히 양육스트레스의 세 차원 중 타인양육에 대한 죄책감이 2.7점으로 가장 낮은 반면, 아이 돌보

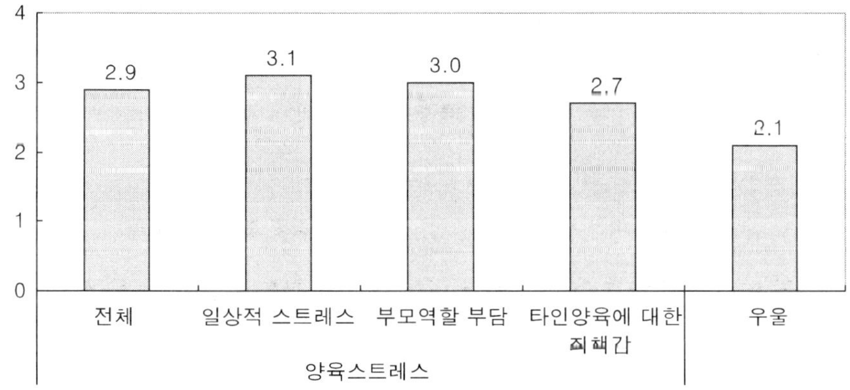

그림 6.18 주양육자의 양육스트레스 및 우울

는 것이 육체적, 정서적으로 힘듦을 의미하는 일상적 스트레스가 가장 높은 것으로 나타났다.

장기적 성과지표인 우울은 4점 기준에 평균 2.1점으로 비교적 낮은 것으로 나타났다.

다. 야간보호교사

본 연구에서 야간보호교사의 단기적 성과로는 ① 경제적 여건 개선, ② 향후 취업에의 도움을, 장기적 성과로는 경제적 자활을 설정하였다. 하지만 경제적 자활을 정확하게 측정하기가 어렵기에 본 보고서에서는 단기적 성과에 대해서만 분석하였다.

야간보호교사 취업 이후 경제적 상황이 좋아졌는지를 묻는 경제적 여건 개선은 5점 기준에 평균 2.98점으로 '보통' 이하로 낮게 나타난 반면, 야간보호교사 활동이 향후 취업에 도움이 될 것인지를 묻는 향후 취업에의 도움 정도는 5점 기준에 평균 3.97점으로 비교적 높게 나타났다.

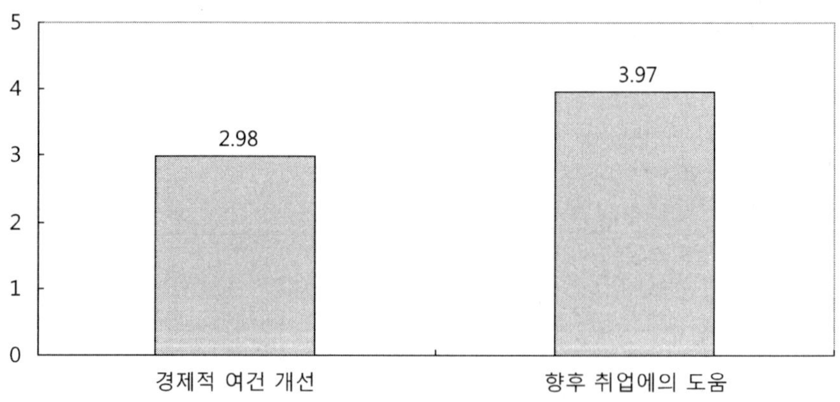

그림 6.19 야간보호교사의 경제적 여건 개선 및 향후 취업에의 도움 정도

(5) 투입, 활동, 산출, 성과의 관계

가. 야간보호교사의 담당아동 수에 따른 산출 및 성과 차이

투입대비 산출 및 성과, 즉 야간보호교사 담당아동 수 집단구분에 따라 야간보호프로그램에 대한 만족도 및 성과에 어떤 차이가 있는지를 분석하였다. 그 결과 야간보호교사 1인당 아동 수가 많을수록 직접적인 서비스 이용자인 아동의 만족도를 떨어뜨리는 것으로 나타난 반면, 야간보호교사 1인당 담당아동 수는 주양육자와 야간보호교사의 만족도와는 관련이 없는 것으로 나타났다. 또한 담당아동 수는 아동의 성취감, 문제해결력 등 단기적 발달산물과 학교적응, 자아존중감과는 일정 정도의 관련성을 보인 반면, 심리사회적 부적응과 장기적 발달산물, 사회적 자본의 성과에는 유의미한 관련성을 보이지 않았다.

구체적으로 살펴보면, 이용아동의 야간보호프로그램 만족도는 아동을 21

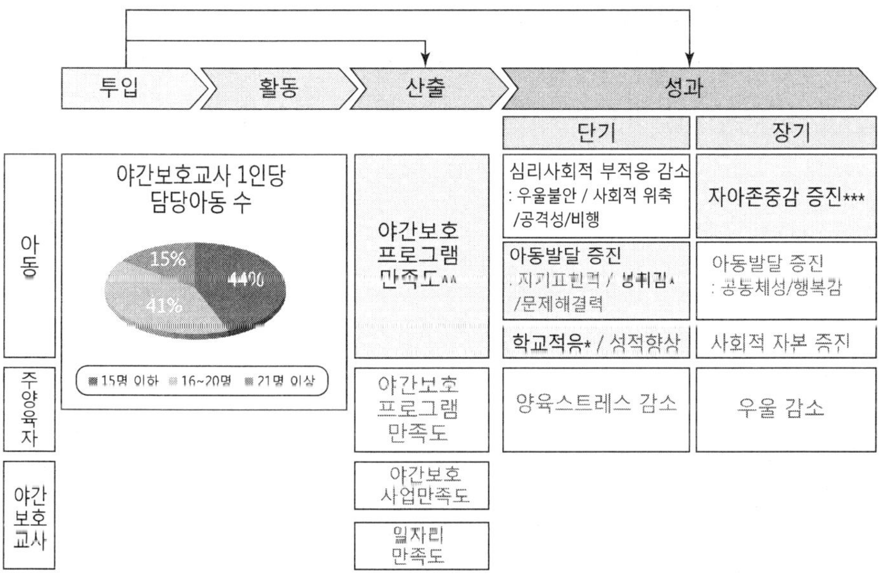

그림 6.20 야간보호교사 담당아동 수에 따른 산출 및 성과 차이

명 이상 담당하는 집단이 다른 두 집단에 비해 통계적으로 유의하게 낮은 것으로 나타났다. 즉, 야간보호교사 1인당 담당아동 수가 21명 이상으로 많을 경우 20명 이하인 경우에 비해 야간보호프로그램 만족도가 낮았다. 이는 $p<.01$ 수준에서 통계적으로 유의하였다.

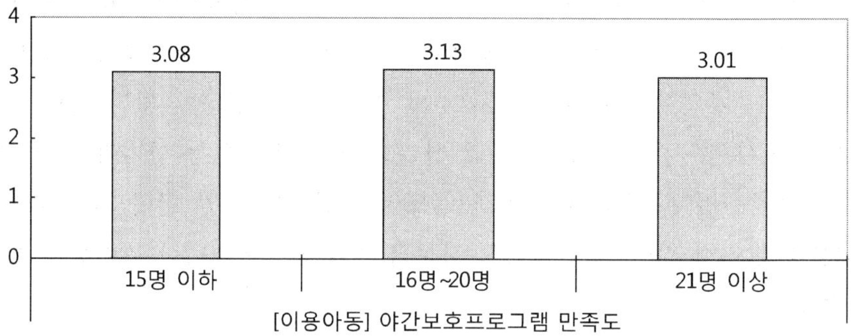

그림 6.21 야간보호교사의 담당아동 수(투입)에 따른 만족도(산출) 차이

주양육자의 야간보호프로그램 만족도는 야간보호교사 1인당 담당아동 수에 따라 유의한 차이가 없는 것으로 나타났다. 주양육자의 입장에서 야간보호제공 자체에 대한 만족도가 매우 높은 편이기 때문에 담당아동 수에 따른

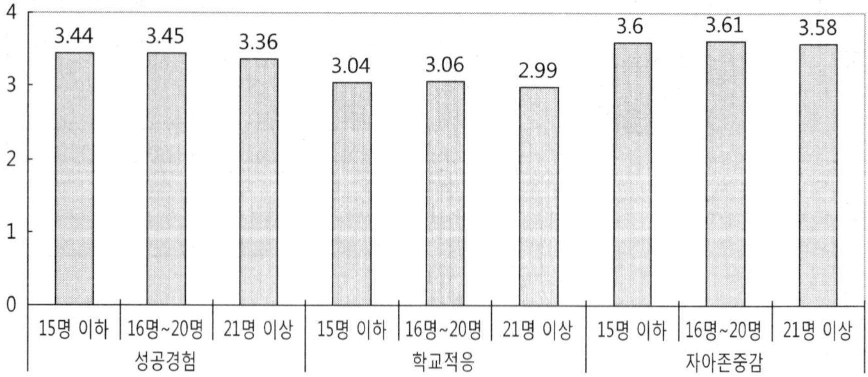

그림 6.22 야간보호교사의 담당아동 수에 따른 성과 차이

질적 차이가 중요하게 인식되지 않은 것이라 볼 수 있다. 또한 야간보호교사의 야간보호사업 만족도 및 야간보호 일자리 만족도 또한 야간보호교사 1인당 담당아동 수에 따라 유의한 차이가 없는 것으로 나타났다.

야간보호교사 1인당 담당아동 수에 따라 이용아동의 성과에 어떤 차이가 있는지 분석한 결과 우울불안, 사회적 위축, 공격성, 비행 등 심리사회적 부적응은 담당아동 수에 따라 통계적으로 유의한 차이가 나타나지 않았다.

단기적 발달 중 성취감의 하위차원인 성공경험과 학교적응에서 $p<.05$ 수준에서 통계적으로 유의한 차이가 있는 것으로 나타났다. 즉, 담당아동 수가 21명 이상인 경우에는 20명 이하인 경우에 비해 성공경험이 낮았고, 담당아동 수가 16명 이상 20명 이하인 경우에는 21명 이상인 경우에 비해 학교적응이 높아서 성공경험과 학교적응 지표에서는 '투입이 적은 경우 성과가 낮은' 결과를 보였다.

한편 장기적 성과지표인 자아존중감에서는 $p<.001$ 수준에서 통계적으로 유의한 차이가 있었던 반면, 아동발달, 사회적 자본 등에서는 모두 투입대비 성과에 유의한 차이가 나타나지 않았다. 즉 담당아동 수가 21명 이상인 집단의 자아존중감이 가장 낮은 것으로 나타났다.

나. 야간보호프로그램 비중에 따른 산출 및 성과 차이

기관에서 중시되는 야간보호프로그램의 비중에 따른 야간보호프로그램 만족도 차이를 살펴보았다. 야간보호프로그램 활동에 대해서는 아동과 주양육자의 산출과 성과를 중심으로 분석하였다.

아동의 경우 학습활동을 위주로 하는 기관에 비해 아동보호나 놀이 및 체험을 위주로 하는 기관에 속한 아동의 야간보호프로그램 만족도가 $p<.001$ 수준에서 통계적으로 유의하게 높은 것으로 나타났다. 또한 주양육자의 경우도 학습활동을 위주로 하는 기관에 비해 아동보호나 놀이 및 체험을 위주로 하는 기관에 속한 아동 주양육자의 야간보호프로그램 만족도가 $p<.001$ 수준에서 통계적으로 유의하게 높은 것으로 나타났다.

기관에서 중시되는 야간보호프로그램 내용에 따라 아동 성과의 차이를

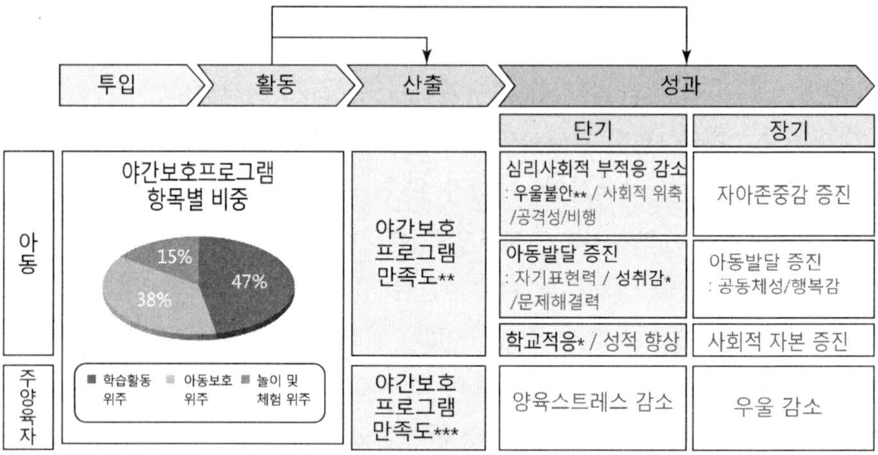

그림 6.23 야간보호프로그램 비중에 따른 산출 및 성과 차이

살펴본 결과, 심리사회적 부적응 중 우울불안은 $p<.01$ 수준에서 통계적으로 유의하였고, 아동의 단기적 발달 중 성취감의 하위차원인 낙관성은 $p<.05$ 수준에서 유의하였다. 즉, 아동보호(특별한 활동이 없는 돌봄)를 위주로 하는 기관에 속한 아동의 경우 학습활동이나 놀이 및 체험을 위주로 하는 기관에 속한 아동에 비해 우울불안이 낮았고, 학습활동을 위주로 하는 기관에 속한

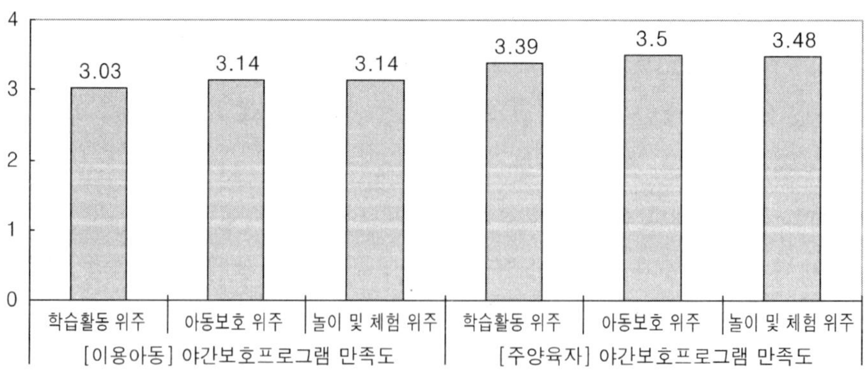

그림 6.24 야간보호프로그램 비중에 따른 만족도 차이

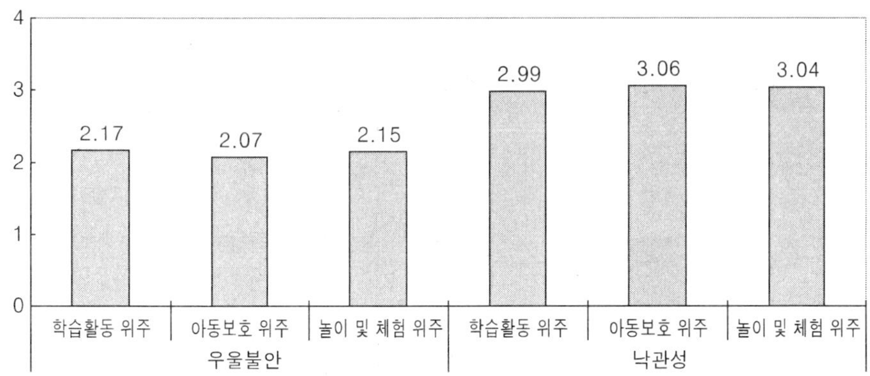

그림 6.25 야간보호프로그램 비중에 따른 성과 차이

아동은 그렇지 않은 아동에 비해 낙관성이 낮은 특성을 보였다. 또한 심리사회적 부적응 중 비행과 단기적 아동발달 중 자기표현, 성취동기, 문제해결능력, 그리고 학교적응은 $p < .10$ 수준에서 유의한 것으로 나타났다. 즉, 아동보호를 위주로 하는 기관에 속한 아동의 경우 비행이 낮고, 자기표현, 성취동기, 문제해결능력, 학교적응이 높은 경향을 보였다. 이렇게 학습활동, 놀이 및 체험을 하는 기관보다 돌봄활동 중심의 프로그램을 수행하는 기관에서 아동 성과가 더 좋았음을 알 수 있었다. 한편 장기적 성과지표에서는 야간보호프로그램 내용에 따라 유의한 차이가 없었다.

기관에서 중시되는 야간보호프로그램 내용 비중에 따라 주양육자 성과의 차이를 살펴본 결과, 프로그램 활동 비중이 학습활동, 아동보호, 놀이 및 체험 위주에 있는 것과 상관없이 양육스트레스가 유의하게 감소하지 않았다. 그리고 주양육사의 우울도 프로그램 비중에 의해 통계상 유의미하게 달라지거나 줄어들지 않고 있었다.

다. 야간보호교사 직무교육 참여기회 정도에 따른 산출 및 성과 차이

야간보호교사의 직무교육 활동 대비 야간보호프로그램 만족도와 성과의 차이를 아동과 주양육자, 야간보호교사의 산출과 성과를 중심으로 분석

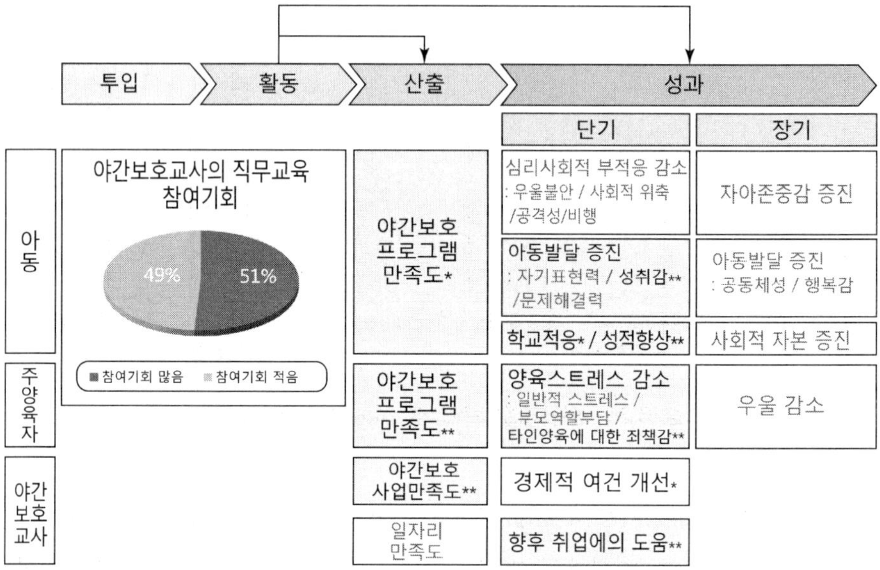

그림 6.26 야간보호교사 직무교육 참여기회 정도에 따른 산출 및 성과 차이

하였다.

야간보호교사의 직무교육 참여기회 정도에 따른 아동의 야간보호프로그램 만족도를 살펴본 결과, $p<.05$ 수준에서 통계적으로 유의한 것으로 나타났다. 주양육자 또한 야간보호교사의 직무교육 참여기회 정도에 따라 야간보호프로그램 만족도가 $p<.01$ 수준에서 통계적으로 유의한 것으로 나타났다. 즉, 야간보호교사가 직무교육 참여기회가 많다고 인식한 기관에 속한 아동과 주양육자 모두 야간보호프로그램 만족도가 높았다.

야간보호교사의 직무교육 참여기회 정도에 따라 야간보호교사의 야간보호지원사업 만족도와 일자리 만족도의 차이를 각각 살펴본 결과, 야간보호지원사업 만족도는 $p<.01$ 수준에서 통계적으로 유의한 차이가 나타났다. 즉, 야간보호교사가 직무교육 참여기회가 많다고 인식하는 경우 야간보호지원사업의 만족도가 높았다. 반면 직무교육 참여기회 정도에 따라 야간보호 일자리 만족도는 차이가 없었다.

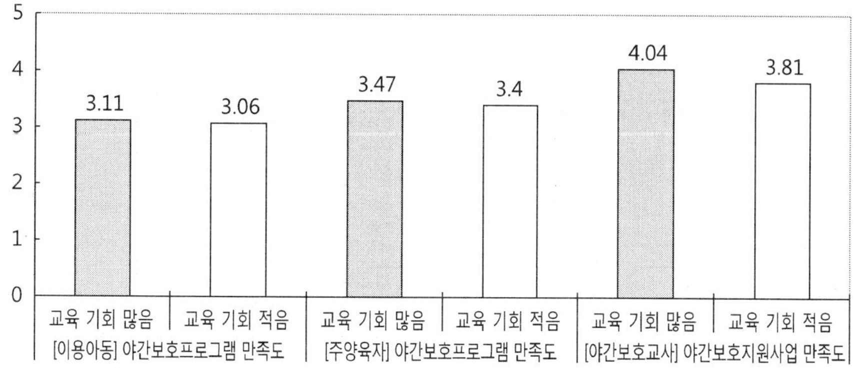

그림 6.27 야간보호교사 직무교육 참여기회 정도에 따른 만족도 차이

야간보호교사의 직무교육 활동에 따른 아동 성과의 차이를 살펴본 결과, 단기적 아동발달 중 성취동기와 성적이 p<.01 수준에서 통계적으로 유의하였고, 학교적응이 p<.05 수준에서 유의하였다. 즉 야간보호교사가 직무교육 참여기회가 많다고 인식한 기관에 속한 아동의 경우 그렇지 않은 아동에 비해 성취동기, 성적, 학교적응이 높았다. 또한 단기적 아동발달 중 자기표현, 성공경험, 장기적 성과 중 자아존중감과 공동체성은 p<.10 수준에서 유의한 것으로 나타났다. 야간보호교사의 직무교육 참여기회는 대체로 아동의 학업성취와 관련된 부분에서 긍정적인 영향을 미치는 것을 알 수 있고, 또한 미약하나마 아동의 장기적 성과에까지 영향을 미친다고 볼 수 있다.

야간보호교사의 직무교육 활동에 따른 주양육자의 성과 차이를 살펴본 결과, 양육스트레스 중 타인양육에 대한 죄책감은 p<.01 수준에서 유의한 차이를 보이는 것으로 나타났다. 즉, 야간보호교사가 직무교육 참여기회가 많다고 인식한 기관에 속한 아동의 주양육자는 타인양육에 대한 죄책감이 더 낮았다.

야간보호교사의 직무교육 참여기회에 따른 야간보호교사의 성과 차이를 살펴본 결과, 경제적 여건 개선 및 향후 취업에의 도움은 각각 p<.05, p<.01 수준에서 통계적으로 유의한 차이가 나타났다. 즉, 야간보호교사가

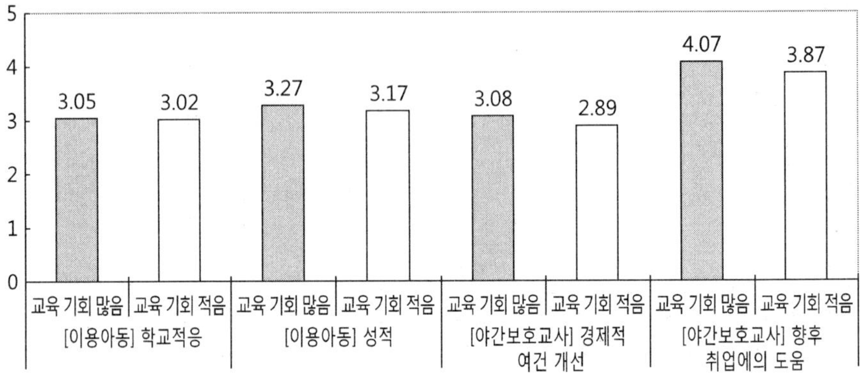

그림 6.28 야간보호교사 직무교육 참여기회 정도에 따른 만족도 차이

직무교육 참여기회가 많다고 인식한 경우 야간보호교사 취업 이후 경제적 상황이 개선되었다거나 향후 취업에 도움이 될 것이라고 생각하는 정도가 높았다.

라. 아동의 야간보호프로그램 만족도에 따른 차이

아동의 야간보호프로그램 만족도 평균(m)과 ±1표준편차(sd)를 기준으로, −1표준편차 이하(m-1sd) 집단을 만족도가 낮은 집단, 1표준편차 이상(m+1sd)인 집단을 만족도가 높은 집단, 평균을 중심으로 ±1표준편차 이내인 집단을 만족도가 중간인 집단으로 구분하였다. 아동의 야간보호프로그램 만족도 수준에 따른 세 개 집단으로 구분하여, 아동 및 주양육자의 산출 및 성과 차이를 살펴보았다.

그 결과 아동의 야간보호프로그램 만족도 수준에 따라 단기적 성과지표인 심리적 부적응의 모든 차원, 단기적 아동발달의 모든 차원, 학교적응 및 성적, 장기적 성과지표인 자아존중감, 장기적 아동발달의 두 차원, 사회적 자본 모두 $p<.001$ 수준에서 통계적으로 유의한 차이가 있었다. 즉, 야간보호프로그램에 대한 만족도가 높아질수록 아동의 단기적, 장기적 성과가 높아지는 결과가 명확히 나타났다. 이는 아동의 만족도가 야간보호사업 성과의 핵심적

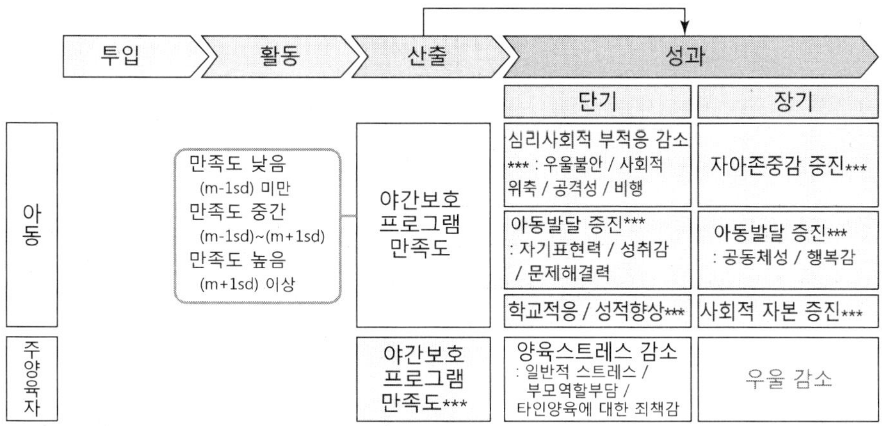

그림 6.29 아동의 야간보호프로그램 만족도에 따른 차이

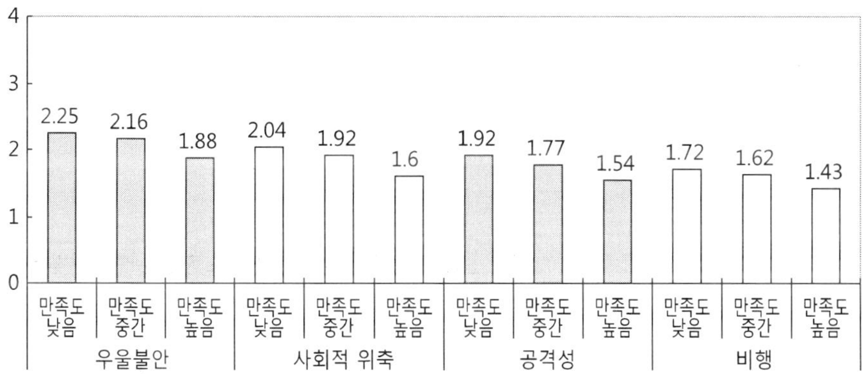

그림 6.30 이용아동의 야간보호프로그램 만족도에 따른 심리사회적 부적응 차이

매개변인임을 의미하는 것으로 파악할 수 있다.

주양육자의 경우 아동의 야간보호프로그램 만족도 수준에 따라 주양육자의 야간보호프로그램 만족도는 $p<.001$ 수준에서 통계적으로 유의한 차이를 보였다. 즉, 아동의 야간보호프로그램 만족도 수준이 높아질수록 주양육자의 만족도 수준도 높아지는 경향을 보였다. 반면 주양육자의 성과와 관련하여 아

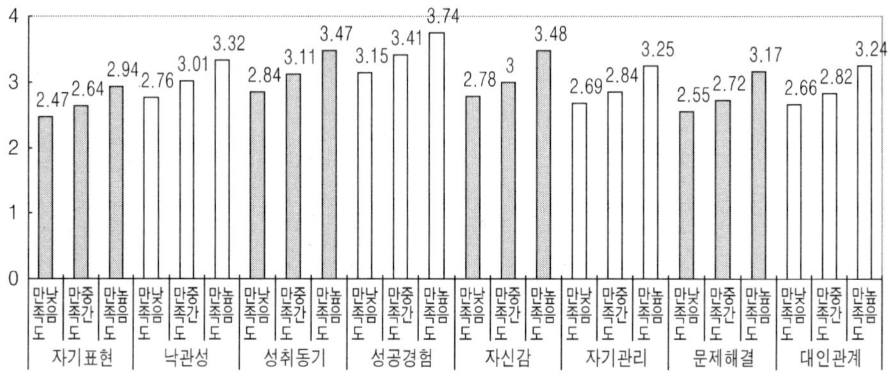

그림 6.31 이용아동의 야간보호프로그램 만족도에 따른 단기적 발달 산물 차이

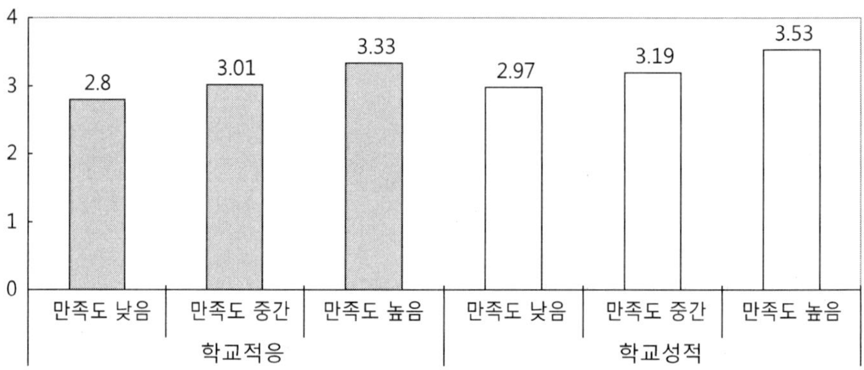

그림 6.32 이용아동의 야간보호프로그램 만족도에 따른 학교적응 및 성적향상 차이

동의 야간보호프로그램 만족도에 따른 주양육자의 양육스트레스, 일상스트레스, 부모 역할수행에 대한 부담감, 타인양육에 대한 죄책감 등은 유의미한 차이를 보이지 않았다. 이용아동의 야간보호프로그램 만족도에 따른 주양육자의 우울에서도 유의한 차이를 보이지 않았다.

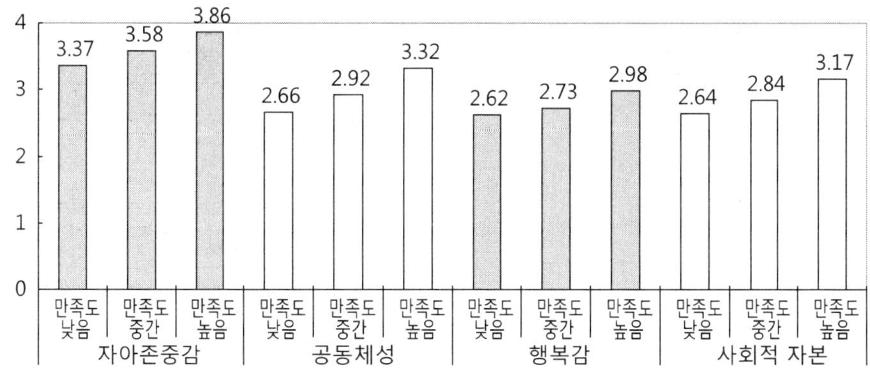

그림 6.33 이용아동의 야간보호프로그램 만족도에 따른 장기적 성과 차이

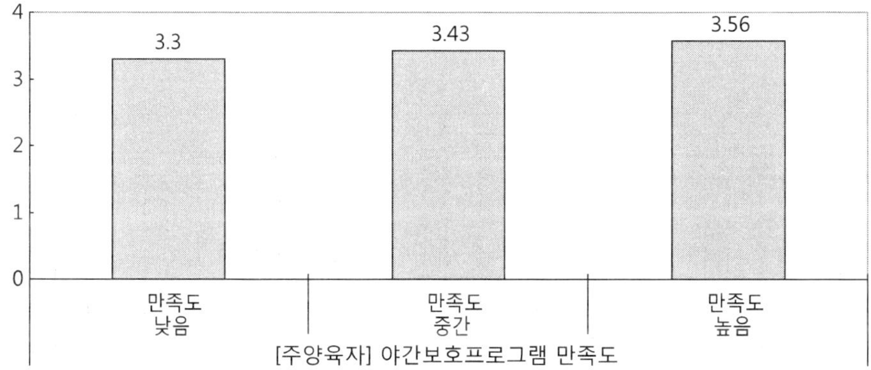

그림 6.34 이용아동의 야간보호프로그램 만족도에 따른 주양육자의 만족도 차이

마. 주양육자의 야간보호프로그램 만족도에 따른 차이

주양육자의 야간보호프로그램 만족도 평균(m)과 ±1표준편차(sd)를 기준으로, −1표준편차 미만(m-1sd) 집단을 만족도가 낮은 집단로, 1표준편차 이상(m+1sd)인 집단을 만족도가 높은 집단, 평균을 중심으로 ±1표준편차 이내인 집단을 만족도가 중간인 집단으로 구분하였다. 그런 다음 주양육자의 야간보호프로그램 만족도 수준에 따른 세 개 집단간에 아동 및 주양육자의 성

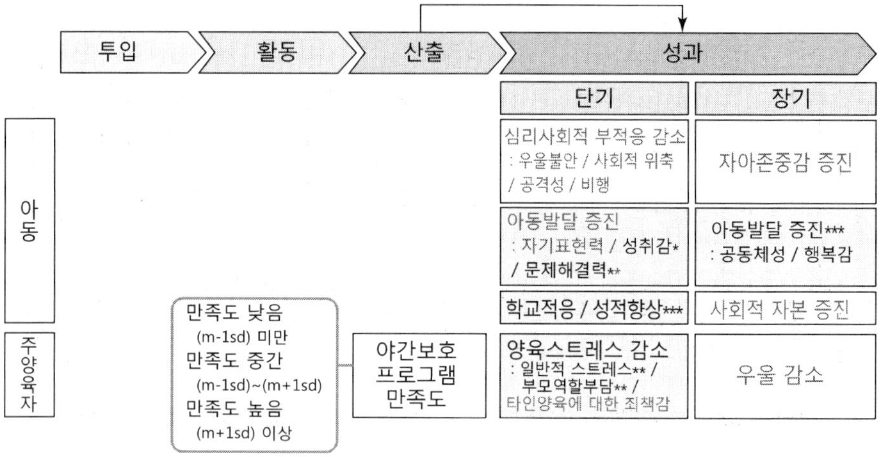

그림 6.35 주양육자의 야간보호프로그램 만족도에 따른 성과 차이

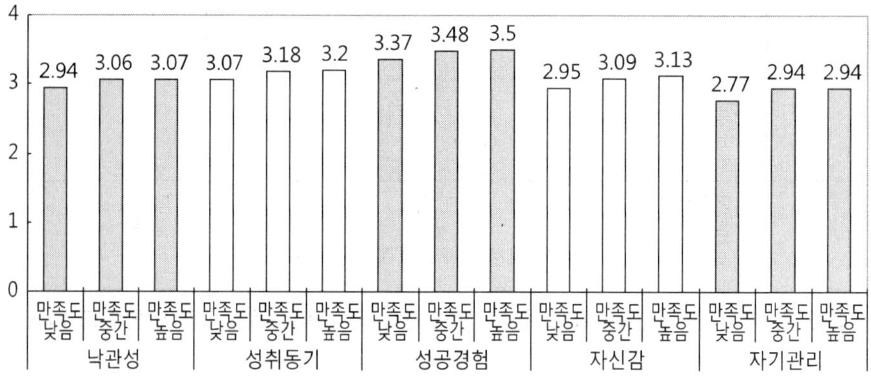

그림 6.36 주양육자의 야간보호프로그램 만족도에 따른 이용아동의 단기적 발달산물 차이 1

과 차이가 존재하는지 살펴보았다.

그 결과 주양육자의 야간보호프로그램 만족도 수준에 따라 아동의 단기적 성과지표인 성취감과 문제해결력의 모든 차원과 학교적응, 장기적 성과지

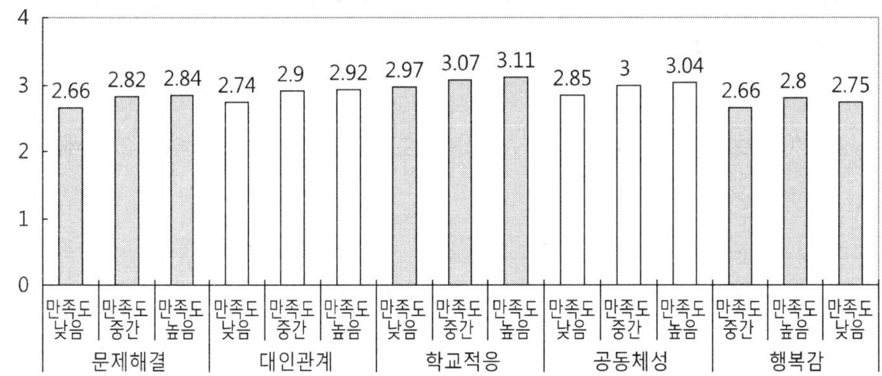

그림 6.37 주양육자의 야간보호프로그램 만족도에 따른 이용아동의 단기적 발달산물 차이 2

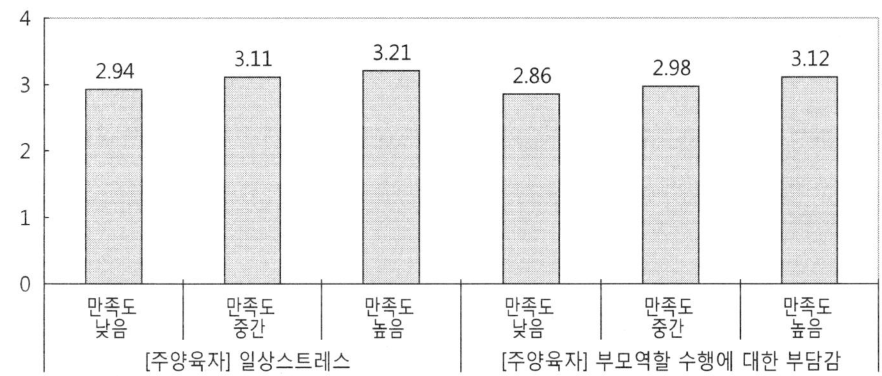

그림 6.38 주양육자의 야간보호프로그램 만족도에 따른 주양육자의 성과 차이

표인 공동체성과 행복감은 $p<.001$ 수준에서 통계적으로 유의한 차이가 있었다. 반면 심리적 부적응, 자기표현, 성적향상, 자아존중감 등은 유의한 차이가 없었다.

주양육자의 야간보호프로그램 만족도가 높을수록 일상스트레스 및 부모역할수행에 대한 부담감이 큰 것으로 나타났다. 이는 주양육자가 일상스트레스 및 부모 역할수행에 대한 부담감으로 인한 양육스트레스가 클수록 야간보호프로그램을 통해 아동보호가 이루어지는 데 대한 만족도가 높기 때문이라고 역으로 생각해 볼 수 있다.

바. 야간보호교사의 야간보호사업 만족도 및 야간보호교사 일자리 만족도에 따른 차이

야간보호교사의 야간보호사업 만족도 및 야간보호교사 일자리 만족도를 평균(m)과 ±1표준편차(sd)를 기준으로, −1표준편차 미만(m-1sd) 집단을 만족도가 낮은 집단, 1표준편차 이상(m+1sd)인 집단을 만족도가 높은 집단, 평균을 중심으로 ±1표준편차 이내인 집단을 만족도가 중간인 집단으로 구분하였다. 야간보호교사의 야간보호사업 만족도 및 야간보호교사 일자리 만족도 수준에 따른 세 개 집단으로 구분하여, 야간보호교사의 성과 차이를 살펴보았다.

그 결과 야간보호교사의 야간보호사업 만족도 및 야간보호교사 일자리 만족도가 높을수록 경제적 여건 개선 및 향후 취업에의 도움 정도가 높은 것으로 나타났다. 즉, 야간보호교사의 만족도가 높을수록 야간보호교사의 성과가 높음을 알 수 있다.

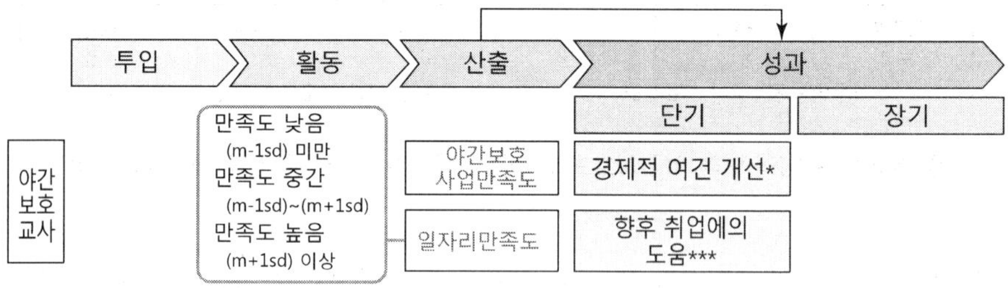

그림 6.39 야간보호교사의 야간보호사업 만족도 및 야간보호교사 일자리 만족도에 따른 차이

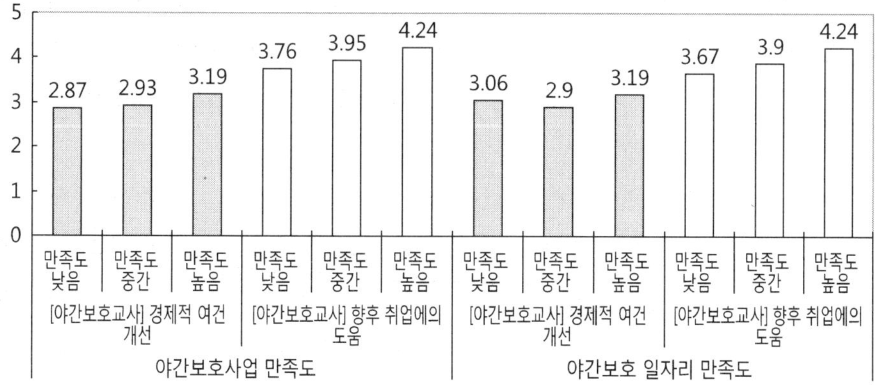

그림 6.40 야간보호교사의 야간보호사업 및 일자리 만족도에 따른 성과 차이

5. 산출 및 성과 비교

(1) 이용아동의 야간보호프로그램 이용기간에 따른 차이

아동의 야간보호프로그램 이용기간에 따라 6개월 미만, 6개월 이상 1년 미만, 1년 이상 2년 미만, 2년 이상 3년 미만, 3년 이상의 5개 집단으로 구분하여 아동 및 주양육자의 산출 및 성과 차이를 살펴보았다. 이러한 아동의 야간보호프로그램 이용기간 분석에 앞서, 기관이 사업 참여기간이 길수록 아동의 산출 및 성과가 좋을 것이라는 가정하에 기관의 모금회 야간보호사업의 참여기간에 따른 산출 및 성과 차이를 알아보았다.

사업 참여기간에 따라 2006년 12월부터 2010년 3월까지 4년에 걸쳐 사업에 참여하고 있는 기관(집단 1), 2007년 12월부터 3년에 걸쳐 사업에 참여하고 있는 기관(집단 2), 2008년 12월부터 2년에 걸쳐 사업에 참여하고 있는 기관(집단 3), 2009년에 신규 진입하여 사업 참여기간이 1년이 채 되지 않은 기관(집단 4)의 4개 집단으로 구분하여 분석하였다. 그러나 예상과는 달리 아동의 만족도 차이가 없었고, 단·장기적 성과의 경우 2007년 12월에 사업에 참여한 3년차 집단의 성과가 가장 낮고, 2008년 12월에 참여한 2년차 집단의 성과가 가장 높은 것으로 드러났다. 또한 주양육자의 만족도나 성과에도 차이가 없는 것으로 나타났다.

종합해 볼 때, 기관차원에서의 사업 참여기간과 아동 및 주양육자의 산출 및 성과간에 별다른 관련이 없다는 것을 알 수 있었다. 이는 기관의 사업 참여기간과 동일하게 사업을 이용한 아동만 기관에 있는 것이 아니라 다양한 참여기간을 경험한 아동이 기관 내에 혼재해 있는 동시에 각 기관 내에는 야간보호만으로 해결되지 않는 심각한 아동이 포함되어 있기 때문으로 판단된다. 예를 들어 4년차 기관이라고 하더라도 1년 이용한 아동, 2년 이용한 아동, 3년 이용한 아동, 4년 이용한 아동이 혼재되어 있기 때문에 단순히 기관의 사업 참여기간만으로 기관차원에서의 차이를 구분해내기 어려웠다. 따라서 개인차원에서 아동의 야간보호프로그램 이용기간이 어떠한 아동 및 주양육자의 산출 및 성과를 가져왔는지를 분석하기로 하였다.

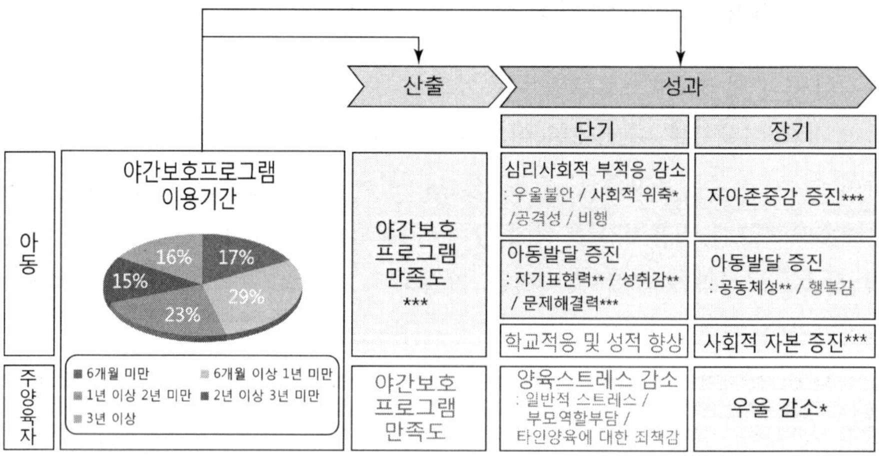

그림 6.41 이용아동의 야간보호프로그램 이용기간에 따른 산출 및 차이

가. 이용아동

아동의 경우 야간보호프로그램 이용기간에 따라 야간보호프로그램 만족도가 $p<.001$ 수준에서 통계적으로 유의한 차이가 있는 것으로 나타났다. 즉, 야간보호프로그램 이용기간이 3년 이상인 아동이 3년 미만인 아동에 비해 야간보호프로그램 만족도가 높고, 6개월 미만인 아동이 가장 낮은 것으로 나타났다. 야간보호프로그램 이용기간에 따라 아동의 심리사회적 부적응 중 사회

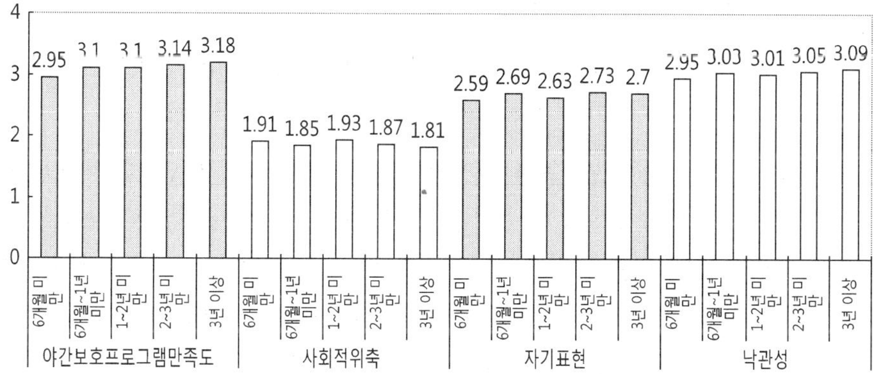

그림 6.42 이용아동의 야간보호프로그램 이용기간에 따른 차이 1

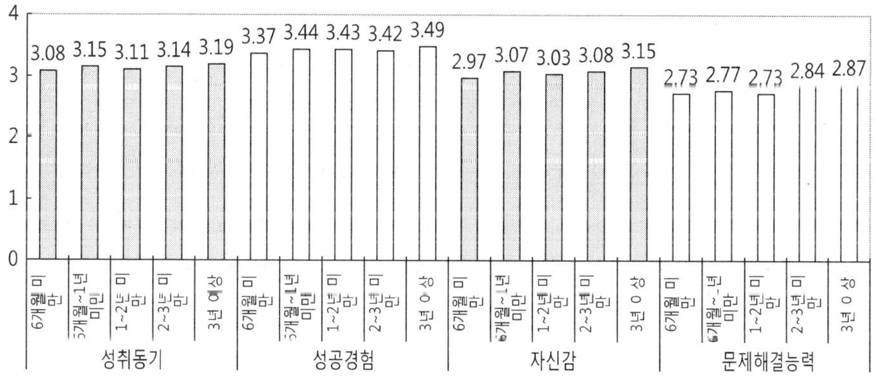

그림 6.43 이용아동의 야간보호프로그램 이용기간에 따른 차이 2

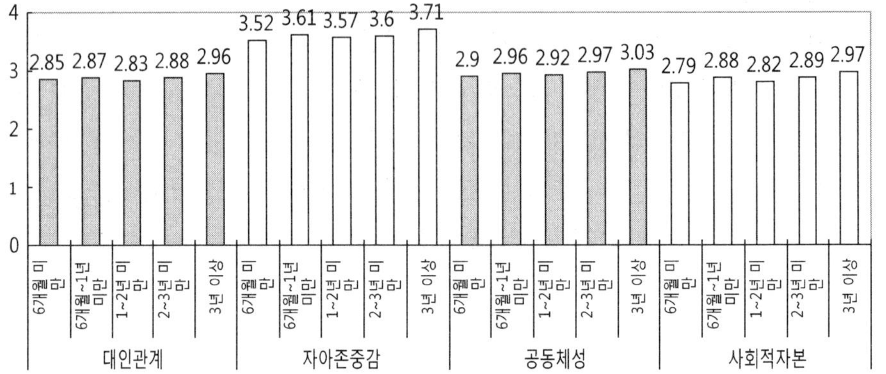

그림 6.44 이용아동의 야간보호프로그램 이용기간에 따른 차이 3

적 위축이 $p<.05$ 수준에서 유의한 차이가 있었고, 단기적 발달 중 자기표현, 성취감(낙관성, 성취동기, 성공경험, 자신감), 문제해결력(자기관리, 문제해결능력, 대인관계)에서 유의한 차이가 있는 것으로 나타났다. 또한 장기적 성과지표 중 자아존중감, 공동체성, 사회적 자본에서도 통계적으로 유의한 차이가 있는 것으로 나타났다. 대체로 야간보호프로그램 이용기간이 3년 이상인 경우에 아동의 성과가 가장 높고, 6개월 미만인 경우에 성과가 가장 낮은 경향을 보였다.

나. 주양육자

아동의 야간보호프로그램 이용기간에 따른 주양육자의 야간보호프로그램 만족도는 통계적으로 유의한 차이가 없는 것으로 나타났다. 반면 주양육자의 성과 중 우울은 아동의 야간보호프로그램 이용기간에 따라 $p<.05$ 수준에서 유의한 차이가 있는 것으로 나타났다. 즉, 아동의 야간보호프로그램 이용기간이 6개월 미만인 경우 주양육자의 우울 수준이 가장 높았다.

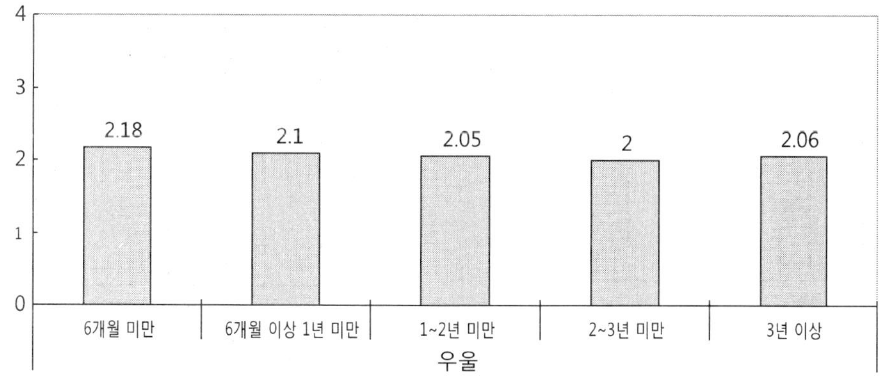

그림 6.45 이용아동의 야간보호프로그램 이용기간에 따른 차이 4

(2) 야간보호교사의 교체횟수 분석

야간보호교사 교육에 참여한 교사출석부를 바탕으로 야간보호사업 참여기간 동안의 야간보호교사의 교체횟수를 산출하였다. 확보된 출석부 자료는 2006년과 2007년에는 기초교육부터 1~4차 교육까지 연간 5회, 2008년에는 기초교육부터 1~3차 교육까지 연간 4회, 2009년 기초교육의 출석부 자료이다. 따라서 2009년에 야간보호사업에 신규로 참여한 기관은 출석부 자료가 1회기에 한하므로, 2006년부터 2008년 사이에 야간보호사업 참여한 기관만을 대상으로 분석하였다.

사업 참여기간에 따라 야간보호교사의 교체횟수 및 연간교체횟수를 살펴보면, 전체적으로 야간보호교사 교체횟수의 평균은 0.97로 사업 참여기간 동안 1회 정도 야간보호교사가 교체된 것으로 나타났다. 야간보호교사 교체횟수가 0인 기관은 응답한 기관의 41.9%로, 약 2/5는 초기에 채용된 교사가 지속적으로 근무하고 있는 것으로 파악할 수 있다. 한편 사업 참여기간에 따라 살펴보면, 야간보호교사가 교체되지 않은 기관은 2년차 기관의 경우 56.1%, 3년차는 38.3%, 4년차는 26.2%로 나타났다.

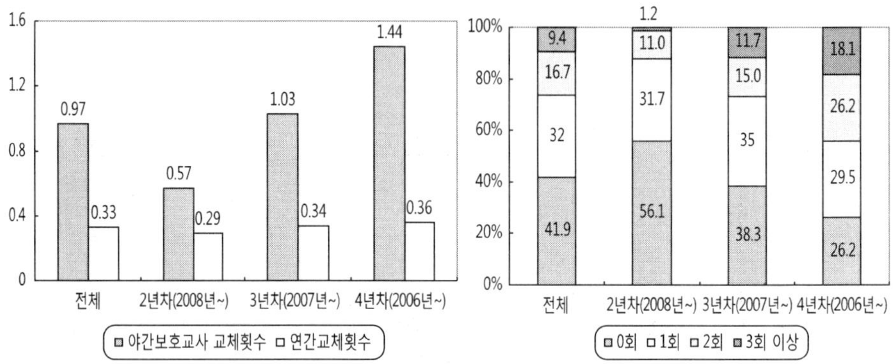

그림 6.46 사업 참여기간에 따른 야간보호교사의 교체횟수 및 연간교체횟수

우선, 야간보호교사의 교체횟수를 기관의 성과라고 간주하고, 논리모형의 투입(야간보호교사 1인당 담당아동 수)과 활동(야간보호프로그램의 비중 및 야간보호교사의 직무교육 참여기회 정도)에 따라 야간보호교사의 교체횟수에 차이가 있는지 분석하였다.

야간보호교사 1인당 담당아동 수에 따른 야간보호교사의 교체횟수 차이를 분석한 결과, $p<.10$ 수준에서만 유의하게 나타났다. 즉, 야간보호교사 1인당 담당아동 수가 16~20명인 경우 21명 이상인 경우에 비해 야간보호교사의 교체횟수가 더 많은 것으로 나타났다. 담당아동 수가 많은 경우 야간보호교사의 직무상의 어려움이 더 커서 오래 근무하지 못하고 더 자주 교체되는 것으로 추측할 수 있다. 반면, 기관별 야간보호프로그램의 비중이나 야간보호교사의 직무교육 참여기회 정도는 야간보호교사의 교체횟수와는 관련이 없는 것으로 나타났다.

다음으로 야간보호교사가 교체되는 경우나 자주 교체되는 기관의 경우 이용아동 및 주양육자, 야간보호교사의 만족도 및 성과에 영향을 미칠 것으로 가정하고, 야간보호교사 교체횟수가 0~1회인 기관과 2회 이상인 기관간에 산출 및 성과의 차이를 분석하였다. 그 결과, 통계적으로 유의한 차이가 나타나지 않았다. 즉, 야간보호교사가 0~1회 교체된 기관과 그렇지 않은 기관에

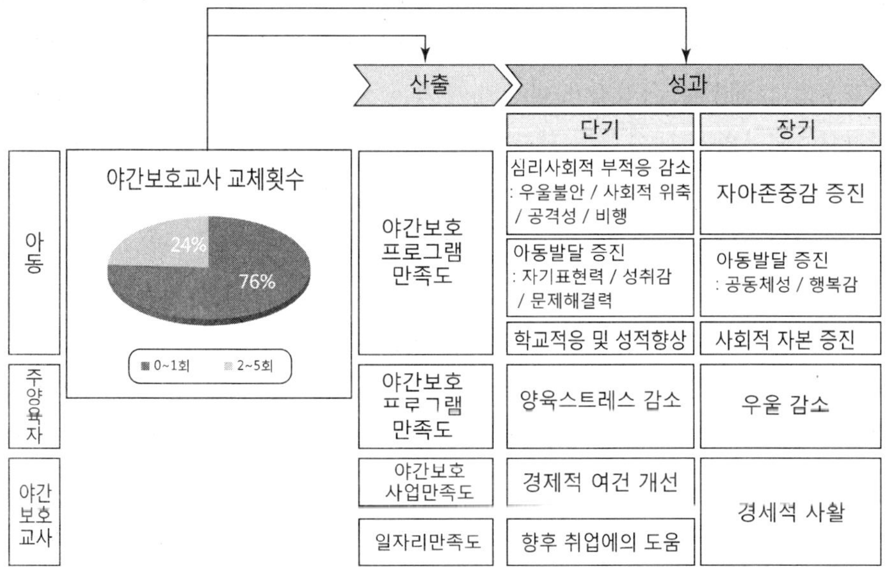

그림 6.47 야간보호교사의 교체횟수에 따른 산출 및 성과 차이

서 야간보호 만족도에 차이가 없었다.

구체적으로 살펴보면, 야간보호교사의 교체횟수에 따라 이용아동의 심리사회적 부적응, 단기적 발달, 성적, 자아존중감, 장기적 발달, 사회적 자본 등 성과에는 아무런 차이가 없는 것으로 나타났다. 다만, 아동의 단기적 성과 중 학교적응에서는 $p<.10$ 수준에서 유의한 차이가 나타났다. 즉, 야간보호교사의 교체횟수가 0~1회인 기관에 있는 아동이 그렇지 않은 기관의 아동에 비해 학교적응의 점수가 더 높은 것으로 드러났다.

야간보호교사의 교체횟수에 따라 주양육자의 자녀양육에서 오는 일상적 스트레스와 우울은 통계적으로 유의한 차이가 없었고, 야간보호교사의 연간 교체횟수에 따른 야간보호교사의 성과는 차이가 없는 것으로 나타났다.

전반적으로 야간보호교사의 교체횟수에 따라 아동, 주양육자, 야간보호교사의 성과에 차이가 없는 것으로 나타나 그 이유를 파악하기 위해 다양한 분석을 시도하였다. 야간보호사업 초기에 저소득 일자리 사업의 일환으로 야간보호교사를 채용하였기 때문에, 야간보호교사로서의 전문성이나 자질이 부족한 교사가 지속적인 소득 확보를 위한 일자리를 유지하고 있는 경우 야간보호교사의 교체횟수는 적지만 아동의 성과는 오히려 낮을 수 있다는 가정에서 야간보호교사의 교체횟수와 교사의 특성을 중심으로 추가분석을 실시하였다.

그 결과, 야간보호교사의 교체횟수가 적은 경우 최종학력이 초대졸 이하인 야간보호교사가 58%로 그렇지 않은 경우에 비해 비율이 다소 높았다. 또한 야간보호교사 교체횟수가 적은 경우 '가구소득에 보탬이 되기 위해서' 야간보호교사에 취업하게 되었다는 응답자가 30.6%로 다소 많았다. 자격증에 있어서는 눈에 띄는 차이는 없었는데, 야간보호교사로 활동하면서 자격증을 취득하였는지, 자격증을 이용한 경력에 대한 정보는 없기 때문에 추가적인 분석에는 어려움이 있다.

애초 전문성이 높은 야간보호교사가 지속적으로 아동을 돌보는 것이 성과가 높을 것이라 판단하고 야간보호교사의 이직이 적은 기관에서 아동의 성과가 높을 것으로 예상하였다. 하지만 큰 차이가 없는 것으로 나타난 결과를

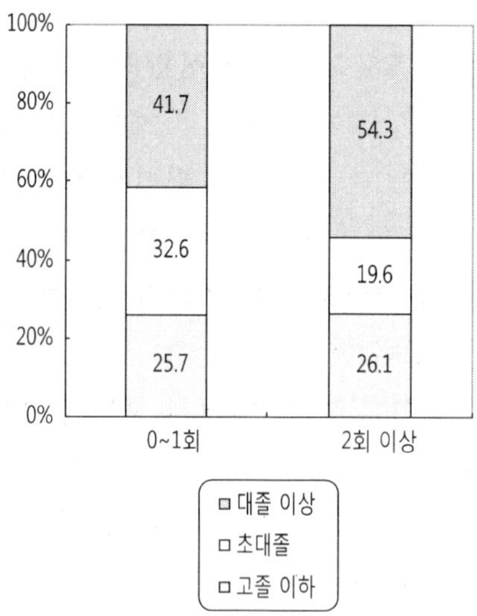

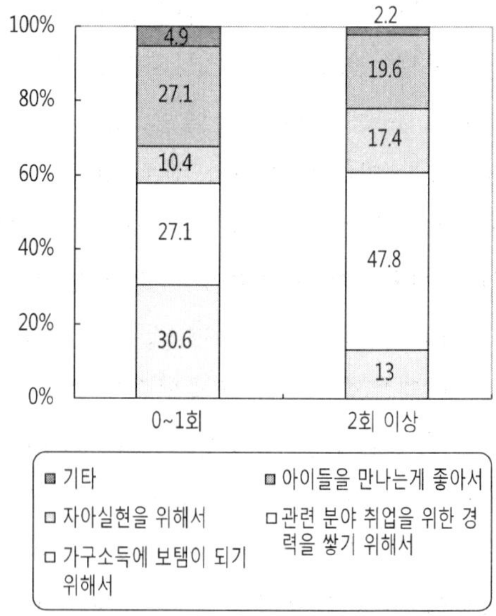

그림 6.48 야간보호교사 교체횟수에 따른 야간보호교사의 특성

볼 때, 지속적으로 아동을 돌보는 교사 중에는 아동복지분야의 전문성이 높은 교사도 있지만 전문성이 충분하지 않은 교사가 이직하지 않고 지속적으로 아동을 돌보고 있을 가능성이 있다. 또한 유능한 교사는 야간보호교사에 대한 기본적인 신분보장이 어렵기 때문에 더 나은 직장으로 이동하게 되는 상황이 발생할 수 있어 이러한 결과가 나타난 것으로 유추해 볼 수 있다.

6. 아동의 성과에 영향을 미치는 개인 및 조직수준의 요인

아동의 성과에 영향을 미치는 개인 및 조직수준의 요인을 파악하기 위해 야간보호기관과 종사자의 특성, 아동의 특성을 독립변수로, 아동의 성과를 종속변수로 하여 분석을 실시하였다. 분석에 사용된 자료가 야간보호기관을 이용하는 아동의 2수준 다층구조를 갖고 있기 때문에 위계적인 구조를 갖는 다층자료 분석에 유용한 위계적 선형모형(Hierarchical Linear Modeling: HLM)을 사용하였다.

분석을 위해 시설장과 야간보호교사의 자료를 통합하여 조직수준의 자료(level 2)를, 아동과 주양육자의 자료를 통합하여 개인수준의 자료(level 1)를 새롭게 생성하였다. 이 과정에서 기관의 시설장과 야간보호교사의 자료가 서로 매칭되지 않거나, 아동과 주양육자의 자료가 매칭되지 않는 사례가 제외되고, 분석에 사용되는 변수의 결측치가 있는 사례가 제외되었다. 최종적으로 분석에 사용된 자료는 조직수준의 자료 222개, 개인수준의 자료 892개였다.

분석에 사용된 변수는 조직요인(level 2)으로는 지역, 운영주체, 프로그램 비중, 연간 야간보호교사 교체횟수, 야간보호이용아동 수 등 야간보호기관의 특성, 담당아동 수, 현기관근무연한, 소진 등 야간보호교사의 특성이었고, 개인요인(level 1)으로는 성별, 학교학년, 가구유형, 주관적 건강상태, 야간보호 프로그램 이용기간, 이용시간, 프로그램 만족도 등이었다.

(1) 단기적 성과

가. 심리사회적 부적응

집단간 변량을 추정하여 위계선형모형의 적용가능성과 종속변수에 대한 설명력을 보여주는 기초모형을 분석한 결과는 〈표 6.22〉에 제시되어 있다. 분석결과 심리사회적 적응의 우울불안, 공격성에 대한 조직 수준의 무선효과(random effect)가 $p<.001$ 수준에서 통계적으로 유의하고, 사회적 위축, 비행은 $p<.01$ 수준에서 유의한 것으로 나타났다. 따라서 야간보호기관에 따라

표 6.22 심리사회적 부적응: 기초평균모형 검증

	고정효과		계수	표준오차	자유도	t	
우울, 불안	절편	γ_{00}	2.118	0.027	221	78.506***	
	무선효과			분산	자유도	χ^2	ICC
	Level-2	μ_{0j}	0.216	0.047	220	311.5226***	0.084
	Level-1	ϵ_{ij}	0.712	0.507			
	고정효과		계수	표준오차	자유도	t	
사회적 위축	절편	γ_{00}	1.849	0.027	221	69.251***	
	무선효과			분산	자유도	χ^2	ICC
	Level-2	μ_{0j}	0.178	0.032	220	276.8153**	0.054
	Level-1	ϵ_{ij}	0.745	0.556			
	고정효과		계수	표준오차	자유도	t	
공격성	절편	γ_{00}	1.693	0.026	221	66.206***	
	무선효과			분산	자유도	χ^2	ICC
	Level-2	μ_{0j}	0.201	0.040	220	303.2312***	0.081
	Level-1	ϵ_{ij}	0.677	0.458			
	고정효과		계수	표준오차	자유도	t	
비행	절편	γ_{00}	1.560	0.018	221	84.583***	
	무선효과			분산	자유도	χ^2	ICC
	Level-2	μ_{0j}	0.135	0.018	220	285.8962**	0.067
	Level-1	ϵ_{ij}	0.502	0.252			

아동의 심리사회적 부적응에 차이가 있으며, 이는 기관의 특성과 종사자의 특성의 효과를 검증하는 데 위계선형모형을 적용하는 것이 타당함을 보여준다.

한편 종속변수 전체 변량 중 조직수준에서 설명되는 변량의 비율을 나타내는 집단 내 상관계수(Intraclass Correlation Coefficient: ICC)를 계산한 결과, 우울불안은 0.084, 사회적 위축은 0.054, 공격성은 0.081, 비행은 0.067로 나타났다. 이는 야간보호 기관의 조직효과가 아동의 심리사회적 적응 중, 우울불안의 경우 8.4%, 사회적 위축은 5.4%, 공격성은 8.1%, 비행은 6.7%를 설명한다는 것을 의미한다.

심리사회적 적응에 대한 위계적 선형모형 분석결과[1]를 살펴보면, 우울불안의 경우 조직요인 중 중소도시가 대도시에 비해, 야간보호이용아동 수가 적을수록 우울불안이 높은 것으로 나타났고, 개인요인 중에서 고등학생이 초등학생에 비해, 주관적 건강상태가 좋지 않을수록, 야간보호프로그램 만족도가 낮을수록 우울불안이 더 높은 것으로 나타났다. 한편 사회적 위축의 경우 조직요인 중 통계적으로 유의한 변수가 없는 것으로 나타났고, 개인요인 중에서는 고등학생이 초등학생에 비해, 주관적 건강상태가 좋지 않을수록 야간보호프로그램 만족도가 낮을수록 사회적 위축이 더 낮은 것으로 나타났다.

공격성의 경우 조직요인이 유의하지 않았고, 개인요인 중에서 남학생이 여학생에 비해, 야간보호프로그램 이용기간이 6개월 미만인 아동이 2~3년인 아동에 비해, 야간보호프로그램 만족도가 낮을수록 공격성이 높은 것으로 나타났다. 또한 비행의 경우 조직요인 중 지역과 야간보호교사의 소진이 $p<.01$ 수준에서 통계적으로 유의한 차이가 있는 것으로 나타났다. 즉, 중소도시에 소재한 기관의 아동이 대도시에 소재한 기관의 아동에 비해 비행을 더 많이 하는 것으로 나타났고, 야간보호교사의 소진이 더 클수록 아동의 비행 수준이 더 높은 것으로 나타났다. 한편 개인요인 중에서는 남학생이, 모자가구나 부자가구 아동이 일반가구 아동에 비해, 주관적 건강상태가 좋지 않을수록, 야간보호프로그램 만족도가 낮을수록 비행 수준이 더 높은 것으로 나타났다.

1) 지면관계상 분석결과 표는 본문에 제시하지 않았다. p. 169 〈그림 6.49〉에 분석결과를 종합하여 제시하였다.

나. 단기적 발달성과

단기적 발달성과의 각 차원별로 기초모형 분석을 실시한 결과, 자기표현, 낙관성, 성취동기에서 조직수준의 무선효과가 p<.001 수준에서 통계적으로 유의하였고, 성공경험, 자신감, 자기관리, 문제해결능력, 대인관계능력은 p<.01 수준에서 유의한 것으로 나타났다. 따라서 야간보호기관에 따라 아동의 단기적 발달에 차이가 있으며, 이는 기관의 특성과 야간보호교사의 특성의 효과를 검증하는 데 위계선형모형을 적용하는 것이 타당함을 보여준다. 집단

표 6.23 단기적 발달성과: 기초평균모형 검증

		고정효과		계수	표준오차	자유도	t	
자기표현		절편	γ_{00}	2.702	0.025	221	106.075***	
		무선효과			분산	자유도	χ^2	ICC
		Level-2	μ_{0j}	0.207	0.043	220	318.6981	0.088
		Level-1	ϵ_{ij}	0.665	0.442		***	
성취감	낙관성	고정효과		계수	표준오차	자유도	t	
		절편	γ_{00}	3.048	0.023	221	134.454***	
		무선효과			분산	자유도	χ^2	ICC
		Level-2	μ_{0j}	0.173	0.030	220	302.4987	0.076
		Level-1	ϵ_{ij}	0.605	0.367		***	
	성취동기	고정효과		계수	표준오차	자유도	t	
		절편	γ_{00}	3.175	0.021	221	147.725***	
		무선효과			분산	자유도	χ^2	ICC
		Level-2	μ_{0j}	0.173	0.030	220	309.5148	0.086
		Level-1	ϵ_{ij}	0.564	0.318		***	
	성공경험	고정효과		계수	표준오차	자유도	t	
		절편	γ_{00}	3.460	0.021	221	166.236	
		무선효과			분산	자유도	χ^2	ICC
		Level-2	μ_{0j}	0.145	0.021	220	282.3278	0.061
		Level-1	ϵ_{ij}	0.572	0.327		**	

내 상관계수를 계산한 결과, 조직효과의 설명력은 자기표현이 8.8%, 낙관성 7.6%, 성취동기 8.6%, 성공경험 8.6%, 자신감 5.6%, 자기관리 5.4%, 문제해결능력 5.8%, 대인관계능력 6.9%로 나타났다.

단기적 발달성과에 영향을 미치는 요인을 분석한 결과, 자기표현의 경우, 조직요인 중 학습위주 기관의 아동이 아동보호위주의 기관아동에 비해 자기표현이 낮고, 개인요인 중 중학생이 초등학생에 비해, 야간보호프로그램 만족도가 높을수록 자기표현이 높은 것으로 나타났다.

표 6.24 단기적 발달성과: 기초평균모형 검증(계속)

영역	변인	구분						
성취감	자신감	고정효과		계수	표준오차	자유도	t	
		절편	γ_{00}	3.086	0.024	221	129.431***	
		무선효과			분산	자유도	χ^2	ICC
		Level-2	μ_{0j}	0.160	0.026	220	281.8071	0.056
		Level-1	ϵ_{ij}	0.661	0.438		**	
문제해결력	자기관리	고정효과		계수	표준오차	자유도	t	
		절편	γ_{00}	2.922	0.021	221	140.426	
		무선효과			분산	자유도	χ^2	ICC
		Level-2	μ_{0j}	0.138	0.019	220	275.566	0.054
		Level-1	ϵ_{ij}	0.579	0.336		**	
	문제해결능력	고정효과		계수	표준오차	자유도	t	
		절편	γ_{00}	2.810	0.024	221	116.592***	
		무선효과			분산	자유도	χ^2	ICC
		Level-2	μ_{0j}	0.165	0.027	220	281.3254	0.058
		Level-1	ϵ_{ij}	0.664	0.441		**	
	대인관계능력	고정효과		계수	표준오차	자유도	t	
		절편	γ_{00}	2.896	0.024	221	119.351***	
		무선효과			분산	자유도	χ^2	ICC
		Level-2	μ_{0j}	0.178	0.032	220	292.0815	0.069
		Level-1	ϵ_{ij}	0.654	0.428		**	

성취감의 네 차원인 낙관성, 성취동기, 성공경험, 자신감의 경우 조직요인 중 기관의 프로그램 비중, 야간보호교사의 소진, 개인요인 중 학교학년, 야간보호프로그램 만족도가 유의한 영향을 미치는 것으로 나타났다. 즉, 낙관성의 경우 학습위주 기관 또는 기타활동위주 기관의 아동이 아동보호위주 기관의 아동에 비해 낙관성이 낮고, 야간보호교사의 소진이 높을수록 낙관성이 낮은 것으로 나타났으며, 초등학생이 중학생에 비해, 야간보호프로그램 만족도가 높을수록 낙관성이 더 높은 것으로 나타났다. 성취동기와 성공경험, 자신감의 경우 조직요인 중 학습위주 기관의 아동이 아동보호위주 기관의 아동에 비해 성취동기, 성공경험, 자신감이 낮고, 여학생이 남학생에 비해, 초등학생이 중학생에 비해, 야간보호프로그램 만족도가 높을수록 성취동기, 성공경험, 자신감이 높은 것으로 나타났다.

한편 문제해결력의 세 차원인 자기관리, 문제해결능력, 대인관계능력의 경우 조직요인은 통계적으로 유의하지 않았고, 개인요인 중 성별, 야간보호프로그램 만족도만 유의한 영향을 미치는 것으로 나타났다. 즉, 여학생이 남학생에 비해 대인관계능력이 높았고, 공통적으로 야간보호프로그램 만족도가 높을수록 자기관리, 문제해결능력, 대인관계능력이 높은 것으로 나타났다.

다. 학교적응 및 성적향상

학교적응 및 성적향상의 각 차원별로 기초모형 분석을 실시한 결과, 조직수준의 무선효과가 학교적응은 $p<.01$ 수준에서, 성적향상은 $p<.05$ 수준에서 통계적으로 유의한 것으로 나타났다. 따라서 야간보호기관에 따라 아동의 학교적응 및 성적향상에 차이가 있으며, 이는 기관의 특성과 야간보호교사의 특성의 효과를 검증하는 데 위계선형모형을 적용하는 것이 타당함을 보여준다. 집단 내 상관계수를 계산한 결과, 조직효과의 설명력은 학교적응이 6.5%, 성적향상이 5.1%로 나타났다.

학교적응 및 성적향상에 영향을 미치는 요인을 분석한다. 결과, 조직요인 중 보호교사의 소진, 야간보호교사 교체횟수, 개인요인 중 성별, 학교학년, 야간보호프로그램 만족도가 유의한 영향을 미치는 것으로 나타났다. 즉, 학교적

표 6.25 학교적응 및 성적향상: 기초평균모형 검증

	고정효과		계수	표준오차	자유도	t	
학교적응	절편	γ_{00}	3.051	0.177	221	172.079***	
	무선효과			분산	자유도	χ^2	ICC
	Level-2	μ_{0j}	0.123	0.0152	221	283.448	0.065
	Level-1	ϵ_{ij}	0.467	0.218		**	
	고정효과		계수	표준오차	자유도	t	
성적향상	절편	γ_{00}	3.203	0.033	221	98.161***	
	무선효과			분산	자유도	χ^2	ICC
	Level-2	μ_{0j}	0.204	0.0416	221	271.088	0.051
	Level-1	ϵ_{ij}	0.883	0.779		*	

응의 경우 야간보호교사의 소진이 높을수록 학교적응이 낮은 것으로 나타났고, 여학생이 남학생에 비해, 초등학생이 중학생 또는 고등학생에 비해, 야간보호프로그램 만족도가 높을수록 학교적응이 높은 것으로 나타났다. 성적향상의 경우, 야간보호교사 교체횟수가 많을수록 성적향상이 낮고, 초등학생이 중학생 또는 고등학생에 비해, 야간보호프로그램 만족도가 높을수록 성적향상이 높은 것으로 나타났다.

(2) 장기적 성과

장기적 성과의 각 차원별로 기초모형 분석을 실시한 결과, 자아존중감, 공동체성, 사회적 자본에서 조직수준의 무선효과가 $p < .001$ 수준에서 통계적으로 유의한 반면, 행복감은 통계적으로 유의하지 않았다. 따라서 야간보호기관에 따라 아동의 장기적 성과 중 자아존중감, 공동체성, 사회적 자본 차원에서 차이가 있으며, 이는 기관의 특성과 종사자의 특성의 효과를 검증하는 데 위계적 선형모형을 적용하는 것이 타당함을 보여준다. 반면 행복감에 대해서는 위계적 선형모형을 분석하는 것이 적절치 않다. 집단 내 상관계수를 계산

표 6.26 장기적 성과: 기초평균모형 검증

	고정효과		계수	표준오차	자유도	t	
자아존중감	절편	γ_{00}	3.626	0.027	221	135.935***	
	무선효과			분산	자유도	χ^2	ICC
	Level-2	μ_{0j}	0.222	0.049	220	326.6988	0.094
	Level-1	ϵ_{ij}	0.689	0.474		***	
	고정효과		계수	표준오차	자유도	t	
공동체성	절편	γ_{00}	3.005	0.023	221	128.76***	
	무선효과			분산	자유도	χ^2	ICC
	Level-2	μ_{0j}	0.184	0.034	220	311.6869	0.083
	Level-1	ϵ_{ij}	0.613	0.376		***	
	고정효과		계수	표준오차	자유도	t	
행복감	절편	γ_{00}	2.773	0.018	221	154.595***	
	무선효과			분산	자유도	χ^2	ICC
	Level-2	μ_{0j}	0.098	0.010	220	253.5417	0.034
	Level-1	ϵ_{ij}	0.518	0.268			
	고정효과		계수	표준오차	자유도	t	
사회적 자본	절편	γ_{00}	2.896	0.022		133.642***	
	무선효과			분산	자유도	χ^2	ICC
	Level-2	μ_{0j}	0.175	0.031	220	313.2115	0.087
	Level-1	ϵ_{ij}	0.565	0.320		***	

한 결과, 조직효과의 설명력은 자아존중감 9.4%, 공동체성 8.3%, 사회적 자본 8.7%로 나타났다.

행복감을 제외한 세 가지 장기적 발달에 대해 위계적 선형모형을 분석한 결과, 조직요인 중 기관의 프로그램 비중이, 개인요인 중 성별, 야간보호프로그램 만족도가 통계적으로 유의한 것으로 나타났다. 즉, 자아존중감의 경우 야간보호기관의 프로그램 비중이 아동보호위주인 기관의 아동이 학습위주 또는 기타활동위주인 기관의 아동에 비해 자아존중감이 높았고, 야간보호프로그램 만족도가 높을수록 자아존중감이 높았다. 공동체성과 사회적 자본의 경우 조직요인은 통계적으로 유의하지 않았고, 여학생이 남학생에 비해, 야간보호프로그램 만족도가 높을수록 공동체성과 사회적 자본이 높은 것으로 나타났다.

아동의 성과에 영향을 미치는 조직 및 개인요인에 대한 분석결과를 종합해 보면, 〈그림 6.49〉와 같다.

조직수준의 요인		심리사회적 부적응				단기적 발달			학교		자아존중감
		우울불안	사회적위축	공격성	비행	자기표현력	성취감	문제해결력	학교적응	학교성적	
기관특성	지역형태(중소도시)	▲			▲						
	운영주체										
	프로그램비중(학습위주)					▼	▼				▼
	야간보호교사교체횟수						▲ (성공경험)			▼	
	야간보호이용아동 수	▼									
야간보호교사특성	담당아동수										
	현기관근무연한										
	소진				▲		▼ (낙관성)		▼		

개인수준의 요인		심리사회적 부적응				단기적 발달			학교 관련		자아존중감	장기적 발달		사회적 자본
		우울불안	사회적위축	공격성	비행	자기표현력	성취감	문제해결력	학교적응	학교성적		공동체성	행복감	
아동특성	성별(남자)			▲	▲		▼	▼ (대인관계)	▼			▼		▼
	학교학년(중학생)					▲	▼		▼	▼				
	학교학년(고등학생)	▲	▲						▼	▼				
	가구유형(한부모가구)				▲									
	주관적 건강상태	▲	▲		▲									
	이용기간													
	이용시간													
	야간보호프로그램 만족도	▼	▼	▼	▼	▲	▲	▲	▲	▲	▲	▲	▲	▲

그림 6.49 아동의 성과에 영향을 미치는 요인

조직요인 중에서는 지역, 야간보호요이용아동 수, 연간 야간보호교사교체횟수, 야간보호교사의 소진에 아동의 성과와 관련이 있고, 개인요인 중에서는 성별, 학교학년, 가구유형, 주관적 건강상태, 이용기간, 야간보호프로그램 만족도가 아동의 성과와 관련이 있는 것으로 밝혀졌다.

우선 조직요인을 살펴보면, 중소도시에 소재한 기관의 아동이 대도시에 소재한 기관의 아동에 비해 우울불안과 비행 등 심리사회적 부적응이 높았고, 프로그램 비중이 학습위주인 기관의 아동이 아동보호위주인 기관의 아동에 비해 자기표현, 낙관성, 성취동기, 성공경험, 자신감 등 단기적 아동발달이 낮았다. 또한 야간보호교사의 소진이 높을수록 비행이 높고, 낙관성과 학교적응이 낮았고, 야간보호이용아동 수가 적을수록 우울불안이 높았다. 한편 연간 야간보호교사 교체횟수는 교체횟수가 많을수록 성적향상이 낮고 성공경험은 높은 것으로 나타나 다소 일치하지 않은 결과를 보였다.

개인요인을 살펴보면, 남학생이 여학생에 비해 공격성과 비행이 높았고, 성취동기와 성공경험, 자신감, 대인관계능력, 학교적응, 공동체성, 사회적 자본이 낮아 대체로 장단기 성과가 모두 좋지 않은 것으로 나타났다. 또한 고등학생은 초등학생에 비해 우울불안과 사회적 위축이 높고 학교적응, 성적향상이 낮았으며, 중학생은 초등학생에 비해 자기표현은 높은 반면, 낙관성, 성취동기, 성공경험, 자신감, 학교적응, 성적향상이 낮았다. 모자가구 또는 부자가구 아동이 일반가구 아동에 비해 비행이 높았으며, 주관적 건강상태가 좋지 않을수록 우울불안, 사회적 위축, 비행 등 심리사회적 부적응이 높았다. 야간보호프로그램 만족도는 아동의 모든 성과에서 유의한 영향을 미치는 요인으로 나타났다.

제 7 장

야간보호의 질적 성과

1. 연구대상 및 방법

야간보호사업에 참여했던 기관, 시설장, 교사, 아동을 대상으로 실시한 양적 연구를 통해서 야간보호사업이 아동의 성장에 긍정적인 영향을 미치고 있음을 확인할 수 있었다. 하지만 긍정적인 변화를 예상했던 것 중에서 야간보호사업의 수행과 유의미한 상관관계를 보이지 않는 것들이 부분적으로 발견되었다. 이 중에는 아동의 공격성, 비행정도, 부모의 양육스트레스가 감소되지 않은 것 등이 해당된다. 야간보호사업과 뚜렷한 상관관계를 보이지 않는 몇몇 성과지표들의 결과는 부분적으로 야간보호사업의 한계를 의미하는 것이라는 해석의 논란을 가져올 수 있다. 이에 분석결과에 대한 풍부한 해석과 양적 연구의 부족한 부분을 보충하기 위하여 연구자들은 현장을 직접 방문하여 야간보호사업을 관찰하고 사업성과의 다양한 측면을 파악하기 위해 참여자들에 대한 심층면접을 통한 질적 연구를 실시하였다.

2006년부터 현재까지 야간보호사업을 참여하고 있거나, 참여한 경험이 있는 기관 중 수도권 8개 기관, 충청권 2개 기관, 강원권 2개 기관, 전남권 1개 기관 총 13개 기관을 2010년 5월부터 8월까지 기관방문을 실시하였다. 설문지를 통해 분석할 수 없었던 사항들을 기관방문을 진행하며 지역아동센터 시설장 또는 생활복지사, 야간보호교사의 면접을 통해 질적 분석을 실시하였다.

표 7.1 질적 연구대상의 특성

지 역	지역구분	참여기간
경기도 부천시	대도시형	2008년~현재(3년)
서울시 강서구	대도시형	2006년~현재(5년)
대전시 대덕구	대도시형	2008년~현재(3년)
대전시 유성구	대도시형	2009년 7월~현재(2년)
서울시 은평구	대도시형	2007년~2010년 3월(3년)
서울시 광진구	대도시형	2007년~현재(4년)
서울시 서대문구	대도시형	2006년~2010년 3월(4년)
서울시 서대문구	대도시형	2007년~현재(4년)
서울시 양천구	대도시형	2007년~현재(4년)
강원도 강릉시	농산어촌형	2007년~현재(4년)
강원도 태백시	농산어촌형	2006년~현재(5년)
전남 곡성군	농산어촌형	2008년~2010년 3월(2년)
인천 강화군	농산어촌형	2009년~현재(2년)

2. 연구결과

질적 연구를 통해서도 양적 연구에서와 마찬가지로 전반적인 아동의 긍정적인 변화를 확인할 수 있었다. 기관방문을 통해 확인한 공통된 현장의 목소리는 '야간시간에 안전한 공간에서 아동들을 보호하고 있는 것 자체가 의미 있다'는 것이었다. 즉, 야간보호사업에 참여한 아동들이 가정이나 학교와 같은 환경으로부터 건전한 발달과 성장에 필요한 충분한 돌봄을 제공받지 못하는 상황에서 이 사업을 통해 더 나빠지지 않고 현상유지를 할 수 있다는 것이다. 이런 맥락에서 야간보호사업의 성과를 분석하면 긍정적인 아동의 변화뿐만 아니라 사업의 투입 및 활동요소에 대해 유의미한 상관관계를 나타내지 않은 것도 아동의 변화와 관련하여 '유지'의 기능을 하고 있음을 의미한다. 요컨대, 아동의 긍정적인 변화와 유지 모두 야간보호사업의 성과인 것이다.

아래 〈표 7.2〉는 현장방문 및 참여자 인터뷰를 통해 유목화했던 야간보호사업의 내용과 성과를 '더 나빠지지 않고' 발달산물이 유지된 측면과 발달산물이 긍정적인 변화를 가져온 측면으로 재구성한 것이다.

표 7.2 야간보호사업 성과의 유지와 변화 측면

구 분	유 지	변 화
아동 · 가족	• 참여아동의 구성이 고위험군으로 학교나 지역사회에서 부적응아 혹은 문제아로 낙인되어 있을 정도로 심각한 상황임 • 부모 · 가족에 대한 개입이 이뤄지지 못하고 있음 • 조손가정의 경우, 노인도 부양받아야 하는 대상이며 일정시간 아동과 보호자 사이를 분리한 것 자체가 스트레스 감소의 효과 있음	• 심리 · 정서적으로 안정되는 모습 보임 • 또래관계능력 향상 • 기초학습능력향상 및 학습의욕 증진 • 의복청결, 개인위생이 나아짐 • 간식 및 식사제공으로 결식차단 및 아동성장발달에 도움 • 누릴 것이 있어 남겨진 것이라는 자존감 향상 • 아동이 희망하는 프로그램 구성으로 자기주도 및 선택능력 향상 등
교사	• 저소득층 일자리 창출사업의 일환이기에 낮은 보수와 열악한 근무환경으로 고위험아동을 돌볼 수 있는 우수한 교사를 채용하기 어려움 • 도구라 할 수 있는 전문 프로그램 등을 제공하지 않음 • 야간근무, 계약직, 사업의 불안정성 등의 근무환경이 교사의 소진 및 잦은 이직을 불러옴	• 아동보호업무에 대한 기초교육 및 개인교육 지원으로 아동과 그 환경에 대한 교사의 이해와 업무능력이 증진됨 • 낮은 근로보상에도 불구하고 아동보호업무에 열정이 있는, 전문성 갖춘 교사가 아동을 보호함 • 사업참여 경험을 통해 관련 자격증을 취득하거나 정규직으로 전환됨
기관	• 외부지원이 적은 상태에서 아동의 필요에 따라 야간까지 보호한 것 자체가 성과임 • 사업이 지속될수록 지원수준이 낮아지는 상황에서 사업을 지속한 것 자체가 의미 있음 • 기관의 입장에서 야간근무 혹은 운영시간을 야간까지 연장하는 것이 별다른 장점이 없음	• 야간보호사업에 대한 센터장 혹은 담당사회복지사의 열정이나 애정 • 희소성이 높은 야간보호사업을 함으로써 지역사회의 인정을 받게 되고 네트워크의 계기가 됨 • 사업지원의 중단에도 불구하고 야간보호를 지속할 의사가 있음

(1) 아동·가족 측면 성과요인

가. 아동 발달산물의 유지

야간보호사업에 참여하는 아동들은 긍정적 발달을 촉진하는 요인보다는 부정적 산물을 가져올 가능성이 높은 위험요인에 노출된 경우가 많다. 야간시간대에 부모의 보호를 받지 못한다는 것은 불규칙한 수면과 식사, 학습준비의 부족, 일탈성향의 친구들과의 교류에 대한 지도감독 부재 등 다양한 위험요인을 경험하게 만든다. 그렇기에 야간보호사업을 통해 적절한 개입과 보호가 제공되어도 빠른 시간 안에 모든 차원의 발달산물이 긍정적으로 변화되기는 어려울 수 있다. 따라서 고위험요인에 노출된 아동의 경우 보호제공에 따른 성장과 변화만을 주요한 성과로만 볼 것이 아니라 적절한 보호가 제공되지 않았다면 더욱 나빠졌을 발달산물을 유지시키는 것 또한 일차적 성과로 볼 필요가 있다. 이러한 발달산물의 유지는 이후 야간보호가 지속됨에 따라 부정적인 환경요인의 영향에서 벗어나 긍정적인 측면으로의 발달로 이어질 수 있는 출발점일 수 있다.

실제 질적 연구를 통해 만나본 야간보호교사들의 대부분은 야간보호사업에 참여한 아동들 대부분이 복합적인 어려움을 가진 고위험 아동이라는 점에 동의하고 있었다. 학교와 지역사회로부터 '부적응아' 혹은 '문제아'로 낙인찍힌 아동들이 대부분이었다는 것이다. 방과후 시간 동안 제대로 된 보호를 받지 못한 아동들의 경우 부모의 적극적인 지도감독을 경험하지 못했기에, 규칙을 준수하는 생활에 익숙하지 못하고, 일정한 활동범위를 제한하는 규제와 지도에 힘들어 하는 경우가 많았다. 그러다보니 야간보호교사들은 야간보호사업을 시작할 당시의 가장 큰 관심사는 이들 아동들이 '다른 데 가지 않고 매일 기관에 오는 것'이라고 응답하였다.

하지만 야간보호사업이 지속적으로 진행되면서 점차 아동들은 야간보호교사들의 보호에 적응해나갔고, 방과후에 다른 곳보다 야간보호사업 수행기관으로 오는 것에 만족하는 비율이 높아져갔다. 이는 초등학교시기 동안 지속적으로 야간보호사업을 이용한 아동들의 비율이 높았고, 이용기간이 길수록 만족도 또한 높게 나타난 양적 조사에서도 확인되고 있다. 이처럼 아동의 이탈없는 지속적인 참여와 이용은 야간보호사업의 일차적인 성과이자 긍정적 발달산물의 변화를 위한 디딤돌이라 볼 수 있다. 아동의 경우 보호서비스로부터의 이탈은 일탈과 부적응의 심화에 따른 결과인 경우가 대부분이기에 지속적인 보호사업의 이용은 심각한 부적응과 문제행동의 악화를 경험하지 않고 있음을 보여주는 징표라 할 수 있다. 이와 관련하여 야간보호교사들은 방과후 또는 야간시간대에 길거리를 배회할 기회를 야간보호사업을 통해 사전에 차단함으로써 비행과 탈선을 예방하는 효과가 크다는 점을 지적하고 있다.

야간보호사업의 이용이 아동에게 발달산물의 유지로 작용하는 점은 아동의 가족형태에서도 찾아볼 수 있었다. 농산어촌에서 운영하는 야간보호사업의 경우 조손가정의 아동들의 참여 비율이 상당히 높았다. 조손가정의 주양육자인 할머니와 할아버지는 어찌보면 인간의 발달단계에서 아동을 양육하는 주체라기보다는 일정정도 부양을 받아야 할 대상이라 볼 수 있다. 실제 조손가정의 노인양육자들 중 상당수는 심리·정서적 상태, 건강상태, 경제적 능력, 지적수준 등의 문제로 아동을 돌보기에 어려움을 가지고 있음을 호소하고 있다. 아동의 긍정적 변화를 이끌어 내기 위해서는 가족체계에서 더 많은 관심과 관여가 동반되는 높은 수준의 돌봄이 필요한데, 이를 조손가정에 요구하기에는 무리가 있다. 또한 그러다보니 야간보호사업을 통해 제공하는 서비스만으로는 아동의 발달산물이 극적인 변화 없이 유지되는 수준에 머무르고 있다고 할 수 있다. 하지만 발달산물의 유지에도 불구하고 대다수의 야간보호교사들은 조부모와 아동간에 존재하는 세대 차이가 서로간에 상당한 갈등과 스트레스를 유발하기도 하는데, 야간보호를 통해 조부모와 아동을 일정한 시간동안 분리하는 것은 그 자체로 의미가 있다고 평가하였다.

조손가정에서 나타나는 보호수준의 미약함은 형태는 다르지만 부모가 존재하는 다른 가족유형에서도 확인되고 있다. 야간보호사업 참여가정의 경우 주양육자가 야간시간까지 경제활동을 수행하기에 야간보호교사와의 만남 자체가 어렵거나 부모교육이나 가족모임 등의 참여가 저조하여 가족체계에 대한 개입이 어려운 문제를 가지고 있다. 아동의 긍정적 변화는 일차적 보호체계인 가족의 변화와 지지가 동반되어야 하는데, 이것이 어려울 경우 아동의 변화가 극적으로 나타나기는 힘들 수밖에 없다. 더욱이 야간보호사업을 통해 주양육자들이 해야 할 일의 대부분을 야간보호사업 수행기관에서 해결해 주다 보니 '양육에 대한 책임감이 저하되고 기관에 의존적인 경향'을 보이는 문제도 나타나고 있다. 야간보호사업이 아동양육의 의무를 부모로부터 전적으로 위임받는 것이 아니라 아동돌봄의 부담을 공유하면서 동반적 관계에서 돌봄서비스를 제공하는 것이라 할 때, 가족체계의 소극적인 참여와 개입의 어려움은 아동변화를 이끌어내는 데 걸림돌이 될 수밖에 없다.

그렇다면 주양육자와 가정환경의 보호부족으로 인한 아동발달산물의 유지를 어떻게 보아야 하는가? 아동기를 포함해 인간의 발달은 정체되지 않는다. 발달은 시간에 따라 어떠한 형태로든 변화를 경험하는 것을 의미하기 때문이다. 그런 점에서 보호적이지 않은 환경에서 성장할 경우 나빠질 수 있는 발달산물들이 극적인 변화없이 유지되는 것으로 보이는 것조차 어찌보면 악화의 경로에서 벗어나 현재의 상태로 끌어올려진 변화의 결과라 볼 수 있다. 그렇기에 야간보호사업을 통해 발달산물의 유지가 이루어지는 것 역시 중요한 성과로 보아야 한다. 도약을 위해서는 잠깐의 움츠림이 필요하듯 야간보호사업 참여아동에게서 나타나는 발달산물의 유지는 이후의 성장과 변화를 위한 디딤돌이 될 수 있다. 이와 관련해 야간보호사업을 통해 제공되는 돌봄서비스는 더 많은 물을 푸기 위해 필요한 마중물로서 기능하는 것이다.

나. 아동 발달산물의 긍정적 변화

야간보호사업이 이용아동의 발달산물을 유지하는 데만 기여하는 것은 아니다. 야간보호교사들이 꼽는 아동의 주요한 변화 중 하나는 시간이 지날수록 초기의 불안정한 모습에서 벗어나 점차 심리·정서적으로 안정되어가는 모습을 보인다는 것이다. 야간보호사업에 참여한 초기에는 '화'를 참지 못하고 사소한 일에도 신경질을 부리고, 다른 아동들과 갈등관계를 경험하던 아동들이 자신의 감정을 조절하게 되고, 차분하고 순해진다는 것이다. 이를 위해 야간보호사업 수행기관은 성품캠프, 활동프로그램, 사례관리 등 다양한 프로그램과 서비스를 제공하고 있다. 게다가 야간시간이라는 시간의 특성상 관련프로그램에 대한 참여도와 집중도가 커져 프로그램 만족도가 높게 나타나며 성과도 큰 것으로 야간보호교사들은 대답하고 있다.

학령기 아동에게 부모의 보살핌은 절대적이다. 야간보호사업에 참여하는 아동의 경우 방과후 학습을 지도감독해 줄 부모가 곁에 없기에 학업성취도의 격차가 더 커질 가능성이 있다. 이에 학습활동지원을 중점적으로 제공하는 야간보호사업 수행기관이 많았고, 그 결과 개별적으로 뚜렷한 성취를 보이는 아동사례도 있음을 확인할 수 있었다. 야간보호교사들은 아동들에게 학교 수업에 적응할 수 있는 정도의 읽기, 쓰기, 산수능력의 향상에 초점을 두었고 그 정도는 향상되었다고 응답하였다. 단기적으로 체감할 수 있는 성적의 향상보다는 지속적이고 자기주도적인 학습이 가능하도록 학습의욕을 증진시키는 점에서 성과를 확인할 수 있음을 강조하였다.

야간보호교사들이 돌봄서비스의 목록에서 빼놓지 않고 중요하다고 이야기한 활동은 목욕프로그램이었다. 주기적으로 씻고 옷을 갈아입는 것에 대한 부모의 지도감독이 없을 경우 학교에서 또래들로부터 따돌림을 당하거나 무시당하는 사례들이 많기 때문이다. 이에 목욕프로그램은 야간보호사업에서 매우 중요한 활동 중 하나라는 점에 다수의 야간보호교사들은 동의하였고, 대부분 월 1회씩 정기적으로 실시하는 것으로 대답하였다. 이러한 청결지도를 통해 질병을 예방하고, 아동들의 신체청결 및 의복위생 등이 가시적으로 나아지는 것을 확인할 수 있었으며, 궁극적으로는 아동들의 자기관리에 대한 인식이 개선되는 효과가 있다는 점을 지적하고 있었다.

야간보호사업이 아동의 건강에 기여하는 부분을 이야기할 때 급식제공을 통한 영양관리를 빼놓을 수 없을 것이다. 물론 야간보호사업에 참여하는 아동 모두가 식사를 차려줄 부모가 집에 없다고 해서 저녁을 굶지는 않을 것이다. 하지만 라면, 참치캔, 스팸통조림 등 아동들이 부모의 도움 없이 혼자 조리하여 먹을 수 있는 음식들은 아동의 신체발육과 균형잡힌 영양보충에는 유해한 것이다. 이에 야간보호사업을 통해 정기적인 시간대에 충분한 간식 및 영양식을 제공할 수 있어 결식을 차단하고 균형 있는 영양을 보충하는 것은 아동의 건강한 신체발달과 함께 편식습관 개선, 심리적 욕구 충족등의 성과를 가져오고 있다는 점을 야간보호교사들은 강조하였다.

야간보호교사들이 아동의 발달산물 중 가장 큰 변화를 보인 것으로 꼽은 것은 '또래관계의 향상'이었다. 일주일에 4~5일을 함께 하면서 아동들은 친밀한 관계를 경험하고, 정서적 유대감을 공유하면서 서로간의 응집력이 향상되고, '또래관계가 돈독해지는' 결과로 나타난다는 것이다. 이러한 또래관계의 향상은 더 나아가 사회적 지지의 한 형태인 '자기들간의 돌봄'으로 나타나기도 한다. 나이차가 있는 아동간에 '유사형제 또는 자매'의 감정을 가지게 되어 야간보호교사가 미처 신경 쓰지 못하는 상황에서 아동들은 서로를 돌봐주는 경험을 갖게 된다는 것이다.

이와 같은 아동들의 변화를 가능케 하는 요소로 야간보호교사들이 지적한 것은 야간보호사업에 대한 아동들의 자부심과 긍정적인 시각이었다. 야간보호사업이 시작할 초기에는 보호자가 없어 기관에 '남겨진 아이'거나 '맡겨진 아이'였기에, 야간보호사업을 이용한다는 것이 조금은 수치스러운 경험일 수 있었다. 그렇지만 흥미롭고 다양한 프로그램을 야간보호사업 수행기관이 제공함으로써 '누릴 것이 있어서 선택받은 아이'로 자신을 여기게 되었고, 야간보호사업 참여를 자랑스러워하는 모습으로 변화했다. 그러다보니 한 야간보호교사는 야간보호사업의 참여자격이 없는 부모들이 자신의 자녀도 이용가능한지를 물어보는 경우도 종종 있다고 답하였다.

부모들이 야간보호사업을 통해 경험하게 된 긍정적인 측면으로는 우선 야간시간대에 자녀를 보살필 수 없는 데 따른 불안감이 해소되고, 자녀의 안전에 대해 안심하게 되었다는 점일 것이다. 이는 자연스럽게 야간보호사업 수행기관에 대한 신뢰구축으로 이어졌고, 토요일에 개최하는 가족모임이나 부모교육 등 부모 및 가족과의 연계활동이 순조롭게 이루어지는 성과로 이어질 수 있었다. 아울러 맞벌이가정, 한부모가정, 조손가정 등 야간보호사업을 이용하는 대부분의 가정들은 아동들에게 자신들이 해주기 어려운 활동과 지원을 야간보호사업 수행기관에서 제공해주는 데 대한 고마움을 가지고 있었다. 그러한 고마움은 야간보호사업 수행기관에 대한 긍정적인 관계형성의 계기로 작용하고 있었다.

(2) 교사 측면 성과요인

가. 아동 발달산물의 유지

저소득층 일자리 창출사업으로서 야간보호교사 채용기준이 정해져 있고, 낮은 보수와 열악한 근무조건으로 인해 다양한 욕구를 가진 고위험아동을 돌볼 수 있는 우수한 교사를 채용하기 어렵다. 그 때문에 야간보호교사는 아동 단순보호 업무에 그치는 경우가 많았으며 아동에게 프로그램을 제공하는 전문 강사나 자원봉사자 등의 인력관리 및 행정업무를 주로 담당하고 있었다. 참여자 인터뷰시 '야간보호교사 채용시 저소득층이라는 기준이 우선되기 때문에 야간보호교사의 전문성이 낮을 수밖에 없다'라는 의견이 많았고 현실도 그러하였다. 그러나 야간보호교사는 자신이 가진 최대한의 역량을 발휘하여 아동을 보호했기 때문에 아동들이 더 이상 나빠지지 않고 유지될 수 있었다고 생각된다.

일반적으로 야간보호사업은 임금이 낮고 근무조건이 나쁘기 때문에 교사의 교체횟수가 잦은 편이다. 이는 아동의 측면에서는 부정적이지만 저소득 계층의 교사가 이후 자기계발을 통해 야간보호교사보다 더 좋은 일자리를 선택하여 빈곤탈출의 기회가 되는 측면도 있다. 그럼에도 야간보호교사의 빈번한 교체는 아동에게 부정적인 영향을 가져오는 경우가 많다. 일반적으로 교사의 지속성은 양육자의 지속성과 마찬가지로 아동의 정서적 안정감을 가져오기 때문에 긍정적인 효과를 가져온다. 하지만 교사의 지속성이 항상 긍정적 효과를 보장하는 것은 아니다. 질이 낮은 야간보호교사의 경우 이직이 어렵기 때문에 지속적으로 사업에 투입되었기는 하지만 그에 걸맞는 성과를 가져오지 못한 상황도 발생할 수도 있기 때문이다.

또한 현장방문시 야간보호교사들이 가장 많이 호소한 어려움은 '전문 프로그램의 부재'였다. 야간보호사업 참여아동들은 일반아동들이 필요로 하는 것과는 조금 다른, 뭔가 특별한 프로그램이나 도움이 필요해 보였지만 '처음에는 아동 자체를 이해할 수도 없었고, 뭘 해야 할지도 몰랐으며, 또 야간보호교사의 업무에 적절한 건지 혼란스러웠다'고 하였다. 이처럼 야간보호사업이 각 기관의 상황에 따라 개별적으로 운영하도록 되어 있어 야간보호사업에 적절한 전문프로그램이 제공되지 못하는 상황은 아동들의 적극적인 변화를 이끌어내기에는 역부족이었다.

마지막으로 1년 단위의 사업계약으로 인해 다음 해 사업지속여부가 불확실하고 야간보호사업이 지속될수록 지원이 줄어들고 센터에서는 외부지원 종료시 사업의 종료를 고려하기 때문에 교사들은 매년 실직의 불안감을 안고 있다. 야간근무라는 근로환경과 이에 대한 충분한 보상부족, 사회적 일자리사업으로서 1년 단위의 계약직 고용형태, 야간보호사업 지원기관 선정여부 불투명으로 인한 불확실한 재계약 여부 등은 야간보호교사들이 공통적으로 꼽는 '오래도록 일하기는 힘든 조건'이다. 이러한 조건은 야간보호교사의 잦은 교체라는 결과를 낳기도 하며, 바로 이직으로 이어지지 않는다 하더라도 급속한 소진의 원인이 될 수 있다. 야간보호교사의 잦은 교체 혹은 소진상태는 안정적이고 지속적인 아동보호사업 제공의 장애물로 작용하기 쉽다. 이에 야간보호교사가 안정적으로 일할 수 있는 방안이 마련되면 좋을 것으로 생각되며, 당직수당, 현실적인 교사급여, 유류비 등 야간근무에 대한 보상이 더 있어야 할 것으로 판단된다. 야간보호사업을 사회복지공동모금회 기금으로 지원하는 것이 아니라 국가가 지원하면 더욱 안정적으로 야간보호사업을 진행할 수 있을 것이다. 교사의 개인적 차원에서는 지속적인 교육 등으로 전문성을 확보하여 아동관련 분야의 교사로 일할 수 있도록 연계되어야 할 것이다.

나. 아동 발달산물의 긍정적 변화

야간보호교사의 아동보호업무에의 열정과 전문성을 통해 아동보호의 질이 높아지게 된 점은 아동 발달산물의 긍정적 변화를 가져온 가장 큰 원동력이다. 낮은 수준의 보수와 열악한 근무조건에도 불구하고 아동보호업무에 열정을 가진 전문성 있는 교사가 야간보호교사로 지원하여 지속적으로 아동을 돌보는 경우도 많았는데 이 경우 아동의 변화측면에서 큰 성과를 나타내었다.

야간보호교사가 아동을 돌보는 일 자체에 보람과 만족을 느끼는 경우가 많았다. 또한 야간보호교사로 채용되어 야간보호교사 교육을 통해 아동보호업무에 대한 기초교육을 받음으로써 아동과 그 환경에 대한 교사의 이해와 업무능력이 증진되게 되었다. 교육을 통해 아동과 가족, 빈곤 등에 대한 이해가 높아져 자기성장 및 자신이 속한 가정의 성장으로까지 이어지면서 긍정적인 파급효과를 가져오는 경우가 많았다. 개인적인 노력으로 방과후지도사, 사회복지사 등 아동보호관련 자격증 취득을 위한 교육에 추가적으로 참여함으로써 업무에 대한 전문성이 강화되었다. 교사의 이러한 발전은 자연히 아동 발달산물의 긍정적인 변화로 이어지는 결과를 낳게 된다.

또한 더불어 사업참여 경험을 통해 정규직으로 전환되는 경우도 많았다. 야간보호교사로 성실하게 근무하고 그 능력을 인정받는 경우 기관에서 '정규직'으로 채용되어 보다 안정된 조건에서 급여를 받으면서 아동을 보호할 수 있으며, 아동들은 교사의 변동이 잦지 않아서 보다 심리정서적으로 안정될 수 있었고 이것이 발달산물의 긍정적인 변화로 이어지는 결과를 낳았다. 지역주민이 야간보호교사가 되어 아동을 보호하고 있어 부모들과 의사소통하기가 편하고 아동 귀가지도도 용이한 경우가 많았다.

(3) 기관 측면 성과요인

가. 아동 발달산물의 유지

장시간 좁은 센터에서 다른 친구들이 집에 간 이후에도 밤 늦은 시간까지 편안한 분위기로 보호하기 위해서는 숙련되고 능숙한 담당교사의 배치가 중요하다. 더욱이 프로그램을 일상생활 속에서 자연스럽게 운영할 정도의 전문성을 가진 교사가 배치되지 않고 현재처럼 경력이 낮은 교사가 많은 수의 아동을 야간에 담당한다면 단순한 야간보호는 할 수 있겠지만 아동의 문제행동을 발생시키거나 악화시키는 요인이 될 수 있다. 따라서 아동의 문제행동을 예방하거나 감소시킬 수 있는 적정 아동 수에 맞는 전문성 있는 교사배치가 중요하다. 또한 지원기관이 요구하는 많은 서류때문에 행정업무가 많아 업무

과중으로 소진되는 경우가 많다. 기관에서 아동중심의 서비스가 가능하도록 운영비 정산이나 보고과정을 간소화해야 할 필요가 있다.

기관의 입장에서 야간보호를 위해 운영시간을 야간까지 연장하는 것은 별다른 이득이 없을 수도 있다. 특히 시설장과 같은 관리자 입장에서는 야간시간까지 기관운영을 연장하는 것은 추가적인 비용 및 관리운영 문제가 발생할 소지가 있으며, 당직교사의 경우 근무시간의 연장에 대한 충분한 보상이 전제되지 않는 상황에서 야간보호사업은 환영할 만한 일이 못되는 것이 현실이다. 이렇게 외부지원이 적은 상태에서 아동과 가족의 필요에 따라 야간까지 보호한 것 자체가 커다란 성과이다. 또한 사회복지공동모금회의 야간보호사업이 지속될수록 양과 질 모든 측면에서 지원의 수준이 낮아지도록 설계된 상황에서 야간보호사업을 지속하고 있는 것 자체로 큰 의미가 있다. 외부지원은 적고 내부적으로는 야간보호사업에 대한 합의와 지원이 전제되지 못한 채 진행되는 경우 이 사업은 아동의 변화라는 적극적인 목표달성을 이루기가 어렵다.

나. 아동 발달산물의 긍정적 변화

기관의 입장에서는 초등학생 중심으로 단순한 돌봄기능만 제공해도 큰 성과라 생각된다. 야간에 여러 가지 프로그램에 참여하는 것보다 단순한 보호가 더 좋다고 생각되는데, 가정과 같은 분위기에서 정해진 시간에 식사를 하도록 하고 숙제지도, 생활지도 등을 하는 것이 규칙적인 생활습관을 제공하여 심리정서적 안정에 도움이 되고 육체적으로도 더욱 건강해지고 있다. 지역아동센터에서 야간에 다양한 프로그램과 체험활동을 경험함으로써 '낙인감'이 아니라 많은 혜택을 받고 있다고 아동들이 생각하고 있기 때문에 다른 친구들에게 지역아동센터에 다니고 있는 것을 자랑하고 싶어하고 또 기관에 도움이 필요한 처지의 아동을 소개하는 경우도 있었다. 야간보호는 일상적인 주간보호보다 이용아동 수는 적어지고 함께 하는 시간은 더 길어지면서 친구간의 우의가 돈독해지며 자신의 가족상황을 더 많이 노출할 기회를 가지고 서로의 처지를 공유하면서 친구관계의 응집력이 더 높아지는 것으로 나타났다(이경림 · 정익중, 2010).

또한 야간보호의 필요성을 높게 인식하고 사업에 대한 애정이 있는 시설장이나 담당 사회복지사의 경우 외부지원이 부족하여 사업운영이 어려운데도 열정을 가지고 사업을 지속하고 있었다. 이러한 기관들은 외부지원이 중단될 경우 어떤 노력을 기울여서라도 야간보호사업을 지속하겠다는 의지를 보였으며, 이런 기관에서 보호받는 아동들은 긍정적인 변화를 나타내었다. 야간보호사업을 통해 고위험아동을 발굴하게 되어 야간보호 외에 심리치료, 가족지원 등 다양한 서비스를 제공하게 되고, 고위험아동의 경우는 선정하여 개별적인 사례관리를 실시함으로써 긍정적인 발달산물의 변화를 가져왔다. 아동들이 야간보호 후 안전하게 귀가할 수 있도록 자원봉사자를 연계하여 귀가지도를 실시하거나 농어촌의 경우 직접 차량으로 귀가지도를 하고 있었다. 이러한 세심한 배려는 아동의 변화를 가져오는 단초 역할을 하고 있다. 학습이 필요한 아동들에게는 주변 고등학교나 대학교의 우수한 자원봉사자를 활용하여 1: 1 학습을 실시하였고, 학습을 잘 따라가지 못하고 어려워 하는 아동들은 주로 특기적성 위주로 놀이, 체험 등 다양한 프로그램을 진행하여 여러 가지 경험을 할 수 있도록 해주었다. 이러한 맞춤형 서비스를 통해 아동의 발달산물의 변화가 일어났다.

마지막으로 야간보호라는 희소성이 높은 사업을 함으로써 지역사회 내에서 주목을 받게 되고 학교에서도 자신들의 해야 할 역할의 중요한 부분을 기관에서 하기 때문에 야간보호사업 기관을 파트너로 인정하는 분위기가 형성되기도 하였다. 이를 통해 서로 간의 소통과 협력이 시작되고 지역사회 핵심기관인 학교와 긴밀한 관계를 시작으로 지역사회 네트워크가 이뤄지는 성과도 나타났다.

제 8 장

야간보호의 향후 과제

1. 실천적 제언
2. 정책적 제언

1. 실천적 제언

(1) 사례관리를 통한 아동통합서비스의 제공

야간보호가 필요한 아동은 지역아동센터 내에서 가장 문제의 위험상황이 높은 대상에 속한다. 따라서 복합적 문제 상황을 가진 대상자에게 포괄적인 서비스를 체계적으로 제공·관리하는 사례관리를 통해 서비스가 제공되는 형태가 가장 바람직하다. 야간보호사업의 경우, 야간보호교사가 지역 내 아동복지 지원체계를 연계할 수 있는 사례관리자가 되어 아동을 지원해야 한다. 우선적으로 사례관리자인 야간보호교사는 야간보호가 필요한 아동이 가지고 있는 위험상황을 판별하여 치료적 개입이 필요한 아동과 단순한 야간보호가 필요한 아동을 구분하고, 이에 따른 차별화된 서비스를 계획하고 제공할 수 있어야 한다. 이를 위해 고위험군 아동을 표적집단으로 하는 통합사례관리 전산시스템을 구축하여 체계적으로 관리할 필요가 있다. 이때 개인정보보호 등의 문제가 부각될 수 있으므로 이에 대한 관리도 철저히 해야 한다.

분석결과에서 확인된 바와 같이 복합적이고 심각한 어려움을 가진 고위험아동의 경우 현재의 단순보호 수준에서 제공되는 서비스만으로는 긍정적인 발달산물의 획기적인 변화를 이끌어내기 어렵고 단지 더 이상 나빠지지 않도록 유지하는 수준에 그치고 있었다. 따라서 사업에 참여하는 아동을 지역사회와 기관의 특성을 고려하여 일반수준의 방임아동인 경우와 빈곤·방임 수준이 심각한 고위험아동인 경우를 구분하여 차별적인 야간보호사업이 제공되어야 한다. 특히 고위험아동에게는 아무리 좋은 개입이라 하더라도 한 가지 서비스만으로는 복합적인 문제를 해결하기 어렵다. 따라서 치료적 접근뿐만 아니라 교육·복지·문화·보건 차원에서 다중요인(multi-component)에 대한 포괄적 접근을 통해 다수의 위험요인에 동시에 개입해야 한다(오정수·정익중, 2008).

심각한 문제 상황에 노출되지 않고 있는 아동에 대해서는 현행과 같이 단순보호 서비스를 기본으로 하여 가정과 같은 분위기에서 안정된 돌봄을 받도록 하면서, 다양한 문화체험의 기회제공 등을 추가로 지원하도록 한다. 반면 방임수준이 심각하고 정서적, 행동상의 문제를 많이 경험하는 고위험아동의 경우 전문적인 사례관리 서비스가 제공되어야 하며 개별적이고 집중적인 치료가 필요할 때는 이를 위한 추가적인 비용지원과 전문가의 개입이 뒷받침되어야 한다. 고위험아동집단에 대해 전문적인 교육을 받지 않은 야간보호교사가 치료적 개입을 수행하는 것은 불가능할 뿐만 아니라 야간보호교사와 아동 모두를 더 위험하게 만들 수 있기 때문이다.

(2) 야간보호사업의 표준화

야간보호사업을 운영하는 기관들이 제공하는 서비스는 그 내용과 수준에서 다양한 것으로 나타났다. 단순보호와 학습활동중심의 보호에서 체험중심의 문화활동, 사회복지기관에서 실시하는 집단프로그램 등을 제공하는 보호에 이르기까지 기관의 역량과 여건에 따라 상이한 수준과 편차를 나타내고 있었다. 야간보호사업 기관들은 야간보호교사의 역량과 시설의 물리적 환경 및 활용 가능한 인적 자원을 우선적으로 고려하여 서비스 내용을 결정하는 것으로 나타났다.

그러나 야간보호사업의 내용을 결정하는 일차적인 기준은 야간보호교사의 역량이나 시설의 여건이 아니라 아동발달단계에 따른 욕구여야 한다. 물론 소규모로 운영되는 영세한 지역아동센터의 경우, 아동욕구에 기반을 두어 독자적인 적정서비스의 제공계획을 구성하는 것이 힘들 수 있다. 이에 아동발달단계를 우선적으로 고려하여 다양한 체험활동과 학습활동 등이 조화를 이루는 서비스의 표준안 개발이 필요하다. 아동의 발달단계를 고려한 적정서비스의 내용과 기간, 핵심적 활동을 규정하는 표준안에 근거해 전국적으로 균일한 수준의 야간보호사업이 제공될 수 있어야 한다. 아울러 개발된 서비스 표준안을 야간보호교사들이 숙지하고 그들의 역량 내에서 수행할 수 있도록 하는 교육사업도 동시적으로 이루어져야 할 것이다.

본 연구결과에 의하면 학습활동위주, 아동보호위주, 놀이 및 체험위주로 프로그램을 운영하는 기관에 따라 이용아동 및 주양육자의 만족도는 차이를 보이는 것으로 나타났다. 아동보호 중심의 야간보호사업 기관을 이용하는 아동이 우울불안 수준이 상대적으로 낮고, 낙관성의 성과지표가 좋은 것으로 나타났다. 이 결과에서 확인할 수 있듯이 야간보호사업과 관련된 표준화 작업에서 1차적으로는 아동의 안전, 건강, 아동에 대한 존중을 중심내용으로 하는 "아동보호"가 기본적 서비스로 강조될 필요가 있다. 이때 단순보호서비스란 임상적이고 전문화된 개입활동의 수준일 필요는 없으며 일반 가정에서 주양육자와 아동이 경험하는 활동과 보호를 의미한다.

또한 아동보호위주의 단순보호서비스라 할지라도 야간보호교사가 지나치게 많은 아동을 담당해서는 안 된다. 이는 본 연구에서 야간보호교사 1인당 담당아동 수가 많을 경우 아동의 만족도와 성과지표가 낮게 나타난 것에서도 확인된다. 결국 야간보호교사와 아동간에 정서적 유대관계를 형성하고 개별화된 상호작용이 수반될 수 있는 선에서 보호가능한 아동의 규모가 결정되어야 할 것이다.

한편, 야간보호사업의 표준화와 관련하여 모금회는 지난 2008년 야간보호 교사교육을 시행해 오면서 축적한 경험과 성과물을 정리하여 기초적인 표준안이라 할 수 있는 "야간보호 매뉴얼 1.0"을 개발한 바 있다. 이 표준안은 크게 ① 지역아동센터 야간보호의 이해, ② 야간보호아동과 관련한 이론적 지식, ③ 실천, ④ 야간보호교사를 위한 핸드북 등으로 구성되어 있다. 이에 향후 서비스 표준안을 보다 정교하고 풍부하게 개발할 때 유용한 기초안이 될 수 있다고 여겨진다.

다시 한 번 강조하지만, 서비스 표준화작업에서 프로그램의 전문성을 앞세워 야간보호교사가 수행하기 힘들고 아동의 욕구에 부합되지 않는 프로그램을 포함하는 것은 지양해야 할 것이다. 일차적으로 야간보호는 "집과 같이 편안한 공간에서 보호받고 있으며, 일반적인 가정에서 아동에게 이루어지는 돌봄의 시간"이 되는 데 중점을 두어야 한다. 이와 관련하여 사회연대은행에서 공통야간프로그램으로 동네한바퀴, 등교준비하기, 위축·불안정한 아동,

산만한 아동에 대한 건강체조, 내적 힘을 기르기 위한 뇌기능활성화 프로그램(Fit Brain), 자유시간 등을 진행한 것은 '아동보호' 위주의 서비스 표준화에 유용한 시사점을 제공해 준다.

서비스 표준화작업은 본 연구를 포함하여 야간보호사업과 관련된 기존의 연구 및 프로그램 성과를 중심으로 현장에서의 활용가능성을 최우선으로 고려하여 이루어져야 할 것이다. 아울러 현장에서 성공적으로 이루어진 프로그램을 찾아내어 다른 기관에서도 적용해 볼 수 있는 기회를 공유하는 것도 서비스 표준안을 마련하는 데 도움이 될 것이다.

참고로 서비스 표준안의 개발작업에 참고할 수 있는 기본적인 야간보호사업의 내용을 제시해보면 다음과 같다.

제시된 표와 같이 아동안전, 아동건강, 일상생활관리 등의 차원에 초점을 둔 프로그램을 표준안의 기본내용으로 개발하고, 야간보호교사가 필수적으로 갖추어야 할 기술을 포함시켜 야간보호교사가 아동의 발달단계와 욕구에 적극적으로 대응할 수 있도록 해야 한다. 야간보호교사에 대한 충분한 직무교육

표 8.1 야간보호사업의 기본 프로그램 표준안(예시)

<table>
<tr><th colspan="2">내 용</th><th>세부내용</th></tr>
<tr><td colspan="2">이 론</td><td>생태체계이론, 강점관점, 야간보호 교사 가치와 원칙, 지역아동센터의 이해, 이용아동 · 가족의 이해, 아동발달의 이해, 아동학대의 개념 및 유형, 야간보호의 필요성</td></tr>
<tr><td rowspan="3">프로그램</td><td>아동안전</td><td>안전한 공간 만들기, 센터 내 외부의 안전 확보, 비상 연결체계 구축, 귀가지도</td></tr>
<tr><td>아동건강</td><td>건강상태 파악하고 돌보기, 건강한 먹거리 제공(식사 및 간식), 식사예절지도</td></tr>
<tr><td>일상생활</td><td>청결지도, 놀이를 통한 긍정적 또래관계 및 실무자 관계 가지기, 사회회적 기술, 자연스런 대화를 통한 의사소통, 일기쓰기, 하루정리 및 내일을 위한 준비(알림장 확인, 숙제확인, 준비물 확인 등)</td></tr>
<tr><td rowspan="3">기술</td><td>아동을 만나는 기술</td><td>아동이 참여하고 함께 하는 규칙 만들기, 아동의 잘하는 것 격려해 주기, 아동의 이야기 잘 들어주기 등</td></tr>
<tr><td>아동 관찰, 면담 기술</td><td>아동개별카드, 아동성장기록, 교사회의</td></tr>
<tr><td>가족지원 기술</td><td>가족과 함께 야간보호 협력 약속하기, 유지하기</td></tr>
</table>

제공이 야간보호사업의 만족도와 관련성이 높게 나타난 본 연구의 결과를 고려할 때, 표준안의 개발과 그 보급을 위한 교육활동은 아동에 대한 이해와 기본적인 전문성 개발에 필수적이고 기본적인 출발점이라 할 수 있다.

마지막으로 표준화는 균일한 수준의 서비스를 확보하는 데 의미를 가지지만 서비스의 획일화로 이어지지 않도록 주의해야 한다. 기관이나 지역의 특성상 표준안에서 제시하는 프로그램을 전면적으로 수용하지 못할 수 있기 때문이다. 표준안이 또 다른 족쇄가 되지 않도록 기관이나 지역의 사정에 따라 탄력적으로 운영될 수 있도록 해야 할 것이다. 이를 위해 필수 프로그램을 표준안의 기본내용으로 제시하고, 기관이나 지역사정을 고려하여 기관들이 선택 가능한 프로그램 목록을 담아낼 필요가 있다.

(3) 야간보호사업을 통한 부모양육기능의 강화

야간보호사업의 주요한 대상인 저소득층 가족의 아동들은 방과후 부모의 지도감독과 보호가 없는 상태에서 자기보호 형태로 시간을 보냄으로써 숙제점검, 식사제공, 친구와의 놀이 등 부모의 관여가 필요한 많은 부분들이 방임상태에 놓이게 된다. 그렇기 때문에 야간보호사업은 부모의 부족한 돌봄을 일정 정도 채워주는 내용이 될 수밖에 없다. 이러한 사업에서 한 가지 분명한 사실은 야간보호사업기관이 단순히 부모로부터 아동의 보호를 위임받아 대리하는 보호기관에 그쳐서는 안 된다는 것이다. 단순대리보호에 그치는 야간보호사업은 저소득취약계층의 부모가 아동에 대해 수행하는 허약한 양육보호기능을 변화시키지 못한다. 아동의 긍정적인 변화는 부모·가족 등 아동을 둘러싼 환경의 변화가 동반되어야 극대화될 수 있기 때문이다. 그렇기 때문에 부모·가족의 기능강화 없이 대리보호에 그치는 야간보호사업은 아동의 발달산물을 긍정적으로 변화시키는 데에는 한계가 있다.

물론 현실적으로 늦은 시간까지 경제활동을 하는 양육자를 만나기 어렵고, 아동방임을 해 온 부모들의 경우 양육의지가 부족하고, 외부로부터의 개입에 대한 강한 저항감을 가지기에 가족에 대한 개입은 쉬운 작업은 아니다.

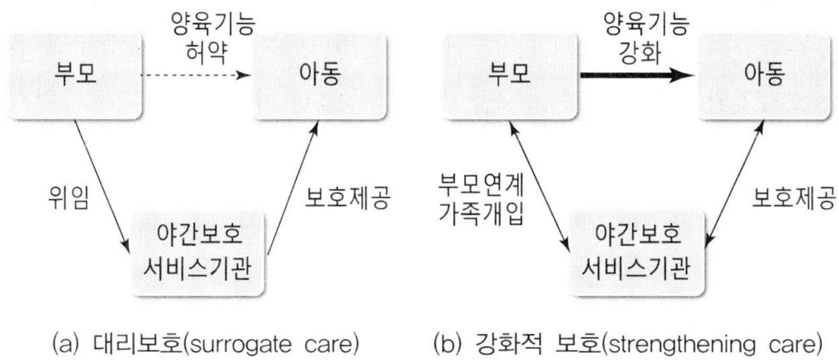

그림 8.1 대리보호와 강화적 보호

하지만 현실적인 어려움을 이유로 부모·가족에 대한 개입이 큰 비중을 차지하지 못한 채 야간보호사업을 진행할 경우, 아동양육에 대한 가족들의 책임감을 저하시키고 기관에 의존적으로 만드는 경향을 보일 수 있다. 즉, 아동보호와 양육에 대한 가족기능을 지원하기 위한 야간보호사업이 부모·가족을 대리하는 서비스에 그치면서 오히려 가족기능을 약화시킬 수도 있다.

따라서 야간보호사업은 아동양육에 대한 가족의 기능을 강화시키는 방향으로 서비스 내용과 제공방법을 계획해야 한다. 궁극적으로 부모와의 지속적인 연계활동과 가족개입을 통해 부모-자녀간의 관계를 강화하고, 부모의 아동양육에 대한 관여와 관심도를 유지·증진시킬 수 있는 활동을 수행해야 하는 것이다. 야간보호사업을 통해 물리적인 보호기능은 야간보호사업기관을 통해 제공할 수 있지만, 부모-아동간의 심리적, 사회적 유대관계는 별도의 적극적이고 전문적 활동을 통해서만 유지·강화될 수 있기 때문이다.

야간보호사업의 주 대상인 저소득취약계층의 특성상 야간보호교사와 부모와의 접촉이 힘든 것은 사실이지만, 부모와의 관계형성을 위한 의식적인 노력과 다양한 접촉지점을 활용하는 것에서 유용할 수 있다. 예를 들어, 아동의 귀가시 부모가 동반하게끔 하거나, 귀가 지도시간을 이용한 부모와의 짧은 대면접촉을 활용하는 방안이 있다. 또는 정기적인 부모와의 면접 또는 전화상담, 부모교육프로그램을 야간보호의 기본프로그램 속에 포함시켜 보호기관이 필수적으로 이행하도록 강제하는 것도 하나의 방안이 될 수 있다. 물론 부모·가족의 기능을 강화하기 위한 서비스는 현실적인 어려움이라는 선입견에 야간보호사업기관이 수행하기 힘들어 할 수 있다. 이에 부모·가족지원서비스를 성공적이고 활발하게 수행하고 있는 기관을 발굴하여 그들이 축적한 성공 노하우를 개발, 정리하는 작업도 유용할 것으로 보인다.

(4) 학교와의 파트너십 구축

일반적으로 부모는 아동의 학교생활과 학습활동에 대한 정보를 교사로부터 제공받고 이를 아동양육에 반영한다. 또한 아동기의 주요한 생활공간이 학교이며, 다음날의 학교생활을 위한 준비를 전날의 야간에 마무리 짓는 일반적인 아동의 생활양태이다. 하지만 야간보호사업 이용아동의 부모들은 학교와의 접촉이 물리적, 심리적으로 어려울 수 있으며, 야간시간대에 아동은 부모의 도움을 받을 수 없기에 다음날의 학교생활 준비를 제대로 하지 못하는 경우가 많다. 따라서 학령기 아동을 주 대상으로 하는 야간보호사업에서는 야간보호기관의 센터장 또는 보호교사가 아동의 학교생활 정보를 제공받을 수 있는 통로를 확보하는 것은 유용할 수 있다.

야간보호기관이 부모를 완전히 대리할 수는 없지만, 학교와 가정간의 중간매개자로 활동하면서 학교생활의 정보를 부모에게 알려주고, 부모의 욕구와 반응을 학교에 알려줄 수 있을 것이다. 특히, 교육복지사업을 통해 학교에 상주하고 있는 지역사회교육전문가를 통해 아동의 발달 및 학습관련 정보가 야간보호기관과 원활하게 공유될 수 있다면 학교생활과 방과후 생활 전반에 걸친 효과적인 취약계층 아동복지지원이 가능할 수 있을 것이다.

2. 정책적 제언

(1) 야간보호의 목적과 기능의 명확화

야간보호사업이 체계적으로 시작된지 얼마 되지 않았기 때문에 야간보호사업의 방향성과 구체적인 내용이 합의되지 않은 상황이다. 이에 야간보호사업의 기본목적과 핵심기능에 대한 명확한 규정이 우선적으로 이루어져야 한다. 야간보호사업은 가족의 기능을 강화시켜줄 수 있는 지지적 서비스를 지향해야 함에도 이러한 목적과 기능에 대한 지침이 부재하기에 본의 아니게 단순한 대리적 서비스의 기능에만 그치는 경우가 종종 있다. 가족기능이 약한 가정에게 가족 스스로의 역량으로 할 수 있는 것까지 제공하다보면 의도하지 않았지만 가족의 남아있는 역량마저 빼앗는 결과를 낳을 수 있다. 야간보호사업이 부모나 가정이 수행해야 할 보호기능을 완전히 대리하면서 주양육자의 불가피한 야간방임을 허용해버리는 '묵인된 방임'을 초래하지 않도록 야간보호의 목적과 기능을 명확하게 할 필요가 있다.

아동에게만 초점을 맞추다 보면 아동이 가족 내에서 생활하고 있다는 사실을 망각하기 쉽다. 지역아동센터가 아동을 아무리 잘 보호한다 해도 아동은 가족의 영향을 결정적으로 받고 있으므로, 가족지원프로그램이 강화되어야 할 것이다. 아동에 대한 지원은 가족에 대한 지원과 동시에 이루어지는 것이 가장 효과적이다. 부모가 문제 상황에서 벗어나면, 그로 인한 혜택을 아동도 받을 수 있기 때문에 부모지원서비스와 아동지원서비스는 유기적으로 맞물려 제공되어야 한다. 결국 부모와 아동에 대한 동시적 접근은 시너지 효과를 통해 부모의 역량강화는 물론 양육능력의 향상을 가져와서 야간보호사업에서 얻은 아동의 성과가 보다 향상될 수 있는 긍정적 효과가 있을 수 있다(정익중, 2006).

사회서비스는 그 목표에 따라 매우 상이한 두 가지 지향점을 가질 수 있다. 돌봄유지지향(care-oriented)의 서비스와 변화향상지향(change-oriented)의 서비스가 그것이다(Miller, 2010). 일반적으로 기능수준이 낮고 문제가 심각한 대상자에게는 서비스가 돌봄유지지향의 목표를 가지게 되지만, 기능수준이 높고 문제가 심각하지 않은 대상자에게는 변화향상지향의 목표를 가지게 된다. 야간보호사업의 대상아동들은 그 특성상 가정 내 보호아동 중 가장 심각한 문제를 경험하고 있는 경우가 많기에 학교나 방과후 교실에서도 또래아동들이 꺼리는 경우가 많은 편이다. 그렇기에 기능수준이 낮은 아동들이 다수인 야간보호 대상아동들에게는 돌봄유지지향의 서비스가 더 적합할 수 있다. 하지만 기관역량과 대상자의 특성에 따라서는 변화향상지향의 서비스가 제공되는 것도 가능하다. 아동의 특성이 자기회복력이 강하고 성장지향적인 존재임을 감안할 때, 궁극적으로는 변화향상지향의 서비스가 모든 아동들에게 제공될 필요가 있다. 따라서 대상자의 특성을 고려하여 야간보호사업의 목표를 차별적으로 설정하고, 그에 따른 서비스의 지향점도 달리하는 것이 필요하다고 판단된다.

(2) 야간보호 제도화

가. 야간보호사업을 지역아동센터의 기본기능으로 포함

지난 5년간 모금회는 지역아동센터중심의 야간요호보아동통합지원사업을 선도적으로 진행해왔다. 가정 내 방임이 사회적 방임으로 이어지지 않는 마지노선으로 야간보호사업이 지속될 수 있도록 많은 기여를 하고 있다는 점은 이 사업이 갖는 가장 큰 장점이다. 하지만 민간차원의 기금에 기반한 제한적인 배분사업이라는 성격상 그 한계 역시 가지고 있다. 복지의 사각지대를 해소하기 위한 사업의 취지임에도 일정규모 이상의 아동이 확보되지 않을 경우 사업기관으로 선정되기 힘들고, 안정적이고 충분한 재정지원이 힘든 것이 그 한계를 보여주는 지점이다. 그렇기에 더 이상 아동에게 안전한 야간시간을 확보해주는 일을 민간차원의 한시적인 지원사업으로 지속해서는 안 될 것이다. 이제는 야간보호사업이 제도적으로 뒷받침되어야 하고, 정부의 안정적인 지원 아래 수행되어야 할 시점이라 할 수 있다.

이와 관련하여 정부 부처의 다양한 야간보호 관련사업을 조정하고, 지역아동센터의 주요사업으로 야간보호사업이 기본기능으로 포함되도록 자리매김해야 한다. 2010년 6월 말 기준 전국적으로 98,947명의 아동이 이용하고 있는 3,585개소의 지역아동센터만이라도 먼저 야간보호사업을 전면적으로 실시한다면, 현재 야간보호사업 참여아동 21,879명을 포함하여 방과후 지원 필요(야간보호 필요)아동 수 678,715명 중 적어도 14.6%의 아동들이 야간보호사업을 제공받을 수 있다.

따라서 야간보호사업을 아동복지사업 내에서 지역아동센터의 기본기능으로 탑재하도록 하고 이에 대한 지원을 정책화하고 체계화할 필요가 있다. 이를 위해 보건복지부는 야간보호사업을 지역아동센터의 필수사업 중 하나로 규정하고, 사업수행에 필요한 적정수준의 보조금지원을 제공하는 방식으로 야간보호사업을 제도화해야 한다. 단기적으로는 민간에서 현재까지 진행해왔던 야간보호사업의 성과를 바탕으로 자료를 수집하고, 필요예산을 산정하는 제도화를 위한 준비작업을 진행해야 할 것이다. 이후 야간보호사업을 지역아동센터의 필수사업으로 지정하고 예산을 부분적으로 지원하고, 2015년 이후에는 사업수행에 필요한 예산을 전부 지원하는 과정을 통해 점진적으로 야간보호사업을 제도화할 수 있도록 해야 한다.

하지만 근시일 내에 제도화되기는 어려운 현실을 감안하여 제도화 시점까지 민간에서 계속적으로 야간보호사업에 대한 지원을 제공해야 할 것이다. 이때 민간 지원사업을 단순보호사업과 전문지원사업이라는 두 가지 형태의

표 8.2 야간보호 제도화 방안

구 분	2011-2012년	2013-2014년	2015년 이후
야간보호 제도화	야간보호사업 제도화를 위한 준비	야간보호사업의 필수사업 지정, 예산의 일부 지원	예산 반영하여 야간보호의 완전 제도화
민간지원	민간의 야간보호사업 계속 진행. 단순보호사업과 전문지원사업의 두 가지 유형으로 지원사업 구분	전문지원사업에 집중	차별화된 전문지원사업 장기지원

사업으로 분리하여 단순보호가 필요한 아동에게는 현재와 동일한 방식으로 지원을 제공하고, 문제가 심각하여 치료가 필요한 아동에게는 전문성을 갖춘 교사가 배치되어 서비스를 제공할 수 있도록 하는 것이 바람직할 것이다. 특히, 전문지원사업의 경우에는 현재와 같이 일률적인 규모로 예산을 지원하기보다는 서비스 내용과 야간보호교사의 자격에 따라 차별화된 예산을 지원할 필요가 있다.

또한 현재는 모금회 지원사업으로 진행되기 때문에 야간보호아동의 최소 인원수에 미달하면 복권기금의 지원을 받지 못하고 있다. 민간기금의 성격상 배분효율성의 기준 아래 보다 많은 보호아동이 이용하고 있는 기관을 우선적으로 지원하는 것이 어쩔 수 없다. 하지만, 소수의 아동이라도 야간보호의 필요성이 존재한다면 지원기관으로 선정하여 필요한 야간보호사업을 제공해야 사회적 방임의 비난에서 벗어날 수 있을 것이다.

현재 모금회에서 복권기금을 활용하여 진행하는 야간보호사업은 사회적 일자리 사업과 지역아동센터를 통한 야간보호사업이라는 두 가지 성격을 동시에 가지고 있다. 하지만 이제부터는 두 마리 토끼를 쫓기보다는 하나의 방향을 설정해야 할 것으로 판단된다. 아동보호관련 사업은 전문성이 전제되어야 하기 때문에 현재의 사회적 일자리를 마련하기 위한 기준으로는 충족되지 못할 가능성이 높다. 따라서 둘 중 하나를 선택해야 한다면 지역아동센터 중심의 야간보호 지원사업에 초점을 두고 진행하는 것이 바람직할 것으로 생각된다.

나. 적정수준의 재정지원

보호의 필요성이 높을수록 서비스의 공급은 적어진다는 보호의 역설처럼 저소득 취약계층의 아동이 야간시간대에 이용할 수 있는 보호기관을 찾기란 어려운 실정이다. 야간보호사업을 운영하는 기관들의 경우, 야간근무 인력의 확보, 야간시간대 운영에 따른 시설관리, 안전문제 등 부가적으로 신경을 써야하는 사안들이 늘어날 수밖에 없다. 이러한 문제들은 야간보호사업의 지속적인 운영에 걸림돌이 되기도 한다. 비용효과성의 관점에서 야간보호사업은 기관운영자에게 그다지 매력적이지 못한 사업이 될 수 있기 때문이다. 이에 물리적 환경면에서 좋은 조건을 가지고 있는 사회복지기관들이 앞에서 언급한 이유로 인해 시간이 지나면서 야간보호사업의 중단을 고려하는 곳이 점차 늘고 있는 것이 사실이다.

야간보호사업이 운영기관의 주요한 미션 또는 비전과 직접적 관련이 없는 이상, 가정 내 방임아동을 대상으로 한 야간보호사업의 실시필요라는 당위성은 사업의 지속적인 동기요인이 되기에는 부족하다. 야간보호사업은 기관차원에서는 추가적인 비용과 관리의 문제가 발생하기에 사업으로의 유인동기가 약한 편이다. 따라서 야간보호사업에 대한 적절한 지원이 뒷받침되지 않고 시설장이나 담당 사회복지사의 열정에 기대어 사업이 지속되기를 바랄 수는 없는 일이다.

그런데 현재 야간보호사업은 충분한 지원이 부족할 뿐만 아니라 사업이 지속될수록 야간보호사업 수행기관에 대한 지원수준이 낮아지도록 설계되어 있다. 이런 상황은 안정적인 사업운영과 서비스 제공을 어렵게 하고 있다. 더욱이 재정지원의 감소는 야간보호교사의 재계약 여부까지 영향을 미쳐 직·간접적으로 아동에 대한 서비스 수준의 질 저하로 이어질 수 있다. 이에 야간보호의 제도화 이전 단계에서 기관의 지속적인 참여를 유인하고 보장할 수 있도록 충분하고 적극적인 재정지원이 이루어질 필요가 있다. 아동에 안정적이고 질 높은 돌봄서비스가 지속적으로 제공될 수 있도록 기관의 내·외적인 인프라 구축이 선행되어야 한다. 여기에는 야간보호사업 수행에 적합한 시설 개·보수비, 계절에 따른 난방비 지원, 야간보호교사의 개인 교육비 지원, 책임교사의 당직비, 아동을 위한 프로그램비, 기타 사업운영비 등이 해당될 수 있을 것이다. 또한 사업이 지속될수록 지원수준이 낮아지는 것이 아니라 야간보호사업의 지속에 따른 기관의 노하우 축적 등을 고려하여 차등적인 지원이 이루어져야 할 것이다.

(3) 야간보호교사의 전문성 확보 및 서비스 질 관리

가. 전문성을 갖춘 교사의 확보

야간보호사업은 아동에 대한 야간보호라는 주목적 이외에 야간보호교사 고용을 통한 사회적 일자리제공이라는 목적도 가지고 있다. 이에 주로 저소득층 여성들을 중심으로 야간보호교사로 고용하여 돌봄서비스를 제공하고 있다. 그 결과, 야간보호교사의 직무만족도는 높은 편이고, 여성의 자기계발과 일자리창출이라는 목표는 어느 정도 달성하고 있는 것을 확인하였다. 하지만 단순한 직무활동, 불안정한 지위, 낮은 보상수준은 보다 양질의 전문인력이 진입하는 것을 막거나 이탈하게 만드는 요인이 되고 있다. 야간보호사업이 단순대리보호가 아닌 부모와의 연계 및 가족기능에 대한 개입을 통해 부모의 양육기능을 강화시키는 것이 중요하다는 것을 고려할 때, 야간보호사업 제공인력의 전문성 확보는 필수불가결한 과제이다. 야간보호교사는 단순 돌봄서비스 제공자로 머물러서는 안 된다. 가족개입과 부모와의 연계활동을 체계적, 전문적으로 수행하며, 지역 내 타기관과의 연계활동까지 가능한 전문성을 갖추어야 한다.

심각한 위기와 문제를 경험하고 있는 야간보호 대상아동의 특성을 고려할 때, 야간보호교사는 주간보호교사보다 그 경력과 전문성이 더 높아야 할 것이다. 하지만 현재의 지원사업 형태에서는 인건비 지원규모에 야간보호교사의 자격을 맞출 수밖에 없다. 그러다보니 경우에 따라서는 지역아동센터에서 활동하고 있는 기존 자원봉사인력을 활용하거나 저소득층을 위한 사회적 일자리창출이라는 수준에서 야간보호교사를 채용하고 있다.

향후 전문교육을 이수한 양질의 인력채용을 통해 야간보호사업의 질을 높이는 쪽으로 사업의 방향을 전환할 필요성이 있다. 이를 위해 아동복지법 내 아동복지시설 종사자 기준에 맞는 아동복지관련 자격증 소지자만으로 지원 자격을 제한하는 방안도 검토해볼 수 있을 것이다. 또한 보호서비스가 야간에 진행되므로 범죄경력 조회를 의무화하고 범죄경력자의 고용을 금지하는 조치를 통해 아동관련 범죄경력자의 진입을 사전에 막을 수 있는 보호장치를 마련할 필요가 있다.

나. 교사의 전문성 향상을 위한 교육지원

본 연구에서 수행한 양적·질적 분석 모두에서 야간보호교사에 대한 교육의 중요성을 확인할 수 있었다. 현재 수행되고 있는 야간보호사업에 참여하는 야간보호교사의 경우, 사회적 일자리 사업으로서의 성격이 강하기 때문에 채용기준에서 지원자의 경제적 수준이 아동보호업무에 대한 전문성보다 우선시되고 있다. 그럼에도 불구하고 현장에서 만난 아동보호교사들은 교육을 통해 '거칠고 낯설지만 특별한 아동'들에 대한 이해가 가능해지고, 그에 따른 아동보호능력도 향상되어 궁극적으로는 개인적 성장과 가족의 성장으로까지 나아갔음을 고백하고 있다. 또한 야간보호교사 중에는 방과후지도사와 사회복지사 등 아동보호업무 관련 자격증을 취득하고자 개인적으로 혹은 기관차원에서 지원을 받아 교육과정을 이수하고 있는 사람도 있음을 확인할 수 있었다. 이는 교육지원을 통해 야간보호교사에게 사회적 일자리 이상의 안정적인 직업으로의 전환이라는 비전을 가지게 하는 효과까지 기대할 수 있음을 보여주고 있다. 그 결과, 낮은 급여, 야간시간대의 근무 등 열악한 근무조건 하에서도 전문적 교육지원은 야간보호교사의 소진을 예방하고 심리·정서적으로 안정적인 업무수행을 가능케 함으로써 아동에 대한 질 높은 서비스 제공으로 이어지고 있다. 그렇기에 야간보호교사들이 초기에 실시된 보수교육이 중단된 것에 대한 아쉬움을 많이 피력하고 있었고, 조속한 재개를 강력히 희망한 것을 고려하여 향후 지원되는 야간보호사업에서는 야간보호교사 대상의 보수교육을 실시할 필요가 있다.

같은 맥락에서 야간보호와 관련된 체계화된 프로그램이 전문적 교육활동을 통해 제공될 필요가 있다. 야간보호사업의 전체 차원에서 야간보호의 목표와 내용을 정립하고, 이에 바탕을 둔 체계화된 프로그램을 개발·보급할 필요가 있다. 야간보호사업을 수행하는 현장에서 야간보호교사들이 가장 어려움을 토로하는 것이 프로그램의 부재였으며, 야간보호교사가 독자적으로 프로그램을 구성할 역량이 부족한 현실을 고려할 때, 야간보호교사가 손쉽게 활용하고 수행할 수 있는 프로그램을 보급하는 것이 필요하다.

아울러 전국에 산재해 있는 야간보호교사들의 교육접근성을 극대화할 수 있는 다양한 형태의 교육지원방법을 고려할 필요가 있다. 야간보호사업기관당 1명의 야간보호교사가 활동하고 있기에 야간보호교사 교육 때문에 아동에게 제공되는 서비스가 누락되거나 부실화되지 않도록 해야 할 것이다. 이를 위해 야간보호교사의 접근성을 보장하는 동시에 서비스의 누실을 막을 수 있는 온라인 교육과정을 구축하고, 불가피하게 집체교육을 실시할 경우 권역별, 지역별로 나누어 진행하여 야간보호사업의 차질 없는 진행을 최대한 보장할 수 있어야 한다. 또한 경력교사와 신입교사간에는 교육에 대한 욕구수준이 상이할 수 있기 때문에 이를 반영한 차별화된 교육과정이 준비될 필요가 있다. 마지막으로 여러 교육기관이 동시에 교육기능을 담당할 경우 시·도 센터간 혹은 컨소시엄 단체간 표준화된 동질적인 내용의 교육이 이루어질 수 있도록 교육내용과 교육강사에 대한 사전조정과 협의를 거칠 필요가 있다.

다. 야간보호교사에 대한 기본적인 신분의 보장

고용에 대한 불안정은 경력과 자격을 갖춘 인력의 야간보호교사로의 유입 가능성을 막고, 이탈을 촉발시키는 가장 큰 요소이다. 하지만 현재 1년 기간의 지원사업이라는 성격상 매년 재계약해야 하고, 경우에 따라서는 급여지급이 일시적으로 지연되는 상황은 양질의 역량 있는 야간보호교사를 채용하기 어렵게 만들 수 있다. 열악한 환경에서 봉사와 희생만을 요구해서는 양질의 서비스 제공을 보장할 수 없음은 너무나 당연하다. 이에 야간보호교사들이 기본적인 신분을 보장받는 조건에서 근무할 수 있도록 해주어야 한다. 이와 관련하여 지역아동센터 내에서 주간보호교사와 야간보호교사간의 처우 차이를 합리적인 수준에서 조정해야 하며, 관계법령에 따른 야간근무수당을 지급하는 방식을 적극 고려해야 할 것이다.

전문교육을 받은 우수한 인력을 영입하기 위해서는 적절한 임금체계를 갖추는 것이 필요하다. 대다수의 지역아동센터 실무자가 저임금과 장시간 노동에 시달리고 있는 상황은 실무자들이 소진될 위험이 크며, 이러한 실무자의 소진은 부모의 우울 등 정신건강문제가 아동에게 부정적 영향을 미치듯 야간보호아동에게 악영향을 미칠 가능성이 크다(정익중 · 이경림 · 이정은, 2010). 또한 기본적 신분보장이 불확실한 여건에서 일정한 자격을 갖춘 전문 인력을 유인하기도 어렵고, 설사 채용한다 할지라도 이들의 장기간 근무를 유도하기는 더욱 어렵다. 불안정한 신분은 실무자의 전문성 부족으로 이어지고, 이는 체계적인 전문프로그램의 수행을 어렵게 만들고, 실무자의 잦은 이직으로 연결될 수밖에 없다. 실무자의 잦은 변경은 아동의 정서불안이나 기본적 신뢰감의 상실 등 심리적 안정감을 가지지 못하게 한다(정익중, 2009). 교육계 금언 중 '교육의 질은 교사의 질을 넘을 수 없다'라는 말이 있다. 이는 야간보호사업의 현장에서도 동일하게 적용될 수 있다. 아동의 장래는 야간보호사업 실무자의 자질에 달려있다고 해도 과언이 아니다. 더군다나 야간보호가 필요한 아동들은 크고 작은 아픈 상처를 갖고 있는 경우가 많다. 이러한 아동을 돌보는 일은 일반아동을 돌보는 일보다 힘든 일이다. 그렇기에 야간보호사업의 실무자에게는 사랑과 관심 이외에도 높은 수준의 전문적인 지식과 기술이 요구되는 것이다. 따라서 현재 민간차원의 지원사업을 통해서는 안정적인 신분보장을 제공하는 것이 한계가 있기 때문에 요보호 아동에 대한 보호의 주체인 정부가 제도화를 통한 지원에 나서야 할 것이다. 열악한 환경에서 봉사와 희생만을 강요당하는 실무자들이 전문성을 가지고 최선의 보호서비스를 제공할 수 있도록 정부의 안정적 지원을 통해 기본적 신분을 보장해 주어야 한다.

(4) 지역단위별 자원 및 서비스 연계조정기구의 운영

파편화되어 있는 지역 자원들을 필요한 대상자에게 적시에 제공할 수 있도록 연계조정기구를 지역단위별로 운영할 필요가 있다. 야간보호대상 아동들이 대부분 빈곤가정의 문제 상황에 노출될 위험이 크므로, 통합적인 서비스를 지원 · 관리할 수 있는 연계조정의 역할은 매우 중요하다. 그렇기에 야간보호사업을 운영하는 기관의 경우, 지역사회의 여러 자원을 야간보호아동과 이어주는 연결고리 역할을 할 수 있어야 한다. 이를 위해 야간보호사업 실무자 또는 야간보호교사는 지역 내에 위치한 다른 지역아동센터는 물론 보육시설, 아동보호전문기관, 그룹홈, 지역사회복지관, 학교 등 관련기관과 상시적으로 업무협조를 구할 수 있는 체계를 구축할 필요가 있다. 하지만 이러한 활동을 수행하기에는 개별 야간보호사업 기관의 역량만으로는 어려운 것이 현실이다. 따라서 보다 큰 지역단위에서 연계활동을 지원해주는 시·도, 시·군·구 단위의 연계조정 지원센터를 운영하는 방안을 모색할 필요가 있다.

(5) 주기적인 실태조사 및 장기적인 평가

수요나 욕구에 기반을 둔 제대로 된 프로그램이나 정책을 개발하기 위해서는 대상자에 대한 정확한 이해에 기반을 두어야 한다. 하지만 우리나라는 야간에 보호가 필요한 아동이 얼마인지, 얼마나 보호를 어떤 형태로 받고 있는지 등에 대한 정확한 실태가 파악되어 있지 않다. 다만, 현재 교육과학기술부, 보건복지부, 여성가족부에서 제공하고 있는 공적 서비스 내에서 야간보호를 받고 있는 학령기 아동이 방과후 지원이 필요한 아동 678,715명(학교 중식무료 지원대상자) 중 약 6.8%를 차지하는 72,442명 정도일 것으로 추정하고 있을 뿐이다. 따라서 정부차원에서 전국적으로 야간보호사업을 필요로 하는 아동의 정확한 수요를 파악하기 위한 주기적인 실태조사가 필요하며 이 자료를 토대로 어느 지역에 어떤 규모로 야간보호사업을 확대할 것인지가 결정되어야 한다.

위기상황에 처해 있는 고위험집단 아동의 경우 긍정적 변화는 더디게 일어나는 경우가 많다. 그렇기에 단기적인 지원보다는 지속적인 서비스제공이 필요하며, 그에 따른 평가도 장기 계획안에 바탕을 두고 체계적으로 진행되어야 한다. 야간보호사업 또는 지역아동센터에 대한 평가예산이 확보될 때마다 또는 상부 및 외부기관의 요청이 있을 때마다 일회성의 비정기적인 평가가 이루어지는 것이 아니라 초기 사업계획에서부터 사업평가를 장기적으로 계획하고 진행해야 할 것이다. 현재 야간보호사업은 아직 제도화되지 않은 채 민간차원의 지원사업에 머물고 있기에, 장기적인 성과평가를 위한 조사 설계나

평가 계획안을 마련하지는 못하고 있다. 따라서 기관 및 실무자의 책무성을 강화하며, 자기점검의 기회를 제공하고 실무자의 전문성을 높이는 데 기여하는 엄밀하고 장기적인 성과평가를 기획할 필요가 있다. 주기적이고 장기적인 성과평가를 실시하고 이를 통해 얻은 명확한 성과결과를 가지고 기획재정부를 설득할 때 지역아동센터 및 야간보호사업기관에서 필요로 하는 인적, 물적 자원의 확보는 보다 수월해질 수 있을 것이다.

참고문헌

- 강명순, (2010), 무상급식의 사각지대를 위한 정책과제, 『2010년 정책자료집 3, 4호 합본』.
- 강신욱, (2009), 맞벌이가구의 실태를 통해 본 맞벌이가구 지원정책의 필요성, 한국보건사회연구원 · 보건복지부 편, 『맞벌이가구 지원 정책 토론회 자료집』, 서울: 보건복지부.
- 경향신문, (2010. 3. 16), 성범죄, 갈수록 가난한 동네로 옮겨가요.
- 국가인적자원 개발 종합정보, (2010. 12. 13), 엄마품 종일 돌봄교실 운영학교 운영자료.
- 교육과학기술부, (2009), 초등보육교실 시도격차보도자료, 김춘진 의원실 내부자료.
- 교육과학기술부, (2009), 『교육과학기술 선진화로 일류국가 도약』, 교육과학기술부 내부자료.
- 교육과학기술부, (2010. 1. 13), 교육과학기술부, "야간 돌봄 전담 유치원 시범운영"실시, 보도자료.
- 교육과학기술부, (2010), e-유치원 시스템, http: //childschool.mest.go.kr
- 교육과학기술부, (2010), 초등돌봄교실 운영현황, 강명순 의원실 내부자료.
- 교육과학기술부, (2010), 엄마품 온종일 돌봄교실 12월 13일 보도자료.
- 김미숙 · 노대명 · 조애지 · 임성은 · 이송희, (2008), 『2008년 아동복지교사 지원 사업 평가 연구』, 서울: 아동복지교사중앙지원센터.
- 김민선, (2008), 지역아동센터 프로그램에 대한 이용자 만족도 비교연구, 석사학위 논문, 청주대학교 대학원.
- 김윤정, (2008), 야간 방과후 아동보육의 실태 및 부모 만족도에 관한 연구, 석사학위 논문, 청주대학교 대학원.

- 김통원, (2003), 『사회복지프로그램 개발과 평가』, 서울: 학지사.
- 김호순 · 황진구 · 한도희 · 김종훈, (2006), 『청소년 방과후 아카데미 시설환경모델 개발』, 서울: 한국청소년개발원.
- 민미화, (2009), 취업 여성들의 영 · 유아보육실태와 직장 보육시설 요구도에 관한 연구, 석사학위 논문, 경운대학교 대학원.
- 민혜윤, (2003), 기혼 취업여성의 보육실태와 직장보육시설 요구도 조사, 석사학위 논문, 서강대학교 대학원.
- 박춘자, (2006), 원주시 취업 모 자녀의 보육서비스 실태와 개선방안에 관한 연구, 석사학위 논문, 상지대학교 대학원.
- 백은정, (2007), 지역아동센터 야간보호서비스 운영 실태와 활성화에 관한 연구, 석사학위 논문, 인천대학교 대학원.
- 보건복지부, (2010), 『2009년 보육통계』, 보육정책과 내부자료.
- 보건복지부, (2010), 『2010 보육사업 안내』, 보육정책과 내부자료.
- 보건복지부, (2010), 『2010년도 보건복지부 소관 예산 및 기금 운용계획 개요』, 보건복지부 내부자료.
- 보건복지부, (2010), 『아이사랑플랜 2010년 시행계획』, 보건복지부 내부자료.
- 보건복지부, (2010), 『2010 아동청소년사업 종합안내』, 보건복지부 내부자료.
- 보건복지부 · 서울대학교 사회복지연구소, (2009), 『한국아동청소년 종합실태조사』, 서울: 보건복지부.
- 보건복지부 · 지역아동정보센터, (2009), 『방과후 지원 아동 서비스 현황 조사』, 보건복지부 내부자료.
- 부스러기사랑나눔회, (2009), 『2006~2008 복권기금 야간보호교사 교육 결과보고서』, 사회복지공동모금회 내부자료.
- 부스러기사랑나눔회, (2008), 『지역아동센터 야간보호 매뉴얼 1.0』, 사회복지공동모금회.
- 사회복지공동모금회, (2006), 『2006년 사랑의 열매 복권기금 저소득층 일자리 지원 사업 시행지침』, 사회복지공동모금회 내부자료.

- 사회복지공동모금회, (2007), 『2007년 사랑의 열매 복권기금 저소득층 일자리 지원 사업 시행지침』, 사회복지공동모금회 내부자료.
- 사회복지공동모금회, (2008), 『2008년 사랑의 열매 복권기금 저소득층 일자리 지원 사업 시행지침』, 사회복지공동모금회 내부자료.
- 사회복지공동모금회, (2009), 『2009년 사랑의 열매 복권기금 저소득층 일자리 지원 사업 시행지침』, 사회복지공동모금회 내부자료.
- 사회복지공동모금회, (2010), 『2010년 사랑의 열매 복권기금 저소득층 일자리 지원 사업 시행지침』, 사회복지공동모금회 내부자료.
- 서울특별시교육청 초등교육과, (2010), 『2010 초등돌봄교실 운영 계획』, 서울특별시교육청 내부자료.
- 오정수 · 정익중 (2008), 『아동복지론』, 서울: 학지사.
- 윤혜순, (2005), 『방과후 야간보호프로그램의 실태와 개선점』, 서울: 한국교육개발원.
- 이경림 · 정익중, (2010), 지역아동센터 야간보호 프로그램의 운영성과와 이용아동의 심리사회적 적응, 『한국지역사회복지학』, 34호, pp.183~206.
- 이경희, (2004), 야간 방과후 아동보육의 실태 및 부모 만족도에 관한 연구, 석사학위 논문, 한남대학교 대학원.
- 이태수 · 김성경 · 이경림 · 이향란, (2009), 『2008 지역아동센터의 현주소』, 경기: 공동체.
- 장경섭, (2009), 한국가족의 사회경제적 구조 변화와 사회재생산 문제: 부부노동가족을 중심으로, 한국보건사회연구원 · 보건복지부 편, 『맞벌이가구 지원 정책 토론회 자료집』, 서울: 보건복지부.
- 전광현 · 손덕기 · 이순영, (2006), 『24시간 보육시설 실태조사 및 정책방안 연구』, 서울: 여성가족부.
- 전국지역아동센터협의회 · 사회복지공동모금회, (2010), 『2009년 복권기금 야간보호교사 교육 결과보고서』, http: //www.kaccc.org/wizhome
- 정익중, (2006), 새로운 아동복지서비스의 수요와 전문 인력 개발의 과제, 사회과학연구 제12권, pp. 95~115.

- 정익중, (2007), We Start 마을의 평가, 서울대 사회복지연구소 편, 『We Start 경기도 마을 성과평가 보고서』, 수원: 경기도청.
- 정익중, (2009), 아동청소년정책 전달체계의 통합방안에 대한 비판적 고찰, 사회복지연구, 제40권 1호, pp. 297~322.
- 정익중 · 이경림, (2008), 『야간요보호아동통합지원사업 성과분석 보고서』, 서울: 사회복지공동모금회 · 부스러기사랑나눔회.
- 정익중 · 이경림 · 이정은, (2010), 지역아동센터 종사자 소진이 아동의 심리사회적 적응에 미치는 영향, 『한국아동복지학』, 제31호, 205-234.
- 정익중 · 이봉주 · 임진영 · 황매향, (2008), 『교육소외 아동 · 청소년의 교육요구 및 발달과정 분석을 위한 조사도구 개발 연구』, 서울: 삼성고른기회장학재단.
- 중앙건강가정지원센터, (2009), 『2008년 아이돌보미 지원 사업 결과보고서』, http: //www.idolbom.or.kr/form/Introduction020.asp
- 중앙건강가정지원센터, (2010), 『2009년 아이돌보미 지원 사업 결과보고서』, http: //www.idolbom.or.kr/form/Introduction020.asp
- 지역아동정보센터, (2010), 지역아동센터 현황, http: //www.icareinfo.info/
- 지역아동정보센터, (2010), 『2009년 전국지역아동센터 실태조사 보고서』, 서울: 보건복지부
- 통계청, (2008), 맞벌이가구 · 비맞벌이가구별 행위자평균시간, http: //kostat.go.kr/
- 통계청, (2009), 한국의 사회지표, http: //kostat.go.kr/
- 통계청, (2010), 생활시간조사보고서, http: //kostat.go.kr/
- 한동우, (2007), 『지역아동센터 일자리 파견사업 모니터링 연구』, 서울: 부스러기사랑나눔회 행복한일자리사업단.
- 1318해피존사업단, (2009), 『1318해피존 사업성과보고』, 서울: 부스러기사랑나눔회.
- Miller, L. S., (2010), 사회서비스 성과관리에서의 쟁점, 『한국사회복지행정학회 2010년 춘계학술대회자료집』.

• Vanderploeg, J. J., (2005), An after-school program for elementary school aged children: Academic and socio-emotional outcomes, DAI-B, 66/10, pp. 5697~5701.

찾아보기

ㅈ

ㅊ

공저자 약력

• 정익중

서울대학교 사회복지학과 졸업, 서울대학교 대학원 사회복지학과 석사
미국 University of Washington 대학원 사회복지학 박사
현재 이화여자대학교 사회복지대학원 교수
지역아동센터중앙지원단, 중앙가정위탁지원센터, 중앙아동보호전문기관 등의 자문위원 활동
Journal of Adolescent Health, 「한국사회복지학」, 「한국아동복지학」, 「한국청소년연구」 등에 다수 논문 게재, 저서로 「아동복지론」, 「아동청소년 방과후 서비스의 현황과 과제」, 「학생권리와 학교사회복지」 등이 있음
이메일: ichung@ewha.ac.kr

• 이경림

건국대학교 교육학과 졸업
강남대학교 대학원 사회복지학 석사 및 박사
현재 사)부스러기사랑나눔회 상임대표, 강남대학교 사회복지대학 겸임교수
「한국아동복지학」, 「한국지역사회복지학」 등에 다수 논문 게재, 저서로 「아동청소년복지 네트워크의 이론과 실제」가 있음
이메일: leekrim@hanmail.net

• 이상균

서울대학교 사회복지학과 졸업
서울대학교 대학원 사회복지학 석사 및 박사
현재 가톨릭대학교 사회복지학과 교수
「한국가족복지학」, 「사회복지연구」, 「한국아동복지학」 등에 다수 논문 게재, 저서로 「아동복지론」, 「사회복지면접의 길잡이」, 「사회복지실천 분야론」이 있음
이메일: selee@catholic.ac.kr

• 이정은

연세대학교 경제학과 학사
연세대학교 사회복지학 박사
현재 연세대학교 사회복지학과 시간강사
「한국청소년연구」, 「한국아동복지학」, 「한국지역사회복지학」 등에 다수 논문 게재
이메일: jelee0310@gmail.com

빈곤방임아동의 야간보호

2011년 9월 20일 초판인쇄
2011년 9월 25일 초판발행

공저자 정익중 · 이경림 · 이상균 · 이정은
발행인 안 종 만
발행처 (주) 박영사

서울특별시 종로구 평동 13-31번지
전화 (733)6771 FAX (736)4818
등록 1959. 3. 11. 제300-1959-1호(倫)

www.pakyoungsa.co.kr e-mail: pys@pakyoungsa.co.kr

저자와 협의하여 인지를 생략함

정 가 16,000원 ISBN 978-89-6454-164-7